父母的书架
决定孩子的未来

唐晓玲 著

作家出版社

图书在版编目（CIP）数据

父母的书架决定孩子的未来 / 唐晓玲著 . -- 北京：作家出版社，2019.7 （2021.5 重印）

ISBN 978 - 7 - 5212 - 0541 - 1

Ⅰ.①父… Ⅱ.①唐… Ⅲ.①阅读 – 儿童教育 – 家庭教育 Ⅳ.①G781

中国版本图书馆 CIP 数据核字（2019）第 093265 号

父母的书架决定孩子的未来

作　　者：唐晓玲

责任编辑：钱　英　杨新月

装帧设计：孙惟静

出版发行：作家出版社有限公司

社　　址：北京农展馆南里 10 号　　　邮　　编：100125

电话传真：86 - 10 - 65067186（发行中心及邮购部）

　　　　　86 - 10 - 65004079（总编室）

E – mail: zuojia@zuojia. net. cn

http: // www. zuojiachubanshe. com

印　　刷：三河市北燕印装有限公司

成品尺寸：170×240

字　　数：252 千

印　　张：16.25

版　　次：2019 年 7 月第 1 版

印　　次：2021 年 5 月第 4 次印刷

ISBN 978 - 7 - 5212 - 0541 - 1

定　　价：36.00 元

目 录

1　　第一章　　父亲的礼物

一个人无论走得多远，始终无法走出他的童年。童年一闪
而逝，儿童瞬间成人。

7　　第二章　　大树还小

或许只有童年读的书，才会对人生产生深刻的影响……孩
提时，所有的书都是预言书，告诉我们有关未来的种种。

18　　第三章　　童书的价值远未被发掘

没有一艘船能像一本书，也没有一匹马能像一页跳跃着的
诗行那样——把人带向远方。

29　　第四章　　学霸和他们的爹

一个人日后会成为怎么样一种人，端看他父亲书架上放着
哪几本书来决定。

37　　第五章　　输不起的"起跑线"

"孟母三迁"的故事，不就是现在的学区房吗？这肯定是
一种曲解。

43　　第六章　　寒门逆袭靠书包翻身

任何一个好的时代，都会有底层靠奋斗上升的大把好时机。

50   第七章　　1978，改变从阅读开始

决定你命运的，首先是大时代，你最终这一辈子有多大成就，首先取决于你的时代。

57   第八章　　不吃苦，你要青春干吗

就像一粒种子，在春天播下，施肥、浇水、除草，天道酬勤，到了收获季节，自然硕果累累。

65   第九章　　考上大学并非人生成功的唯一途径

一个孩子对阅读产生了浓厚的兴趣，养成了终身学习和阅读的习惯，一定比考高分的孩子走得更远。

72   第十章　　名师是一本最好的书

第一次走进学校图书馆，浩瀚的书的海洋，让他激动得犹如探宝者找到了无尽的宝藏。

86   第十一章　　一本书点燃新教育实验的薪火

仅仅靠自己的书和理论而流芳百世是不够的，除非你能够改变人们的生活，否则就没有什么重大的意义。

96   第十二章　　新教育的一盏灯

每一所新教育学校，都是一盏灯，照亮教师和孩子的灯。

105　　第十三章　　书香校园：童音如天籁

无限相信书籍的力量，是我的教育信仰的真谛之一。

116　　第十四章　　让每一个人都成为最好的自己

新教育的理念，就是无限相信师生的潜能，教给孩子一生有用的东西，让每一个人都成为最好的自己。

125　　第十五章　　路走多远，看我们与谁同行

因为新教育，因为一份使命，我们的生命由渺小而庄严，我们的工作由稻粱谋扩充至千古事，我们的世界也由柴米油盐放大到家国天下。

135　　第十六章　　为你读书点一盏灯

尽管是微弱的萤火虫之光，但，只要我们聚在一起，我们也一定会发出强大的光芒！

146　　第十七章　　完美教室，静等花开

谁站在教室里，谁就决定着新教育的品质，甚至决定了孩子的命运。

156　　第十八章　　书香校园：跟着名著看世界

把经典名著中的那些生动的画面，呈现在孩子生活的校园里，能够唤醒更多孩子的好奇之心，吸引他们走进经典，回味经典。

166　第十九章　阅读，一座城市最美的风景

从某种意义上说，一个没有阅读的城市，是一个没有"人"的城市。一个书香充盈的城市必然是一个美丽的城市。

182　第二十章　读书之乐乐无穷

蹉跎莫遣韶光老，人生唯有读书好。如果有天堂，那应是图书馆的模样。

194　第二十一章　全民阅读，是一项重要的国家战略

人的资源是第一资源，人的素质是第一品质，把全民阅读作为国家战略，提升国民素质，是中国当下和未来最重要的事情。

204　第二十二章　所有领袖一定都是读者

不是所有读者都能成为领袖，但所有领袖一定都是读者。

218　第二十三章　我们为什么要读经典？

读书就像交朋友，要交就交最值得交的好朋友，要读就读最值得读的好书。

236　第二十四章　我有一位读书给我听的妈妈

你或许拥有无限的财富，一箱箱的珠宝与一柜柜的黄金。但你永远不会比我富有——我有一位读书给我听的妈妈。

一个人无论走得多远，始终无法走出他的童年。

童年一闪而逝，儿童瞬间成人。

第一章

父亲的礼物

1

1964 年，江苏，大丰，南阳镇。

小街上静悄悄的，街两边一字排开的竹器店、铁匠铺、粮站、棉花收购站、布店、小五金店都还没有开门，只有豆腐店和小饭店门前炸油条的开始下门板，去河边挑水。

小河边，垂柳、刺槐在晨曦中渐次轮廓清晰起来。河对岸是大片的果园和棉田，一直延伸到远处的滩涂。早起的农人已扛着犁具、牵着耕牛下地了。

"起来吧，天亮了！"

父亲虽然声音不高，但却透着不容置疑的威严。

他蜷缩着小小的身体，悄悄地朝床里面移了移。父亲不由分说，一把拖起他，说："起来，练字！"

他揉了揉眼睛，睁开，望向窗外，天上还挂着一颗亮晶晶的大星星，他一边穿鞋，一边嘟哝："周扒皮，周扒皮……"

田野里传来大水牛"哞——哞——"的叫声，好像在应和着他。

那年他六岁，刚上小学一年级，正是贪睡贪玩、皮得狗都嫌烦的年龄。

虽然心里一百个不愿意，但还是按照父亲定的规矩，黎明即起，描红，背诗，习武。

父亲是小学老师，沉默寡语，做事认真，信奉"要么不做，要做就要做到最好"的人生格言。

"别分心，坐正，注意握笔的姿势。"

苗正才能树直。三岁看大，七岁看老。小马驹要上笼套了。

"字如其人，写一笔好字，一辈子受用。"母亲也在一边帮腔。简陋的屋子在母亲的拾掇下，显得一尘不染。

书香墨香，映着窗外第一缕朝霞，和着从海边吹过来的咸湿的晨风，弥漫在家的每个角落。

窗外流过四季的风景。

春天花丛中嗡嗡嘤嘤的蜜蜂，夏天藏在槐树叶下的知了，秋天的田野里有灰鹭、田鸡、蚂蚱，冬天雪后屋檐下挂着一串串晶莹剔透的冰凌……他幻想自己和小伙伴们一道，正在油菜地里捉蜜蜂，槐树底下网知了，田埂上逮蚂蚱，敲下冰凌当糖吮。

"注意力集中！"父亲一边看书备课，一边监视着儿子的一举一动，时不时要纠正他握笔的姿势，让他背挺直，腕悬空，横平竖直，一撇一捺都用上劲。每天清晨临摹上一页柳公权的帖，才能出去和小伙伴们玩。

瓜田李下，猴精的他们，溜进田里偷瓜，爬到树上摘果，被人发现，像踩了风火轮的哪吒，一眨眼就没影了。偶尔被逮住，大人作势扭耳朵，揪头毛，雷声大雨点小。白天里，大人们贴出大字报，声势浩大一本正经地声讨；到晚上，他们一群孩子就跑到街上撕下大字报，当废品去卖掉。

那时，他们家没有房子，他和两个妹妹就借住在妈妈工作的单位，南阳镇政府的招待所，全家的梦想就是能建一间自己的房子，所以母亲就找了许多零工让他们兄妹三人做。有好几年，兄妹仨放学后就是缝麻袋、压芦帘。几分、几角地攒，攒了十来年，直到他上中学时，才燕子衔泥似的筑起了自己的窝。

"当年我的幼小心灵中，并没有为经济的拮据、辛勤的劳作感到过愤懑，反倒随着渐晓人事，体察到母亲的乐观、柔韧、顽强，越来越感佩这位平凡中国女性的伟大。"

2

"文革"期间，他的父亲朱明昌在一所乡村小学当校长。"星期天，他带我到他的学校去，看到校园里贴满了批判他的'大字报'，我惊恐万分，他却不动声色。他那如山的静默沉稳，让我也不知不觉镇定下来。晚上，校园里就剩下我们父子俩，这时我听到了父亲的歌声。虽然他不再操琴，但开心时会情不自禁地唱歌。半夜里，我还听到了'猫叫'，我呼唤父亲，他却笑了起来，说是在吓唬房间里的老鼠。我从此也学会了这一招。"

父亲那个年代的师范毕业生，除了文化课，音美体劳，不说样样精通，大致也能略通一二。朱永新曾见过父亲拉手风琴的照片，那时的父亲还是一棵青青校草，颀长身材着白色衬衣，两道浓眉，嘴角微微撇向一边，拉琴的时候一脸陶醉的表情，给他留下深刻的印象。

"无论是做小学老师，做小学校长，还是后来当镇里的文教助理、县聋哑学校的校长，他都兢兢业业，全身心地投入。他曾自豪地对我说：'我要么不做，要做就做最好的。'一个普通的教师，却被评为全国模范教师，这份荣誉或许就是对他多年追求的最好褒奖了。"

退休后，闲不住的父亲还惦记着聋哑学校的学生，常去看望他们。孩子们见了他，别提多开心，有的拽胳膊，有的抱大腿，有的牵他手，还有的竟跳起来摸他的胡楂子，一个个争先恐后用手语告诉他各种各样的事情。比见了自己的爷爷还要亲。

3

若干年后，已是苏州市副市长的朱永新回忆起父亲逼他练字的光景，情不自禁地感叹："自然，我没有练好字，尽管还过得去，也有人说我的字有'风骨'，但终究没能成为书法家。但是歪打正着，有心练字字未练好，却养成了一个好习惯：早晨睁眼即起，每天工作至少比许多人多拥有两小时。当人们还在梦中酣睡时，我已经挑灯早读了；当人们起床洗漱时，我已经工作两个多小时了。小时候还经常埋怨父亲，甚至在心里把他比作半夜鸡叫的'周扒皮'。现在看来，这是父亲给我人生最大的财富。如果每天比别人多工作两小时，一年就多了730个小时，50年就多了36500个小时，也就是多了整整1520天，差不多延长了4年的生命！这是每一分钟都有效的生命！"

朱永新说："我经常叩问自己，父亲给了我如此巨大的财富，我用什么来回报？"

"现在，当我每天早晨五点左右起床，在写字台前伏案工作的时候，经常会浮现出父亲的身影。"

像父亲一样热爱教育，一辈子献身教育，从教书育人，著书立说，到发起新教育实验，像一个"疯子"带领着一帮"傻子"，奔跑在新教育的"试验田"里，播下"星星之火"，终成燎原之势。他的身体里，与父亲一样，流淌的是挚爱教育的一腔热血。

4

20世纪90年代，苏州，百狮子桥，苏大教工楼。

这地方号称"百狮子桥"，因南宋时建有石拱桥，桥栏板上雕有九十九只形态各异的舞狮，故名。现如今桥没了，石头狮子也移往了别处。小巷深处，一堵半人高的围墙，围住里面的几栋楼房。

这里住着已退休的教授或意气风发的年轻教员，"他们有的头发蓬乱，有的油光笔挺，他们跨着威风凛凛的二十八寸老凤凰，俨然是所有孩子心中的白马骑士。他们欢快地蹚过百狮子桥门口的斜坡，轻盈地从林地和松树之间穿出，意气风发地向东驰行"。这是朱墨发表在《上海文学》上的散文《老松树，最后的朋友》中的一段记叙。

当时能分配入住这个大院的年轻教师，属凤毛麟角，朱永新二十九岁破格评上副教授，两年后又被破格升为教授，皆因他突出的学术成果。年轻的朱永新教授，不仅发表了数百篇论文，还出版了近百万字的专著《中华教育思想史》，这部巨著被学术界认为是填补了我国教育思想史研究的一项空白。

"那时年幼的我睡在家中的客厅，而那里还兼作父亲的书房。清晨醒来，父亲的书桌上就已经亮起了萤火似的橘黄灯，在迷瞪的眼中飘飘然地游移，像是蠕动的温暖的小兽，从梦里一直爬进我的心间。我端着小板凳坐在水泥砌的阳台上，大声地读着英文课本，金色的曦光在不远处的檐瓦上粼粼地荡漾。"

朱永新说，自己看书写作的时候，朱墨会拿着凳子坐在自己边上一起看；时间长了，朱墨就养成了读书的习惯，"他上小学前就学会自己阅读了"。

诗人惠特曼说一个孩子向前走去，他看见最初的东西，他就变成了那个东西，那个对象就成为他的一部分。人的一生是围绕童年展开的，孩子在童年阶段看到的东西、积累的经验是他进入成人世界最重要的基石。

5

朱永新若干年后发起和推广新教育实验，追本溯源，他儿子朱墨应该是他最早介入的研究对象。

朱永新在教育孩子方面的一个主要观点，也是他的教育理念，"把童年和童心还给孩子"。他也让儿子学过风琴、书法、绘画等，但他没有把自己的意见强加给孩子，喜欢的就坚持，不喜欢就拉倒。他和妻子反复向孩子强调的是，成绩波动和下降是可以原谅的，谁也不是超人，而有些事情是不可以原谅的。比如说谎，比如对老师没礼貌，与同学相处不团结不友爱，这些日常行为习惯被许多家长认为是小事，孩子只要学习好分数考得高，其他都是次要的。但朱永新教育孩子都是从这些日常小事着手，一旦发现有坏苗头，立刻批评教育，让孩子懂得追求良好的品格比追求高分数更重要。

李镇西说过，我一直有个观点，认为家庭教育的重要性要超过学校教育。学校教育当然相当重要，但无论多么重要，都只是家庭教育的重要补充。一个孩子是否有教养，出门在外是否懂礼貌、讲卫生，言行举止是否得体，都跟家庭教育有关。

比如一个孩子见到长辈就说"叔叔好""阿姨好"，在公交车上也会主动让座，我们第一反应会是什么？肯定不会问这个孩子是哪个学校的，班主任是谁，而是会说这个孩子的家教真好。

相反，如果一个孩子满嘴脏话连篇，粗俗不堪，我们肯定也会说是家长没教育好，而不会说是班主任没教好。李镇西说根据他多年的观察，很多学习成绩拔尖而且很有教养的人，并不是学校培养出来的，而是家长培养出来的。

家教好，是人的根基，就像一棵大树，根深才能叶茂。

朱永新那时除科研和教学任务外，还担任苏州大学教务处处长，也是全国最年轻的大学教务处处长，但他还是利用清晨早起的习惯，与孩子共读共写，让孩子通过写日记，开始细心地观察生活，对大自然，对人情世态，都有了不一样的认识和描绘。

朱墨上小学时每天记的日记，后来结集出版成《老虎拉车我敢坐》，初中时出版了《我和老爸是哥们》，高中时出版了《背起行囊走天下》。有人问朱墨怎么和老爸是哥们儿，朱墨说，从懂事开始到现在，他觉得父亲没有架子，还举了很有趣的例子，有时他会叫父亲的绰号。父亲听见了也是云淡风轻，还打趣他，"反正你和我一个姓"。这爷儿俩，还真是相处得像哥们儿。朱永新比起父亲朱昌明，更幽默，更开明，当然也更有学问，但每天清晨和儿子共读共写的情景，仿佛使人回到 20 世纪 60 年代南阳镇上的那间陋室，父亲在备课、批改作业，儿子一丝不苟地在描红，描柳公权的帖。

一幅新时代的"耕读传家"图。

或许只有童年读的书，才会对人生产生深刻的影响……

孩提时，所有的书都是预言书，告诉我们有关未来的种种。

第二章

大树还小

1

梅子涵是新教育新阅读研究所所长，著名儿童文学作家，上海师范大学教授、博士生导师。

梅子涵是个幽默的儿童文学作家，有深邃思想的儿童文学研究专家。在梅子涵的故事里，小男生每一天都哇啦哇啦，打打闹闹，来回奔跑，尘土飞扬，开心得要上天！他们踢足球派个特务；上课把小便小在裤子上；神不知鬼不觉地把小纸条粘在别人后背上；下课回家，把别人的书包背跑了……读梅子涵的儿童文学作品，太让人惊艳了，虽是日常的琐碎小事，小孩儿都有的顽皮，但经过作家艺术性地过滤还原，让大人也读得笑中有泪，泪中有笑。真正的叙事高手，不靠煽情，也不靠动物拟人化，主角就是儿童，每家每户每个班级每所学校都有的顽童。

梅子涵小时候生活在军营里，家的旁边有一个马厩，天天和枣红色的大马在一起玩耍。

梅子涵说在他很小的时候，妈妈给他读民间的歌谣，那是多么美妙的声音，像山间的清泉，像百灵的歌唱，从此，诗歌就像山涧叮咚的流水伴随着他的一生。

"记忆中母亲最喜欢读长篇小说，即使吃饭的时候，她的视线也没有离开过厚厚的长篇小说。外婆曾不止一次对她的坏习惯表示不满，但是她还是坚持阅读。"

"在我八九岁的年纪，我记得最清楚的是她经常拿着不同的长篇小说推到我面前跟我说：'这本书你可以读一读。'她说话的语气不像是母亲对儿子，没有任何哄劝，像是同样对着一个成年人说话。而我遵从了她的推荐。"

没有咆哮，没有挞伐，没有中产的焦虑，没有不眠的日日夜夜。

"我的父亲能够很熟练地阅读俄文和英文。他是一个'奇怪'的人，总是捧着一本厚厚的英文或俄文书，一边走一边读。父亲永远喜欢穿着布鞋，记忆中当我抱着小瓶子在草地上捉虫子玩时，我能听到的是他穿着布鞋踩在有露水的草地上的声音，以及他读着英文或俄文长篇小说的声音，那是他留给我关于阅读的记忆。只是与母亲不同，父亲没有把他读的书放到我面前让我读。"

梅子涵说父母没有刻意让他阅读，即使母亲给他推荐也只是说："你可以读读这本书。"

他的父母对他的影响，是"润物细无声"，是青草地的露珠，是山中清泉潺潺的流水声。

那是 20 世纪 50 年代。

而到了 90 年代，他也有了一个上小学五年级的女儿，作为父亲，作为一个大学教授，他没有了父母的优雅和淡定，为了"数学数学数学"，他像个"神经病"似的吼吼吼。

这是小学五年级再过两天就要进行毕业考的一个上午。这是一场殊死决战即将开始前的一个上午。真的是殊死决战：今年的考试又改革了，不是人人都可以考重点中学，而是必须在毕业考中拿到"资格证"才可以考。"资格证"有限，欢迎大家积极争取。这样就你死我活了。本来你死我活一次，现在是你死我活两次。本来是考中学的时候你死我活，现在是毕业考的时候就先要你死我活了。一直你死我活到最后你考取了重点中学或者没有考取重点中学。

小升初变成你死我活的战场，一个研究儿童心理和从事儿童文学创作的大学教授，温情脉脉、风趣幽默的面纱顿时被飓风刮跑了，无影无踪了，露出可怕的狰狞面目，恨不能把几道"行程问题"都做错的女儿撕碎嚼巴嚼巴吃了！

"我大吼大叫让她重新做，但是她眼睛看着我泪流满面。我大吼大叫你做呀！看着我干什么？你做！她低着头，笔在纸上举步维艰，黄豆大的泪珠滴滴答答落下来……"

女儿委屈，父亲疯狂，世界暗无天日。

"你给我出去吧……"就像所有的老师气急败坏的时候要把学生赶出教室，父亲现在也气急败坏，把平时捧在手心都怕摔了的女儿赶出了家门。

"这一整个上午，我在房里坐立不安困兽犹斗怒火万丈。我想完蛋了、完蛋了，做四道错四道。……这是怎么回事？这小孩儿大概是个笨蛋没有药医的！我真的是有了点儿绝望的感觉。"

绝望的何止一个梅子涵。

每年有多少个梅子涵怒火万丈困兽犹斗！多少个梅思繁委屈绝望痛不欲生！

"到了十一点多钟我下楼去找她了。她站在一棵树下，地上是草丛，她泪水已擦干，但额上全是汗。天气已经相当热了。

"我说走，回家去。

"这时我已经不再怒火万丈困兽犹斗，而是基本心平气和了。

"我倒了杯饮料给她，我说喝。

"我说繁繁你重新做一遍，别急。

"结果她四道题统统做对了。"

梅子涵给女儿传授他当年从数学差生一跃为优等生的秘诀：做题做题还是做题！

软硬兼施，胡萝卜加大棒。

做不出题就吼吼吼，把试卷扔得满天飞。

没办法，这样"丧心病狂"的虎爸，也是给现实逼迫出来的。

优质教育资源就那么多，而且女儿就一个，计划生育，优生优育，谁家也输不起！不考进重点初中，怎么能再考重点高中，不进重点高中，怎么能上一个好大学，上不了好大学，怎么能找一份好工作！

平时，他和女儿玩"胡子"游戏，他和女儿一起买生煎包、小馄饨、排骨年糕，一起喝咖啡，看戏剧和电影。工作再忙，他也要陪着女儿一起长大。除了面对恶魔"数学数学数学"，他也变成了恶魔一样，其他的时间，他真是一个幽默有趣宠女儿宠成公主的慈父。

2

读者对这样一个"神经病"似的对女儿吼吼吼的老爸，给予了充分的理解，不仅不讨厌，还称赞他像太阳一样照耀着女儿。

他20年前出版的《女儿的故事》，深受读者欢迎，也让他的女儿梅思繁成为读者熟知的人物。

他写出了一个父亲真实的虚弱、温情、关切、无助和惆怅，这是一个未经矫饰的情感世界。这是所有家有备考子女的父亲的真实写照，虽然表现的是不近人情的冷酷，甚至很暴力，在西方国家会被警察找上门来的，但这是中国的国情，每一个身处其中的国人都能理解，甚至向往自己也是这样一个理想、称职的父亲。

"谢谢我的爸爸，他写了一本真好玩的书。真的很好玩，让我笑得死去活来。我是它的第一个读者，我是亲眼看见他是怎么把我讲给他听的事情，变成一个个故事的。转眼就成形了，我真是有点奇怪。我相信所有的小孩都会喜欢，都会笑得死去活来。"

但一旦遇到"数学"这个魔鬼，幽默快乐的爸爸瞬间就会神经紊乱，血脉偾张，理智丧失。"爸爸把卷子扔得飞起来，那一次还打我耳光，这都不能怪他。他如果不爱我就不会这样。"

读者认为梅思繁太听话，太懦弱，梅思繁说："我相信世界上比我爸爸更爱他女儿的不会有几个。可是我相信像他那样因为数学让女儿增添忧郁的也不会有几个。这写满了我从小到大的记忆。他昨天晚上又这样了。"

数学不好，那就真的考不上大学，至少是考不上好的大学。爸爸的头发就是为此而白了。美丽的妈妈也憔悴了很多。

梅思繁说她写了再多的文章登出来也没有用，一些老师总在办公室里说她数学不好。他们甚至给她的同学的爸爸妈妈打电话也这么说："她数学不好。"他们的意思就是让别的同学不要跟数学不好的梅思繁老在一起，老在一起好像数学不好会传染似的。

因为数学不好，就要被孤立，被打击。这是什么世道！当年钱钟书、钱伟长等人考入清华，他们数学好吗？

这个得过新概念作文大赛一等奖的小女孩，发表了许多作品的小女孩，背着书包在马路上晃荡。书包里有《数学一课一练》《数学同步练习》和厚厚的《五星级题库》……

"我从小就背着它们走啊走啊，走了那么多路了。我不知道该走到哪里去。"

梅子涵感叹：孩子们的书包里，全是教科书，感觉好重。一个感觉生命好重的人，不会有灵感。

在孩子的书包里放一本有趣的童话吧，书包就会变得轻起来！

童话用一种非常特别的方式，讲述着我们经历过或者没有经历过的、我们已经想到或者根本没有想到的情感。

父亲在她童年时用一本本故事书点燃了她对文字与叙述的热爱，母亲则用一桌腌笃鲜、本帮酱鸭、响油鳝丝让来自五湖四海的客人们痴迷牵挂，让小思繁对美食的敏感出类拔萃，没有数学的世界是多么美好！

可逃到哪里能没有数学呢？

只要你上学读书，小升初，初升高，再考大学，你是孙悟空也逃不脱如来佛的手掌心。

一个体面的城市中产家庭，一个希望子女将来有个好前程的负责任的父母，哪一家不是这样呢？

逃不掉的。

回去吧。

回到家，母亲搂着她哭成了泪人。

父亲却在客厅坐到天亮。

考啊，考啊，一点劲儿也没有，不想再念书了。

考试把年轻鲜活的生命压垮了，浙江的、江苏的、山东的、云南的……考完试跳楼的不止一个两个。

本来青春应该是阳光的，校园应该是充满欢乐的，但在梅思繁的记忆中，高二的社会考察是整个中学时代所有欢乐的高潮。"我们坐在西湖边上，捧着三块钱一杯的绿茶，尽享了秋末温暖的阳光。我们在咸亨酒店吃茴香豆，喝黄酒，知道了什么是酩酊大醉……最后一天的中午，在嘉兴镇上的小饭铺吃饭，李栋吃着吃着嚷了起来：'让我在这儿当农民吧，我再也不想回去了！'明天又要听到期中考试的成绩。高中最后欢乐的帷幕就要落下。毕业的同学前辈们个个都说，高三天天是阴天。"

好不容易考上了重点高中，但校园里仍然等级森严，文理科班的待遇不一样。文科班的只能安排在"朝北的教室里"。"学哲学的马克思，学法律的克林顿，喜欢古典文学的毛主席，如果到我们这儿来上学，也统统是文科班，只能坐在朝北教室里哆嗦喽！"

文理分科，文科班的数学不好，数学不好考不到好大学，不是名校毕业的找不到好工作，找不到好工作就挣不到高薪，挣不到高薪就买不了好房子，买不了好房子就不敢结婚生孩子。

这是中国父母都明白的道理。特别是中产阶层的父母，希望孩子将来能上升，千万不能往下滑，一滑就掉底层了。

所以梅子涵一见女儿做错的数学卷子，就有点"失心疯"，扔得满天飞。

还好，在虎爸的淫威下，女儿小升初进了重点，初中考高中也进了重点，然后考进上海戏剧学院，研究生考到法国的索邦大学，又继续深造读博士，一路名校，前程似锦。

可梅思繁突然跟父亲说，她准备放弃索邦大学的比较文学博士学位而从事专业写作，父亲一听，脑子嗡嗡响，这又是出的什么鬼，吃尽千辛万苦，眼看博士学位就要到手，世界著名大学的博士学位，却说不要就不要了，要去当职业作家。从前，我们国家有专业作家，每月是国家发工资，一级作家相当于教授的职称，旱涝保收，起码不会饿肚子，但现在没有了，改革改掉了。从事专业写作，是充满了不确定性的艰难险恶之路，"我不要自己的女儿有一天也许凄风苦雨饿肚子，我就你这么一个女儿"！

宁愿饿肚子，也要追求自己的梦想！不想混个单位却身在曹营心在汉，做自己不喜欢的事情，一辈子多么痛苦！童年阅读过的童话，它们不像一棵树成长是让你看见的，可是只要你成长了，它们也就附入了你的生命。

对女儿选择的文学梦，父亲最终还是选择了接受、尊重与支持。

"你也许一生都会过得很简单很清苦，但是我会拉着你的手，站在你的边上，我会像当年一样，支持你，帮你把那个梦想的风筝放飞起来。"梅子涵对梅思繁说。

3

在朱墨的记忆中，从"百狮子桥"教工大院的铁门里出来，其实只要笔直地向前走，就能走到梧桐夹道的十梓街上。"从前这里是一条风情万种的路，梧桐树的枝叶缠绵交织，一眼望去就像绿色穹顶的长廊。"

"这个冬天，梧桐树却被锯掉了枝叶，只剩下光秃秃的主干和一小段分权，就像两排大写的英语字母。"

写《老松树，最后的朋友》时，朱墨在复旦中文系读博士。他的语言风格很独特，描写景物观察的角度也独到，与他父亲直白、洗练、激情四溢的文字不一样，他的文字缠绵、回旋，时而飘忽，时而深沉，时而又给人一种湿漉漉的感觉。大概因为他是在小桥流水的古城苏州长大的，而他父亲则是在离海很近的南阳小镇长大的。

朱墨苏州中学毕业后考入南京大学中文系，这是当年他父亲高考时的第一志愿。研究生毕业后又考入复旦中文系读博士。这期间陆续发表过一些散文。朱墨的行文风格，和他父亲完全不是一路的。朱永新的文字简洁朴素，像一棵主干挺拔的松树，而朱墨的，装饰繁复美丽，像一簇枝蔓缠绕的蔷薇。毕竟吹着海风和吹着杨柳风，看着一望无际的棉田听着呼啸着的风卷起滩涂上的盐蒿将褐红色的波浪层层叠叠地推向远方和看着粉墙黛瓦听着吴侬软语成长，生命底色的渲染是不一样的，虽为父子，文字的风格也大相径庭。朱墨说少年时代就做着文学梦的父亲总是用最朴实的文字说话，仿佛永远都和"文学"二字隔着一笼纱。朱永新却认为儿子的文章有些地方他读不懂，太"花哨"。

在朱墨的记忆中，这个有着一棵老松树的大院，常年铁门紧锁，偶尔有小车来才会打开一下。平时，进进出出的行人，或骑车，或徒步，都是从一扇绿漆小木门通过。几年后朱墨随父母从这个院子里搬出，先是搬到杨枝塘新村崭新的教师公寓楼，不久因父亲当选上苏州市副市长，又搬进市政府公园路上的住宅楼，再后来朱墨去南京和上海上学，父亲也因担任中国民主促进会中央副主席调入北京，在北京安家。但最使朱墨留念的是百狮子桥教工宿舍楼花圃中心的那棵老松树。

他和小伙伴们在老松树下写作业，听老人喃喃自语，或者围着花坛追逐嬉戏。在他的记忆中，这栋楼有跟着父亲清晨读书的快乐，也有在暗黑的过道猛不丁被调皮的孩子推搡跌倒的恐怖，更有楼道里飘着冬笋炖咸肉的香味，当然最令他难忘的还是那棵老松树。

"脚底下仿佛踩了什么硬的东西，我弯下腰，轻轻地撩开最上面的落叶，原来是一枚干枯的松果。托在掌心，宛如一座袖珍的塔，每一层的边缘都张开着鱼鳞似的瓣，硬邦邦的，却好像没有什么分量。"

博士生朱墨，细腻柔软的文字透露出他内心的迷惘和自嘲。

4

从小学到高中，朱墨一路走得都很顺，他怀揣着作家梦选了中文系的汉语言文学专业，但入学几个月后，他发现现实与梦想之间隔着万重山。

他在给父亲的信中写道："我想，您也一定觉得奇怪，为什么我会在理想和现实的落差面前如此不堪一击，竟然长时间地萎靡不振。除去周围一些不好的风气的影响，以及在个人情感方面郁闷的际遇，最重要的一点，还是因为我本身就是一棵在温室里长大的草。从小衣食无忧，从小学到高中，不管是学习还是创作都得心应手，耳边泛滥着溢美之词……这样的我，以这样的心态进入大学世界的我，遇到挫折不跌个头破血流才怪。"

学业的压力，加上感情受挫，使这个从小到大一帆风顺走过来的大男孩，十八岁时开始叛逆，这迟来的叛逆，更加疯狂，几乎要了他的命。他长时间坐在电脑桌前打游戏，没日没夜，饭不吃觉不睡，甚至采用极端的方式自我惩罚。

"老妈告诉我，你在南京得了病，而且非常严重。你知道吗，老爸一个晚上都没有睡好，一直与老妈和杨树兵联系，直到确认没有危险。这是我第一次真正为你的生命担心。"

此时，朱永新正在国外出差，不能连夜直奔医院看护儿子，内心焦急万分，每天电话对夫人的殷殷嘱托足见其爱子心切的慈父心肠。儿子经过及时抢救脱离危险，休养了一段时间，很快恢复了。朱永新虽然知道儿子毕竟成年了，该放手时就得放手，管头管脚就会适得其反，但他还是忍不住给儿子写信："记得你小的时候是很怕死的。生病的时候，你甚至说：'我还没有活够，我不要死！'其实，那个时候，你并没有真正的生命意识，但是，上大学以后，当你应该具有生命的意识的时候，我发现你似乎不是那么爱惜生命了。你的生活经常是没有规律，有时甚至还流露出活着没有意义的想法。这是老爸一直非常担心的事情。其实，老爸以前非常关心你的学习与写作，甚至希望你成为著名的作家。但是，这一切如果与你的生命相比，就根本不在话下了。生命第一。人的生命只有一次。我不想让你为我们而活……注意每天的饮食和睡眠，有规律地生活，读一些有价值的书，写一点能够留下来的东西。平安是福。老爸希望你永远平安。永远爱你的老爸。"

"我不想让你为我们而活"，父亲洞若观火，对儿子的颓废彷徨不是责备而是为他放下千斤重担。与生命相比，其他都退居次要地位，健康地活着才是最重要的事情。做父亲的情深意切地给儿子补上生命教育这一课。他私下责备自己，以前只是督促儿子的学业，儿子的文学创作，没有把最最重要的生命教育课放在首位。作为新教育实验发起人，他从儿子身上吸取教训，把生命教育课放在最重要位置在学校全面推广。

5

"诚然，这两年，我既没有拿出过什么文字作品，也没有取得令人信服的学习成绩，就连很多曾经让我心潮澎湃的书籍，也只是草草翻过。您不止一次地叹息……"

作为一个父亲，一个精通教育心理学的教授，一个发起新教育实验的领头人，面对十八岁上了大学开始叛逆的儿子，除了叹息，除了心在泣血，除了两鬓陡增的白发，他明白他唯一能做的：只能静等花开。

"父亲对我的期望热切而又沉重，我不想说谎，也假装不出努力的样子。这些年也很少再见到父亲的笑容了。即便是在外人面前难免要做的掩饰，他的微笑也显得苦涩而勉强。更多的时候，他都是眉关紧蹙，显出担忧的神色，不厌其烦地劝诫我，要胸怀理想，要勤奋用功。然而除了理想和用功以外，再没有别的嘱托。每一次我转身离开，父亲的脸庞便蒙上了隐秘的失望和落寞，好像憋着什么话要说，却只是低下头埋在自己的纸堆里，不再看我。"

朱墨的《父亲》，让朱永新看得热泪盈眶，并感叹"并未走进儿子的心里"。

这就是父亲，哪怕儿子已是名牌大学的博士，哪怕儿子已出版和发表过那么多的作品，他还是希望儿子能够胸怀理想，勤奋有为，写出更好的作品，不虚掷光阴。"朱墨啊，人一定要有理想，要在历史上刻下自己的名字，要为了这个理想奋斗，不要等到临死了才后悔年轻时没有努力呵！"

黑格尔说："一个民族有一些关注天空的人，他们才有希望；一个民族只是关心脚下的事情，那是没有未来的。"理想，永远是父亲高举的一面旗帜，哪怕"遍地都是六便士"，父亲永远是那个"抬头看月亮"的人。

"尽管我一直低头走在他的身后，紧紧地抿着嘴唇，我却无法不被这样的演说触动。短暂的温热从脚底直涌上头顶，又从头顶流转全身，但转瞬间便意识到这只是父亲想要借予我的力量。"

天下的父亲都一样，为儿操碎心，盼儿更比自己强，如果能量真的能转换，输出的一方当甘之如饴。

"我悄悄地拾起他遗忘在路边的行囊，束在自己的背上。然后咧嘴一笑，做出满不在乎的模样。"

父亲，你的初衷我肯定不会忘。

朱永新也曾经像梅子涵一样期待儿子在读完博士学位以后轻轻松松做一个大学教授，而朱墨也像梅思繁一样，有着自己的人生梦想。朱永新也曾经苦口婆心

　父母的书架决定孩子的未来

劝说朱墨，最后，朱永新也选择了梅子涵的选择。

他们受够了应试教育的折磨，一心想冲破樊篱，义无反顾走自己想走的路，做自己喜欢做的事。

或许只有童年读的书，才会对人生产生深刻的影响……孩提时，所有的书都是预言书，告诉我们有关未来的种种。

正如梅子涵所说，你读的那些故事，故事里的语句、词汇，故事里人物说的话，故事里含有的道理和感情……多多少少会留在你的记忆里，就像一棵树，阳光会洒下，雨水也会落到，有这些滋润，树就用不着想：我们的叶子怎么才能绿呢？花怎么盛开？不知不觉间，叶子翠绿了，新的叶子不断从枝上蹿来了，花儿也盛开了……这都是不经意的，渐渐的。你不用去想，它们会来。

朱墨最近翻译出版了三本书，成功减肥五十公斤，一米八六的帅小伙又横空出世了。

梅思繁定居法国，一心一意以母亲的本帮菜手艺做出法式美味来，以名著与美食结合，写作、翻译，出版了多部广受欢迎的作品。

没有一艘船能像一本书，

也没有一匹马能像一页跳跃着的诗行那样——把人带向远方。

第三章

童书的价值远未被发掘

1

北京大学中文系教授、部编本中小学语文教科书总主编温儒敏说：在一般人的印象中，可能现在的中小学生不怎么爱读书，因为他们是被影视、媒体、手机、游戏所包围的一代，这种情况的确存在。但"不爱读书"的孩子一旦接触到"哈利·波特"，马上就着迷，变得爱读书了……我外孙女今年十岁，也是小"哈迷"。我问她为何喜欢"哈利·波特"，她说因为"神奇"。还说，《西游记》也挺神奇的，也喜欢，但那些妖精的故事有些"重复"，而"哈利·波特"却每一部都让人感到新奇和惊讶。

确实，"哈利·波特"七本书，描写主人公哈利·波特从上学到走出校门的几年生活，可以说是波澜起伏、高潮迭起，神奇的情节不断诱导和激发孩子们的想象力，让他们享受那种无拘无束的思维的乐趣。成功的儿童文学，第一要素就是激发孩子们的想象力，而"哈利·波特"已经完美地做到了这一点。

朱永新说好奇心是打开未知世界的一把钥匙，也是阅读最重要的动力。满足好奇心是发展好奇心最有效的路径，知道自己"不知道"是让自己知道得更多的最深刻诱因。只要对世界充满好奇，自己就会去寻找答案，就会走进书籍的世界。所以，满足好奇心是激发儿童阅读愿望最重要的秘诀。

孩子们喜欢"哈利·波特"，还因为它切合少年成长的生活实际，是一套"懂"他们的作品。这部奇幻小说尽管写了许多匪夷所思的魔法故事，但又始终未曾脱离实际生活。小说中有生活中常见的拥堵的车流、晚间新闻报道、书店、超市、汉堡店、电影院、高尔夫球、穿校服的少年、家庭作业，等等，也有巫师、蛇怪、幽灵、山怪、独角兽、火龙、飞天扫帚、猫头鹰信使，等等，而这一切传奇，不是发生在遥远的古代，而就在当今，在身边的日常生活中。

"哈利·波特"虽然是奇幻小说，读来却也能让人感动。哈利从小受尽苦难，却并没有被苦难压倒，而是有志气做一名本事高强的巫师。他的善良、上进、毅力与勇气，都是非常可贵的，他"惩恶扬善"，斗垮伏地魔，报杀父之仇，除奸佞恶霸，也让人振奋与崇敬。

不仅如此，作者还在书中融入了许多西方文学经典的元素，从罗马史诗、希腊神话，到狄更斯小说，某些精彩的故事原型和描写素材，都创造性地"转化"为这部小说的组合件。作者显然还借鉴了好莱坞电影的某些技巧，包括《魔戒》三部曲、《星球大战》等电影，更让这部小说形成雅俗交融的当代艺术特质。

孩子们喜欢"哈利·波特"，但这不是老师指定的书单，家长们要让孩子读唐诗宋词，孩子们常常是偷着读的。他们在读的过程中，用不着边读边想着要完成什么"任务"，也没有烦人的提问，读完了不用写什么心得体会，完全是"无负担"的"自由阅读"。这让他们读得更加兴味盎然。

但迷住了全世界五亿小读者的"哈利·波特"，为什么不受中国父母的待见呢？因为不是老师推荐的，不是教育主管部门指定的，除了神奇古怪，没有宏大主题，没有教化意义，情愿让孩子读"小鸡叽叽叽，小鸭嘎嘎嘎"。

温儒敏说，"哈利·波特"的主题是多义的，写到了生、死、爱、恨、贫穷、财富、命运、奋斗、正义、阴谋、邪恶，等等，也写到了人性的阴暗。阅读七本书，读者跟着哈利一块儿长大，会从最初倾心于奇幻，到逐渐体会人生的复杂，最后和哈利一起面对成人世界。对于这样丰富复杂的内容，如果用语文课惯常的那种刻板的思路方法，是难以理解和归纳的。毫无疑问，"哈利·波特"有教化的意义，甚至有些哲理，不同层次的阅读都会各有所获。但和许多儿童文学不同，"哈利·波特"它一点也不说教，这当然会让小读者喜欢。

不管老师家长喜不喜欢，反正孩子们还是读得热火朝天。

2

著名教育家于漪，曾接手过一个"叛逆少女"，这孩子在学校里显得有些特立独行，调皮到无法正常上课，班主任找她谈话时，她背过身去一言不发。老师们都对这个学生失去了信心，谁也不愿接手。于漪老师深入了解这个女孩后，发现她的课外阅读量十分了得，以至于她从小就形成了一套自己独特的想法，于老师由此找到突破口，呵护了女孩叛逆背后的那些可贵品质。

朱永新说，学，从某种意义上，其实指的就是阅读本身。阅读能力，就是最重要的学习力。

"叛逆少女"逆袭为"学霸"，正是验证了学与阅读本身的关系。因为，书籍打开了一扇扇通向世界的窗户，每扇窗户的风景都不相同。孩子慢慢地就会懂得欣赏、比较、分析，形成自己的思想。

朱永新一再强调，之所以我们如此倡导儿童阅读，则是因为我们在儿童时期养成的这种学习力，它不仅仅是一种能力，同时还是一种习惯。也就是说，一个热爱阅读的儿童，不会成为一个厌倦学习的成人。

多年后，于漪老师收到了一封来自美国的信件，写信的就是当年的那个"叛逆少女"，如今在美国攻读博士后，即将学成回国。信中，女孩的感激之情跃然纸上，她写道："是您看到了我傲慢叛逆背后的好奇心、创造力和钻研精神。"

在于漪的教学生涯中，她几乎没有否定过学生。"每个孩子都是可爱的。对待孩子应该丹心一片。"她说每一个孩子都是艺术品，都是不一样的。因此，教师一定要目中有人，不仅要走进学生的知识世界，而且要走进他们的生活世界和心灵世界。

蒙台梭利说过，儿童有一种未知的力量。几千年来，儿童真正的创造力和潜能一直没有得到重视，"这些没被采摘的果实具有极大的价值，它们的珍贵甚至胜过金子，因为它们是属于人类精神世界的财富"。蒙台梭利曾经用"有吸收力的心灵"来形容儿童强大的学习与成长能力，我们可以把儿童的大脑设想成一个强大的吸收器，外部世界的所有一切，不费吹灰之力就可以进入到儿童的大脑之中、心灵之中。在从新生儿到幼儿的短短几年中，儿童掌握了世界上最为复杂的语言和思维，获得了无数的知识和技能，这一切看起来有点不可思议，但对于儿童却是如此自然。

朱永新说童年的秘密远未被发现，童书的价值远未被发掘。

对有些人质疑新教育关注小学阶段比较多，关注儿童早期阅读比较多，对高中及大学阶段关注不够，朱永新的回答是："儿童的心田是丰茂的，播下美好的种子，就可以长成参天大树。成年以后，同样的心田可能会板结，播下的种子会难以生根发芽。所以，儿童早期阅读非常重要，那些美丽的书和美好的故事，就是美好的种子。"

朱永新认为，儿童的阅读有许多关键期。在生活的每一个时期，儿童都会产生不同的精神饥饿感，需要阅读不同的作品，一旦错过了关键期，精神上的缺失就比较难以弥补。这就是《学记》所说的"时过然后学，则勤苦而难成"。

"小学阶段就是所有关键期中最为关键的时期。现代科学虽然还缺少精确的量化研究，但是心理学界一致认为，对孩子来说，阅读是一种全方位、多维度的智力体操，它能使孩子的头脑逐渐变得灵活敏捷，并进一步促进孩子心智的全面成长。"

让孩子们亲近书、喜欢书、阅读书，这就是打通了他们走进更广阔的精神世界的通道。

朱永新说我们新教育团队重视给孩子们选择最美好、最适合、最生动的书籍，在他们心田播撒这些美丽的种子，并且希望这些美丽的种子，经过无数岁月，最终在他们漫长的人生历程中怒放出美丽的花儿来。

3

"就像多数人经历的那样，我的文学启蒙最早是从家庭开始的，主要是听我的奶奶和母亲讲故事。"

徐贵祥说奶奶一个大字也不认得，她老人家似乎特别喜欢讲勤俭持家的故事，多半是神话。母亲粗通文墨，讲的故事似乎就有了更多的人生哲理，比如"龟兔赛跑""孔融让梨""狼来了"之类，多半告诫人要诚实、勤奋、礼让。著名军旅作家徐贵祥回忆自己的文学创作之路，如此说道。

长大了，就开始四处"抢"书读。

徐贵祥的老家洪集是一个很有历史的古镇，甚至有传说是一代州城的遗址。街上有不少怀才不遇的人物，穷得连饭都吃不起，还能眉飞色舞口若悬河，谈古论今展望未来。尤其可喜的是，在那些贫穷破败的草屋瓦舍里，居然还堆积着很多书籍，有些甚至是经典名著。

"毋庸置疑，那个年代耽误了很多人才，而我是那个年代的重要受益者之一。为什么这样说呢，原因有两个，一是那个年代考试马虎，连上课都马虎，这对于我这样一个性情懒散的人来说，无疑正中下怀。二是在那个年代里，我因祸得福读了不少书。"

懒散，给他的童年留下"空白"，有空白才会有想象力生长。

抢书，读书，给他的成长打下了元气淋漓的生命底色。

书，是造反派作为"四旧"收缴过来的，堆放在公社大院的一个土楼子上。有一天，他们几个七八岁的孩子逃学回来，飞檐走壁潜进去，他抢到了不少连环画。"那些连环画在相当长一个时期成了我的宝贝，吃饭上厕所都是手不释卷，如醉如痴。看了一遍不过瘾，三遍四遍反复看。"那时候，他能把许多故事倒背如流。后来他用翻旧的连环画和一些自制玩具跟其他小伙伴开展"图书贸易"，又换回来不少，还有大部头的书，其中有《安徒生童话》《蒙古民间童话故事集》《烈火金钢》《平原枪声》等，这一下就发"大财"了。

"我小时候对童话情有独钟，那本《蒙古民间童话故事集》，里面有很多惩恶扬善的故事，譬如一个贫穷善良的牧民，运用自己的智慧，编造一个神话，用尿泡从贪婪的财主手里换取牛羊，接济穷人……这些故事引起我的极大兴趣，也产生了很多幻想。多年后我还十分怀念这本书，记得那是用铅灰色草纸印刷的，配有插图，工艺粗劣，但是内容丰富。"

徐贵祥回忆成为作家的经历，"归根到底，我觉得还是早期的阅读催生了文学的种子"。

徐贵祥参军到部队后，确实又读了不少书，有些还很受益，"但是早年读的那些童话，对我的启蒙和影响是地久天长的，也是不可取代的"。徐贵祥现任职于国防大学军事文化学院，是中国作协副主席。

1979 年徐贵祥还是新兵，就上了前线，立了三等功，亲人心里悬着的石头落了地。1984 年，听说部队要组建侦察大队到云南，徐贵祥马上找到师政治部打报告要求到前线去。他的决定把父母吓得够呛。他父亲是公社书记，就这一个儿子，听说他要到前线，表面不动声色，内心备受煎熬。他父母都是共产党员，从不迷信，但是自从他去了前线后，他们在屋里供了一尊菩萨像。

从前线回来后，他回家探亲，父亲高兴地放了鞭炮，母亲端了热水给他洗脚。他不肯，问母亲为什么要洗脚？母亲说是家里的风俗，亲人从外面回来一定要洗脚。他心里纳闷，也就由了母亲，而且她一定要坚持给儿子洗脚，用手捏他的脚趾。后来姐姐告诉他，母亲是借故搞清楚他的脚是真是假。因为村里传说他的腿被打断了。捏他脚趾，是想看看是否通着电线。他听了后大笑，笑着笑着，泪水滚滚而下。

"参与战争对于培养我的文学理想和战争理想、人生理想至关重要。这段时期的经历……因为是在密林里，作品中只要我写到阳光，就会有大量的文字铺排、渲染、烘托。多年后再回头看，从我的作品中发现关于描写阳光的段落时，我会像局外人一样，似乎还能感受到当时的惊喜甚至是狂喜。因为看到了阳光就看到了生命。"

徐贵祥虽然从一个顽童、一个战士，成长为著名作家，但那一份狂野和率性，跟他写的人物一样，性格鲜明，绝不雷同，绝不会湮没于芸芸众生之中。"真正的好小说是离心最近的小说，是真正从你的心里面流淌出来，不是外在挤压出来的、时代或社会需要的作品。我觉得从我心里流淌出来的作品，有《高地》《特务连》等。"

正如温儒敏所说，没有童书的童年是悲哀的。对于人类来说，童年就是那只神秘的黑匣子。对于一个儿童来说，一本书的力量究竟有多大？一个不了解儿童的人是无法想象的。

"我出身于非常贫困的工人家庭，家里没有书。当年即使想买一本小人书，也难以开口向父母要钱，一角钱或两三角钱对生活来说都极其重要，够全家一天的菜钱。所以我这代的大多数人其实很少接触过文学，也很少接触书。"梁晓声说。

梅子涵说过，没有人会拒绝童话，尤其是贫穷的人。因为在童话里才有贫穷的人向往的日子，而在日常的生活当中，贫穷的人可能看不到希望，但是童话把希望给了他们，给了他们所有的人。

贫穷，艰难的生活，只是一个人诞生的机会和命运，世界上没有人不喜欢童话的，这是童话无限的力量。

"我最初的精神故园是小人书铺，它们是我的'三味书屋'，看多了自然想表达，而文学的营养就在表达中起到了作用。那时的小人书都是国内一流的连环画画家画的，精确地画出人物的动作和表情，还要配上相关的文字。看多了以后，在自己表达的时候，很自然地形成了场景化的构思，对人物的塑造也更视觉化。"穷人家的孩子梁晓声，把小人书铺比作自己的"三味书屋"。现实生活那么愁苦，文学里的世界却能寄托你对生活和人生的很多憧憬，文学里的人物又是现实生活中你不常见到的，他们往往处在非常特殊的时代，表现出了人性特殊方面的优点或者性情。也可以说，文学中的人物是在现实生活中无法结识到的朋友。"那时候只要兜里有两三分钱，就到小人书铺去看书，我家附近就有几处小人书铺。小人书铺常常是临街一间二十平方米左右、极其简陋的房子，开墙打洞后就变成了孩子们的乐园。"

朱永新认为精神发育最重要的通道就是阅读。因为人类最伟大的智慧、最伟大的思想没有办法从父母那里拷贝和遗传，而是深藏在那些最伟大的经典书籍之中。

　　"'没有一艘船能像一本书，也没有一匹马能像一页跳跃着的诗行那样——把人带向远方。这条路最穷的人也能走，不必为通行税伤神——这是何等节俭的车——承载着人类的灵魂。'这首诗告诉我们阅读是最容易让人的灵魂走向高远的一个路径。阅读对我们每个人来说是平等的、公平的，因为最穷的人也能走，所以全民阅读是实现中国梦的现实基础，而阅读是追求梦想的最好路径。"所以，作为新教育实验发起人、国家阅读推广形象代言人的朱永新，一直把阅读作为推进新教育实验的头等大事来抓。

　　朱永新说，把最美好的东西给最美丽的童年，对于培养阅读兴趣与学习能力具有非常重要的作用。阅读也是有胃口的，就像饮食一样，好的食物品尝多了，自然就对垃圾食品不感兴趣了。好的作品读多了，自然就知道什么才是伟大的作品，就会寻求那些最美好的书籍。

5

　　美国一位名叫达利亚·玛丽·阿拉娜的女童因其巨大的阅读量走红网络，这个小姑娘年仅四岁，却已经读过一千本书。这是一个什么概念呢？据美国调查机构皮由研究中心统计，2015 年人们的平均阅读量为每人 12 本。如果排除掉那些阅读量远高于这个数字的拉高了平均值的"学霸"们，人均阅读量仅为 4 本左右，也就是说平均 50 年才能读书 200 本。因此，这位年仅四岁的小萝莉的阅读量大部分人一辈子也不可能达到。

　　当达利亚还在妈妈的腹中时，妈妈每天给她的哥哥姐姐读书。达利亚出生后，哥哥喜欢拿着书在她旁边大声朗读。十八个月大时，达利亚开始试着辨认妈妈给她读过的书中的单词。

　　在两岁十一个月的时候，达利亚自己阅读了第一本书。从此，她变成了一个贪婪的"小书虫"。

　　在家乡的图书馆里，四岁的达利亚感到像在家里一样舒服自在。她挑选着自己喜欢的书，然后用自己的借书卡把这些书借回家。

作为图书馆的常客，达利亚的名声越来越大，前不久，她所在的地区图书馆请她在马丁·路德·金纪念日的活动上朗读那段著名的"我有一个梦想"。不仅如此，她还受邀去了位于华盛顿的美国国会图书馆。

在国会图书馆里达利亚给馆长和其他工作人员读了自己喜欢的书上的内容。当工作人员客气地请她给图书馆提意见时，小达利亚立刻认真地说："你们应该在走廊里放些白板，这样可以让小孩子在上面练习写字。"这绝对是"小书虫"的想法！而图书馆的工作人员也表示，他们会认真考虑来实施达利亚的这个建议。

有人会质疑，四岁的孩子读这么多的书，可是她到底能学到什么？能理解多少？

我们中国有句古话，"腹有诗书气自华"，从达利亚在国会图书馆的表现和与采访她的电视记者对话中，我们可以看出大量而广泛的阅读潜移默化塑造了一个自信、有主见、有见识的小女孩。

我们来看看达利亚与 CBS 记者都聊了些什么。

记者问："在国会图书馆他们有没有让你碰那些书？"

达利亚认真地回答："我没有碰那些书，不过他们给了我一些，我要好好保管这些书。"

记者问："告诉我一个你最近新学的词汇。"

达利亚说："我刚刚学会了'谨慎'（punctiliousness）这个词。"

记者惊叹说："那可是个大词啊！"

记者又问："你长大想做什么？"

达利亚回答道："我想当一个古生物学家。"

记者又被惊到了："什么？古生物学家？"

达利亚以为记者没有听明白，马上补充道："他们是研究恐龙的。"

说到自己的阅读经历，达利亚是这样自我评价的："我三岁时读书就像一个小机器人，而现在我更像一个聪明的小孩那样读书。"

四岁的达利亚已经把读书当作自己生活里的最有意思的事情来做了，在读完一千本书后，她给自己设定的下一个目标是，在今年秋天上学前班之前读完一千五百本!

根据美国 2017 年发布的《儿童与家庭阅读报告》（第六版），美国 6—17 岁的孩子一年中平均阅读 23 本课外书。该报告还指出，孩子的年龄越小，越能坚持每周 5—7 天的读书频率。

据报告显示，77% 的家长（孩子 0—5 岁）会在孩子 1 岁内就开始亲子共读，而在 0—2 岁这个年龄段，56% 的家长能够坚持每周共读 5—7 天。

借助图书馆资源，家长只需要带着孩子去图书馆登记，就可以得到一本礼物书。然后图书管理员会根据孩子的年龄来推荐合适的读物，每次借书都会有记录。孩子每读完二百五十本书就可以获得一个新的礼物，有书包、书、贴纸等。如果家长每天能带孩子读一本书，一年下来就是三百多本，这样三年多就能完成挑战，等读满一千本，孩子能够得到一份"超级大奖"，并且获得荣誉证书，这一千本书将为孩子今后的成长提供坚实的基础。

6

朱永新说："在推进儿童阅读的过程中，我最关心的事情之一，就是为孩子们选择怎样的图书？因为只有真正的好书，才能够走进孩子的心灵，才能够点燃小学生的阅读兴趣。"

在浩如烟海的童书中，究竟哪些书最适合各年龄段孩子阅读？从 2000 年开始，朱永新领衔编选的《新世纪教育文库》为中小学生各选择了一百本的推荐书目；2004 年以后，又专门为新教育学校推荐了"新教育儿童文学书包"。

2010 年，新教育研究院专门成立了新阅读研究所，作为民间性的阅读研究机构，组织专家开展了这项"中国小学生基础阅读书目"的研制工作。项目组克服了众多困难，付出了极大心血，在腾讯网和"教育在线"网站等媒体进行了十万份左右的调查，在不同地区的近十所学校进行了学生试读，召开了多次各种规模的专家论证会和咨询会，得到了社会各界的广泛支持，终于将目前的这个书目呈现在大家的面前。

朱永新一再强调，童年的长度决定了国家的高度。同理，我们还可以说，儿童阅读的深度决定了民族精神的高度，在这个意义上说，儿童阅读决定着民族未来。所以，我们必须重新回到儿童，认识儿童，关注儿童阅读。

我们都说应该把最美好的东西给最美丽的童年。最美丽的东西是什么呢？当然是图书，阅读是最美好的事情。

儿童时期的阅读，是刻骨铭心的，是历久弥新的，更是深入骨髓的。童年的阅读，是人生的底板。童年时的阅读，决定着人生的未来。

一个人日后会成为怎么样一种人，

端看他父亲书架上放着哪几本书来决定。

第四章

学霸和他们的爹

1

2017 年，北京的高考状元说："我是中产家庭的孩子，父母都是知识分子，又生在北京这种大城市，在教育资源上享受这种得天独厚的条件，所以就决定了我在学习时能走很多捷径。"

"能看到现在很多状元都是家里又好又厉害的。所以，有知识不一定改变命运，但是没有知识一定改变不了命运。"

这位北京高考状元的话，戳中了无数人的心，也验证了法国著名社会学家皮埃尔·布尔迪厄的理论：教育是现代社会中阶级再生产的一种重要机制；而教育在不断将社会中已有的阶级结构复制出来的过程中，起到最关键作用的，恰恰在于家庭背景的差异。

"我父母是外交官，怎么讲呢，从小就给我营造一种很好的家庭氛围，包括对我学习习惯、性格上的培养，都是潜移默化的。因为我每一步的基础都打得比较牢靠，所以最后自然就水到渠成。"

2

江苏省 2005 年的文科高考状元，她的父亲也是一位公务员，省委宣传部的处级官员，还是一位创作了六百多万字长篇小说、影视剧本的作家，不仅是作家还是画家。他十六岁下乡，十八岁扛枪，有着蹉跎而峥嵘的青年时代。正是在到江苏北部贫困地区下乡的艰苦日子里，他喜爱上了阅读。无论天文、地理、小说、史论，也无论是缺头少尾、断简残编，只要能找到手的，他都如获至宝，油灯下、灶台前，偷光借火，读得不亦乐乎，有时甚至彻夜不寐。20 世纪 80 年代初，他是以第五代诗人面貌出现在文坛上的，他的名字在一些诗刊中，常常与北岛、舒婷、海子、顾城、韩东等人排在一起。

后来他又涉足画坛。

家里堆满了黄公望、石涛、弘仁、黄宾虹、齐白石、潘天寿、钱松岩的画集，每天他都要细研揣摩这些名家精品。

出差四川，忍不住兴奋之情："我找到李可染的墨法与意境了！"在连云港云台山采风，他忽然指着岩石缝中长出的草大声喊："看看，潘天寿岩石与草的画法就是出于这里啊！"

精读大师，废纸三千，师法自然，意染松云。

他的画作受到朋友们的喜爱，也被越来越多的人收藏。苏州一家明星企业会议室挂了他的一幅巨制画作，"一看三重山，再看几十里。悬瀑飞泉，知白守黑，'活泼泼'地从巅而降，耳闻迸溅之声，肤有舒爽凉意"。

但这不是他的全部，都说他最好的作品，是他的女儿。

他最耀眼的职务，应该是学霸的父亲，或者说培养了学霸的父亲。

他女儿是当年江苏省高考文科状元，也是北大自主招生录取的文科分数第一名，可以说是全国及省的双料状元。他女儿说爸爸在纸上写字的声音，是自己小时候的催眠曲，"沙沙沙，沙沙沙"，"快睡吧，快睡吧"。老柯常常坐在孩子床边的小板凳上，一边看着孩子入睡，一边写作，常常一写就是半夜。

家中也是往来无白丁，谈天说地，文史哲，古今中外，无所不包。他女儿从小耳濡目染，那底蕴，完全不是课堂上能学得到的。

老柯古道热肠，喜欢为朋友帮忙，特别为孩子上学的事，有人求他，他贴钱费力去求别人，有时女儿跟着，小孩子看在眼里，发下宏愿，老爸，我考大学，绝不会让你低三下四地去求人，我要让人家来求你。

老柯听了，心里一热，这孩子，没白养。但也没当真。

结果，女儿高考完，香港中文大学、清华、复旦、南大，真的以最快的速度找到了他，因他女儿跟妈妈姓，他佩服这些神通广大的招生牛人，那真是满脸笑容，谦卑而又激昂。激昂之处，是许下的高额奖学金，以及今后的特殊培养途径；谦卑之处，是放下了名校的身段，带着诱惑恳切的语气。

老柯真的神清气爽，原来万众仰慕跪求的名校，对自己中意的考生，也能如刘备三顾茅庐一般。

北大挺大，这时倒不显得那么气势宏大，语气是拉家常般的低调，说好的北大，请小叶子别三心二意，北大最适合小叶子了。看看，多亲切，小叶子小叶子的，你不去都不好意思了，人家早就把你当自家人了，你还能这山望着那山高吗？

老柯真正地扬眉吐气了一次，原来，上大学，而且是中国最好的大学，根本不用你去低三下四求人家，人家找上门来求你了。

后来，老柯同志到下面市县开会搞活动，人家一旦知道了他学霸女儿的故事，就会劝住让他多留一晚，聊聊培养孩子的心得体会，那可是比听报告认真入心多了。

3

无独有偶，作为2013年的北京文科状元孙婧妍曾在采访中，面对别人询问她"做了多少题目"感到反感，并以一位语文考了148分将近满分的过来人提出：现代的高考，尤其是语文学科，早已经不是题海战术所能够驾驭的，更多的是日常接受教育的积累。言下之意，她的成功也是"水到渠成"。她的父母特别注重她的阅读能力的培养，从小就给她选购大量的图书，并经常和她一起享受阅读的乐趣，"我永远会记得我和母亲一起为《卖火柴的小女孩》重新写了一个幸福的结局"。

"当一个人见多了经典，熟悉了经典中语言的运用方式，他再回过头去做题时，很容易便可在密密麻麻的试卷上找到正确的东西，因为他一直以来都在阅读着那种语言的'正确'。"

"我从在小学学会选择正确的书开始，阅读的动作在十年里从来没有一天间断过，我读名著、读国学经典、读诗歌、读历史、读哲学文学的理论、读时事。如果没有纸质书就用电脑、手机，每天短则二十分钟，长则十多个小时。在高考前的那个学期，为了保持语文学科的感觉，每天我至少要抽出一个小时来读书，教室后面的窗台堆满了我带到学校的各类书籍，有时候抽出一本会造成大规模的坍塌，尼采压在泉镜花上，紫式部淹没在赫胥黎、刘勰和纪伯伦里。"

没有什么比读书更能培养语感，没有什么比语感更能保证分数，这就是阅读最为显性的益处。

试想，她如果出生在一个偏远的农村家庭，她能有如此大的阅读量？能有这么好的阅读品味？

格雷厄姆·格林说："一个人日后会成为怎么样一种人，端看他父亲书架上放着哪几本书来决定。"让孩子喜欢阅读，父母的引导和榜样示范非常重要。给孩子提供丰富的语言环境或文本环境的家庭，与没有或无法提供这种环境的家庭，形成了社会的两种阶层。而阶层的复制趋于强化，这就是为什么现在越来越多的高考状元都来自公务员和教师家庭。

4

去年上海"幼升小"拼三代刷红网络，今年拼"牛娃"更是让你目瞪口呆。经过网选、机考、面试三轮后，上实小从8000多个孩子里挑出60个录取！

牛娃一，会画心肺循环。这位牛娃有生物博士妈妈和工程师爸爸，已经认识了超过两千个汉字，会画心肺循环、神经传递等，玩手机喜欢玩微信里的图片推理。

牛娃二，别的孩子三岁还要妈妈抱，这个孩子两岁已经会自己刷牙洗澡了，识字量两千个以上，博士妈妈常常被她问倒，24点、数独已经非常娴熟。网友说和她相比，突然觉得自己生活不能自理。

牛娃三，"最强王者"。复旦硕士老妈和清华博士老爸，三个半月开口说话，一岁半熟背《弟子规》，三岁就会潜水，十分钟就学会了骑自行车，用英语聊美杜莎和居里，教爸爸用法语问好。

牛娃四，看过三十本书，认字两千个，独自完成多个大型乐高积木模型，上海市青少年机关王二等奖，钢琴二级、中国舞三级、手风琴一级。理想是：成为爸爸妈妈那样能回报社会的高科技人才。

牛娃五，最喜欢的游戏是编程，托班的时候就学会了时间管理，懂得核反应堆、碱基配对以及RNA转录，和爸爸一起听微积分学会了函数和极限，平时喜欢的游戏是：编程会用Swift语言编写代码。

…………

没有最牛，只有更牛。网友们调侃：上实小的老师智商如果没个160，怎么好意思给这群牛娃上课呢？以后这些牛娃不成材，爱因斯坦都会爬出来骂你们的。

在优质教育资源最丰富的北京，家长们也没闲着，群里流传的是：要不给孩子提供更好的教育资源，去西城拼房、拼爹；要不去海淀，给孩子报兴趣班（其实教的是奥数），去拼牛娃。都是一个"拼"字。没有人等着考虑吃一锅饭，追求理想化的教育资源完全均衡化分配，因为这是不现实的。

5

"我爸是博士。"

"我妈是博士。"

"我爸妈都是博士！"

苏州一个小学的同班同学，是这样介绍自己爸妈的。

在苏州工业园区翰林小学，目前有博士（含博士后）家长194人，其中博士爸爸 133 人，博士妈妈 61 人。

翰林小学所在的独墅湖科教创新区是全国唯一的国家高等教育国际化示范区，区内有 29 所中外知名高校、12 家国家级研究所以及 6 所职业院校。而作为创新区里唯一的一所小学，翰林小学就独享这庞大博士群了。

这些博士家长不仅是孩子的"私教"，他们还积极参加翰林小学组织的"博士爸爸来上课"系列活动。

Ito 的爸爸 Raffaele 博士来自水城威尼斯，他全英文讲授，自带翻译，带领孩子们从城市风格、城市结构、城市建设等方面做了一次环球旅行，使成为城市设计师的小小种子在孩子们心中悄然萌芽。

周弋茗的爸爸周飞博士引导小翰林们畅想：干细胞作为细胞中的"孙悟空"，今后可能为我们带来什么。

张为屿的爸爸张骐博士与孩子们共同探讨了人类的进化与文明，以一个个不可思议却又真实鲜活的例子引领孩子们走进历史，走进科学。

董槐诺爸爸董彬博士的课堂从"大"事物和"小"事物引入，展示了"会漂浮的铅笔"等各种神奇的实验，引领孩子进一步探索生物的奥秘。

王梓宇的爸爸王桃云博士向孩子们再现了神秘的植物王国，图文并茂地介绍了食虫植物、香花植物以及各类奇特植物之最。

岳章的爸爸岳春林博士，在课堂上用幽默的语言和逼真的模型，深入浅出地向同学们介绍了大脑的妙用。

李安然的爸爸 EricAmigues 博士带领孩子们徜徉在"有趣的化学"世界。他现场演示肥皂的制作过程。当丰富的肥皂泡从瓶子里冒出来时，孩子们惊叹不已。

石和予的爸爸石林博士为小朋友们带来了一节有意思的《从山峰形状到分形艺术》。由"如何画出一座逼真的山"的思考，引出"分形结构"的概念，通过联系生活中的"分形事物"，小朋友们很快理解了这个知识。

田梓晓爸爸田文得博士带来了《微观世界的奥秘》一课，田爸爸运用两段形象生动的视频，让孩子们深入感受宇宙之大、细胞之小，更举出了许多生活事例为孩子们讲解我们人体的大构造和小秘密。

徐研的爸爸徐俞博士为孩子们带来了一节特别的课——《纳米是什么米》。通过这节课的学习，孩子们了解了自然界存在的纳米材料，见识了纳米尺度基本原子结构，受益匪浅。

葛予新爸爸为孩子们带来的是《电池的原理》。葛爸爸还与孩子们一起做了"水果发电"的实验。

周营泽妈妈带领孩子们走进了奇妙的编程世界。营泽妈妈带着孩子们一起在电脑上认识编程的定义，编程的方法，并与孩子们一起将这个小游戏用电脑编程制成了一个电脑小游戏。孩子们被新奇的内容深深吸引，对编程有了全新的认识。

……

在网友眼中，对于这个博士爸妈成堆的小学，他们的想法很复杂。有的说不敢生孩子，怕给孩子拖后腿。

也有的说父母学历高没有用的，不惜拿自家说事儿：我爷爷大学毕业，我爸妈高中毕业，我大专毕业。

更有人说自己哥哥嫂子都是工科博士，英语日语还很溜，虐人不倦，坚持在家每天早饭时都用英语聊天，晚饭用日语，我侄女根本不想吃饭。

还有网友指出："这种'花式炫父'会造成孩子的攀比心理。"

立马有网友呛声："炫父"比"炫富"强多了！这么多牛爸，种下那么多有意思的小种子，可以在孩子的小世界生根发芽，是件多美妙的事情！

不管你承认不承认，拼爹从高考状元一直拼到了小学和幼儿园。

但另一位网友发的帖，让大家陷入了沉思：20世纪70年代，有记者问诺贝尔物理学奖得主卡皮察："您在哪所大学、哪个实验室里学到了您认为是最主要的东西？"这位白发苍苍的老人出人意料地回答："是在幼儿园。——把自己的东西分一半给小伙伴们，不是自己的东西不要拿，东西要放整齐，吃饭前要洗手，做了错事要表示歉意。午饭后要休息，学习要多思考，要仔细观察大自然。从根本上说，我学到的全部东西就是这些。"

朱永新也说过，把孩子培养成人，不是简单地让他们记住一些知识，掌握一点技能，而是让他们真正懂得人与人相处的意义与价值。所以，对于父母来说，真正的教育，就是让孩子懂得关心人、理解人，就是让孩子有一个敏感的心灵，设身处地为别人所想所急。在日常的学校生活中，让学生学会互相帮助，参与集体事务，热心公益活动，让孩子从小事做起。

但望子成龙、望女成凤的家长们，又怎么能听得进呢？

"孟母三迁"的故事，不就是现在的学区房吗？

这肯定是一种曲解。

第五章

输不起的"起跑线"

1

在中国，现在最焦虑人群是中产阶层，其中"80后"妈妈是焦虑指数最高的，以超70的焦虑指数高居榜首。在她们焦虑的因素中，学区房占比最高，因为房子不再仅仅是一个居住的功能，它还承担着子女入学、享受什么样的教育资源，能与什么阶层的孩子同窗共读，一句话，这是输不起的"起跑线"。

以前进重点小学和初中，除了片区户口外，拼爹拼的是人脉资源，比如"条子"生，或者拼爹的财力，比如赞助费什么的，现在国家三令五申"就近入学"的政策，那些歪门邪道被"堵"死了，剩下的唯一途径是拼房，学区房。所以北京爱民里小区一套"网红地下室"火了，之所以会火，是因为91.3平方米的居住面积居然以1050万元的价格成交——花这个价格买一套地下室的住房，可这并不是个例，只因为此小区是西什库小学的学区房，孩子如果能够入学，不仅能享受到英语和法语的教学环境，还能直升大名鼎鼎的北京四中。

这是北京，在南京，被刷屏的也是一套学区房。

10平方米的面积，南京史上最小的学区房。报价80万元，76万元成交。单价7.6万元的价格，高于区域二手房均价近4万元。而且，这个学区房不仅无法正常居住，甚至能不能顺利入学都还是未知数。

南京的 7.6 万元 / 平方米，北京的 16 万元 / 平方米，这是二线城市、一线城市的学区房价格。但是，学区房现象不仅仅存在于一二线城市，几乎所有的城市都是存在的。

2

开学第一周，苏州工业园区某小学的家长们，埋伏在送孩子上学的车队四周，用手机偷拍下一些可疑车辆的车牌号，然后通过家长群里有路子的去调查这些可疑车辆的家庭住址，到底是否属于这所大名鼎鼎的小学的学区房。这里的学区房均价 6 万元，可不能让"有来头"的人物走了后门。因为前两天家长召集会，散会后发现这几辆车是开往别的区域去的。虽然区教育局对他们的质疑，信誓旦旦说绝不可能让不是学区地段的插一个进来，但家长们还是不相信，商量来商量去，决定从车牌入手查清楚。调查下来，这几户确实不住这里的学区房，住在另一个区的别墅区，但他们在学区地段确实买了房，90 平方米，孩子和父母的户口确实在这里。

为保卫学区房的权益不受侵害，家长们的智商都可以拍谍战片了。

"当初没买到学区房的时候，整天整夜睡不着觉，感觉没有给孩子一个好的教育环境，比其他孩子落后一大截；买了学区房之后吧，焦虑不减，到了小升初的时候全部改为面试了，还是一样要参加昂贵的课外补习班……"

"你问我们为什么热衷于学区房，从古城区的学区房又换到了园区的星海？你肯定知道'孟母三迁'的故事是吧，那不就是现在的学区房吗？"

小孟是个知识女性，长发飘飘，白净的瓜子脸上有两道弯弯的眉毛和带着笑意的亮晶晶的丹凤眼，是个天然美女。

"你说 2000 年前，孟母就懂得住在墓园边上不好，儿子跟着送葬的队伍学摇幡招魂做丧事，赶紧搬家。搬到市场边上，儿子又学小商小贩吆喝做买卖。那个年代商人没地位，不入流，孟母又赶紧搬，搬到书院旁边住下来。这下好了，儿子终于整天模仿儒生读书行礼仪了。孟母的伟大就在这里，为儿子不惜三次搬家，'近朱者赤，近墨者黑'，'蓬生麻中，不扶自直'，'白沙在泥，与之俱黑'。这跟今天选学区房难道不是一个道理吗？"

小孟说得好像天经地义，但孟母三迁，真的等同于今天的"学区房"吗？孟母三迁最终迁到了书院旁，但今天"学区房"的概念是不是人为炒起来的，是不是房产开发商钻了地方政府不合理政策的漏洞，或者说政府与开发商蓄意谋之？

据小孟说，她儿子到了星海，已拿了好几个比赛的奖，有航模，有机器人，还有朗诵。"值，真值，为了孩子，这不算什么。美国人也是一样的，富人区的学区，就和贫民区完全不一样的，孩子以后的前程当然也是不一样的。"

3

印度宝莱坞一部名为《起跑线》的影片，讲述的正是一对中产阶级夫妇为了让孩子能够从小就获得最好的教育、走上人生巅峰而绞尽脑汁择校的故事。

"如果你们不接受训练，那孩子就不能进好的幼儿园学校了，如果她进不了顶尖的学校，那她就进不了我国任何一家好的大学，如果她的履历表上填写的不是好的大学，那她就不可能进跨国公司上班。"不同的是，在中国，大多数父母认为最好的工作是考上公务员和进国企。

苏州排名前三的某名牌实小，有个十岁的女娃娃已经获得国际国内各种大奖，包括模特、芭蕾、京剧表演、街舞、钢琴、古筝等二十七个奖杯，仅2018年上半年，就去纽约参加国际儿童模特比赛获一等奖，日本亚洲少儿舞蹈比赛一等奖，赛后妈妈专门带她去神户吃牛肉，据说一顿要花费近三万元人民币。还有法国、俄罗斯等比赛，一场不落。这女孩在台上真的气场很强，一副标准大牌模特样。而平常日子的打扮就是一个邻家小姑娘，清纯朴素甜美，像太湖边春天里的一株青青芦苇。家里为不浪费她宝贵的分分秒秒，专门在学校隔壁给她租了一套房，租金每月六千元，另外语数外补习班，钢琴、舞蹈私教课时费……妈妈是某著名苏州传统名品企业董事，外公当然是董事长。小姑娘不仅人长得漂亮，多才多艺，而且学习成绩好，是少先队中队长。

4

为了赢在起跑线，不堪重负甚至穷尽三代人的积蓄去购买一套学区房，孩子将来就一定能成才吗？分数能代表一切吗？

"我十岁的小侄子来深圳过暑假，孩子很聪明，奥数、围棋、轮滑成绩都好，全班考试成绩第一，英语口语也很棒。"

一位深圳网友发的帖，在网上引来无数人的围观。

"和他聊天，他居然说，他爸妈不配有他这么好的儿子。

"父母没什么钱，只开得起十几万的日产车，同学都拿 iPhone 7，他只有儿童手表。"

有人说，这父母把孩子养成了"白眼狼"，也有人说这孩子有这种思维，是因为他父母平常就是这样教他的。

这个孩子是"成功"的，他成绩优秀，技能加身。在父母的功利教育下成功长成了父母希望的样子。

这种成绩很好却自私冷漠的孩子，在学校里，他们觉得是自己聪明，不是老师的功劳。在家里，更是觉得全家人围着他转，以他为中心，是理所当然天经地义的。其实他们很脆弱，没有吃过苦、受过累，没有摔过跤，没有韧性，有教师形容这样的孩子是"直直的扁担，很容易'啪'的一声就断了"。

可以说，在功利教育下长大的多数孩子，一出生就在功利的路上狂奔，早早失去童真，失去了灵魂，有的渐渐地得上了"空心病"。从幼儿园开始一直到大学，他们都由家长一手安排，像温室里的花朵，经不得一点风雨和阳光暴晒，即使一路名校，毕业后有了一份好工作，但也是一个精致的利己主义者。

这些从小被灌输要赢在起跑线上的孩子，有强烈的孤独感和无意义感，他们从小都是最好的学生，最乖的学生。但是他们当中相当一部分有强烈的自杀意念，不是想自杀，他们只是不知道为什么活下去，活着的价值和意义是什么？

"我过去十九年、二十多年的日子都好像是为别人在活着，我不知道自己是要成为什么样的人。"

苏霍姆林斯基曾经说过，一个真正的人应当在灵魂深处有一份精神宝藏，这就是他通宵达旦地读过一两百本伟大的书。其实他说的正是指青年时代的这种阅读，纯粹，沉醉，通宵达旦，没有功利色彩，这种感觉如爱情一样深刻而影响一生。而这种对于阅读的挚爱，基于儿童时期的阅读兴趣、阅读习惯与阅读能力的培养。

这些"赢在起跑线"的人，他们的童年和少年时代都是一路奔着名校而去，为分数而活，根本无暇沉醉于非功利性的阅读，沉醉于童话和名著中，他们其实是父母牵着线的傀儡，精神世界一片荒芜，荒漠里长不出信仰和理想的种子。

5

为了孩子将来有个好前程，原本无锡有房的余刚在苏州买了勤惜小学的学区房，这是一所有着一百多年历史的小学，从古城区迁到了平江新城，政府出资鼎力打造，要让历史名校在新时代重放光彩。2017 年 11 月时周边商品房均价每平方米约 2 万元，但学区房的价格是每平方米 3 万元。今年 3 月，余刚将孩子的户口迁过来，5 月报名成功，8 月 19 日开家长会，一切都很好，"开开心心等着开学"。

不料，8 月 20 日晚，勤惜小学的家长群开始流传一个消息：立新小学 800 名学生，全部是外来务工人员的子女，将来勤惜小学就读。

消息传出后，家长微信群炸了锅。两所小学共用校区，三道铁栅栏把两边学生的教学区域分隔开。而一道隔离门，搅动了多少人敏感的神经。家长们愤愤不平，我们之所以选择花高价在平江新城购房，就是看中了政府的教育资源，现在的这种行为也会影响到今后的新生招生。

"换你，你也会抵制的，这个学区的房子 3 万元，这部分孩子过来读书，影响教育质量，不是好学区房，房子有可能变 2 万元，你觉得你会怎么做？因为毕竟本地的孩子各种补课补习班提优，都是很用力培养的，你招进这部分学生，孩子们不在一个起跑线上，对谁都没好处。"余刚言辞激烈，态度坚决，"我们只要一个学校，不要'一校两制'。"

任正非曾说过，我们华为在海外派遣员工有四万多名，为什么大多数员工都不愿意回来？孩子上学问题，回来以后怎么插班，教育方式完全不一样。这样一系列问题，让我们的员工流动不起来，孩子回不来。即使在非洲，孩子可以上最好的学校，但是回到深圳就进不去学校。因此教育是我们国家最紧迫的问题，要充分满足孩子受教育的权利。每个家长最操心的就是孩子。

家长们之所以高价购买学区房，选学校，其实不仅仅是选优质师资，更重要的是选孩子的同学。无论北上广深、苏州南京，还是其他地区的家长，挤破了头想进的"重点小学"，是因为这些"重点小学"具备选拔效应，它们选出了对教育投入更大的家长，而教育质量的空间溢出价格加剧了社会分层。害怕阶层滑落的家长，想借助学区房使孩子赢在"起跑线"上。

赢在起跑线就一定能赢在终点线吗？

我们目前的教育现状可以浓缩为了一张好文凭。有了好的文凭就可以找一份好的工作，找一份好工作是为了一份好薪水。为了实现这个目标，所以要上好的小学、中学、大学，甚至是好的幼儿园。朱永新认为，这是我们教育本身出了问题，是教育的一种病。

他十几年来推进的新教育实验改革，就是希望治愈教育的这种病，为此，他找到了一个好方法，或者说好抓手，那就是阅读。他特别喜欢他的另一个身份：国家全民阅读形象大使。所以，推广全民阅读不仅是他的工作，更是他的使命。他也因此被称为推广全民阅读的"第一人"。

比学区房更重要的是什么？

朱永新认为是阅读，没有阅读就没有教育。

任何一个好的时代，

都会有底层靠奋斗上升的大把好时机。

第六章

寒门逆袭靠书包翻身

1

在以北上广深为代表的大城市，拼爹拼学区房鏖战正酣时，邓风华的父亲只想让孩子离开自家那栋又黑又破、下雨天漏水，还随时可能倒塌的危房。他心心念念的是，老天保佑，儿子高中毕业能考上个二本大学，将来去县城当初中教师，有一份稳定的收入，成为城里人。现在祖坟冒青烟，儿子竟然考上了北大，愿望也跟着水涨船高——去当高中或者大学教师，更安稳了。

邓风华五岁时被塞进姐姐的班级，老师不乐意，父亲把家里吃饭的桌子搬到了学校，"咱娃自带课桌椅，不给老师添麻烦"。五岁的娃娃每天来回走十几里地坐在教室后面听课；十岁时住校，和四十多个同学用一盆水洗脸；高中时说要考北大，父亲大笑着说："你看看你家门前的山，你能考上吗？"

邓风华的高中老师是伯乐，相中了他这匹千里马，时常会拍着他的肩膀说："要考上北大啊。考上北大，你半只脚就进入了上流社会。"

那时他很感动。

直到站在燕园里，他还是茫然："究竟什么是上流社会？"

再到四年后他读研一，又站在清华园，觉得自己"还是和那几亿的农民工人互为镜像"，有一些"勤奋也解决不了的事"。

人家的父亲是公务员、教师、企业高管、科学家，各行各业的精英，他的父亲是个地地道道的农民，但父亲有理想，父亲的理想就是把一双儿女培养成吃公家饭的城里人。让娃读书，宁愿不修房；让娃读书，宁愿比别的乡亲吃更多的苦，受更多的累。"书包翻身"是穷人家孩子唯一的希望。

父亲种了四五亩烟草，养猪，农闲时去搭电线、挖矿。儿子读高中，他又向隔壁村的朋友讨了几亩荒地种玉米——那片地光秃秃地杵在山头，脚下就是云贵交界的大峡谷，云来云去，草荣草枯，山还是那座山，一代代的人，像云和草，来来去去，生生灭灭。

穷人的孩子早当家，邓风华很小就帮父亲收烟草，烘烟叶，烟气四散，熏得人睁不开眼，身上沾满烟油，衣服会黏在一起。熬到凌晨两三点是常事。

父亲流着泪对他说："一定要考出去，再陪着我种地，这个家真的就没指望了。"

农村家庭与贫困家庭的孩子，唯一能够被寄托出人头地、改变命运的途径便是教育，自古就有"朝为田舍郎，暮登天子堂"的美好愿景。邓风华考上了北大，姐姐师范毕业当上了老师，给家里修了新房，买了电视，装上了太阳能。从房破梁塌的穷户头一下变成了兴旺人家。村里一些原本想让孩子辍学打工的父母看到了这家人的变化，也渐渐改了主意：上学或许能出另一个邓风华。

2

2018 年 7 月 25 日，云南会泽县的崔少扬收到了《北京大学录取通知书》。一如假期的每一天，他当时正在离家大概十里的工地上帮农民工父母拌砂浆，接通知书前，还把手裹在汗衫里擦了好几遍。这张图片在网上疯传，崔少扬没想到自己因此在网络上一夜爆红。

他家住的也是简陋的毛坯屋，卧室里没有书桌，零散地堆着各种建筑杂料。客厅里的老式电视机架在两块空心砖上，父亲对来采访的记者哽咽着说，孩子们上学时常饥一顿饱一顿的，为了安慰在外地打工的他，说吃得好，顿顿有洋芋、肉末、白菜。崔少扬也在旁边抹泪，说三年前父亲得了肾结石，为了攒钱给儿子配副近视眼镜，说什么也不愿意去医院花钱看病。他承认，知道那件事后，"才有了学习的动力"。

真正的寒门不是贫穷，而是屈从于贫穷之下的绝望，父母自己都放弃了追求更好的人生，孩子怎么还会有逆袭的可能？

3

同样是从山沟沟里考进北大的林杉，课余时偶尔做做家教，看到北京的父母给孩子掏一小时一两百元的课时费，培养孩子各种课外技能，他会忍不住想到自己的童年：小学老师是年迈的代课教师，老大爷上课就让学生们自习，然后在操场摆桌子喝酒，再满脸通红地回来宣布下课。

在村里，除了他，同龄人没有考上本科的。三分之二的年轻人初中毕业就打工，很多已经有了孩子。问他为什么这么厉害，他想了想，说自己原来也不想读书，初一时忽然开窍，读到高二班主任就说他肯定是北大的料，别说补习班，有时上他不太喜欢的课，他听着听着就在课堂上睡着了，但临考抱佛脚，也竟然得满分。

他们学校开天辟地就他一个考上了北大，校长捧着录取通知书两手直抖比他还激动，县长还到他家送了奖学金。凭什么？凭天赋。考北大不是想考就能考上的。用不着拼命也用不着烧钱，一切自然而然就好。小时候学得太多也不见得是好事，脑子塞满，人反而变笨了。他说《没有起跑线？》这部纪录片里，有位老师说的一段话特别有道理——不是每一个孩子的个性，都适合一开始就用尽全力去跑。就像每匹马的特性都不一样。有些马的特性是在开始时领头，但是有些马留在后边发力，开始时守在后面，去到直路才冲出来。如果孩子的特性是留后，在一开始就催迫他去跑，很可能跑到一半就溃败，随时死在跑道上。赢在起跑线的那一刻，未必赢在终点线。

事实证明，每个人的生命生物钟都不一样，中国自古就有"甘罗十二为丞相，太公八十遇文王"的说法，有的早得志，有的迟得志，得不得"志"，不在迟早，在乎你是否胸怀有志。

比如柳传志，四十岁开始打造联想集团。比如高考三次落榜的俞敏洪，凭不屈不挠的坚强意志最终考上北大并打造了"教育航母"新东方。马云的起跑线比一般的人还要低，读的大学非名校，去"肯德基"应聘，别人都能进他却被拒绝了，最终他书写了电商传奇。

马拉松比赛，不是比的起跑线，往往起跑线冲在前面的人，最后进入终点线就掉在了后面。何况人生比马拉松更长更远了不知多少倍，为什么一定要赢在起跑线呢？

4

"暑假中的一个个傍晚，厂房里昏黄的灯光下，炎热的飞蛾、蚊子诸类虫子缠绕眼前，布机的节奏声中隐透出窗外田野里的蛙声阵阵。在这之后的日子中，那无数个清闲或是累得只想死在被子中的周末，永远躲不开的是折布。

"这就是我的家庭、我的父母赖以谋生的方式……其中我的父母劳作，其中我的父母编织一张锦绣年华，希冀着给我和我姐铺设一个不如他们这般辛劳的未来。"

在织布机隆隆声中长大的王雷捷，在假期每天要帮父母折九十匹布，腿站得发麻没知觉，想叛逆都没精力叛逆，当然父母没可能给他购买好的学区房，但他2017年，以总分723分的成绩，获得浙江高考状元。

王雷捷家在大唐里蒋村，这个村子在20世纪90年代家庭纺织业较为兴盛。王雷捷说，村里的很多女人，空闲时，都是用麻将消遣，而他的母亲织布之余，则会安静读书。他的姐姐，正在浙大读研究生，受母亲的影响，从小也是书虫："我自然也爱上了读书。"

王雷捷在获奖文章——《穿梭在布里的光阴》中写道：

"母亲的内心是浪漫主义的国度。……也总会在谈话间偶尔回忆起青春时沉醉其中的无数小说，无数评传，而为之魂牵梦萦。

"只要学校老师推荐什么书，妈妈一定会给我去买来。"

王雷捷的童年在织布声缭绕的书香世界里度过，母亲从小在他们的心中种下了爱读书的种子。在他们长大的旅程上，时时以书为伴，与书结缘。辛勤劳累一天，至乐莫如读书。

读书是对生命的滋养，是对生命格局的放大。

母亲，正是用自己的言行、爱好，耳濡目染，为孩子织出了不同的世界。母亲的差距，往往决定了孩子间的距离。

王雷捷高中三年的午休时间基本都是在图书馆度过的，即便再嘈杂的环境，他依旧能够沉浸在自己的世界里，用心学习，因为他已习惯了隆隆织布声中读书，蛙鸣虫咬中读书，只要有好书，哪里都可以读，书就是他的整个世界。

"阅读是我紧张学习之余的调剂。我会在自己的抽屉里放本书，做题累了、倦了，就看一下。""睡前的读书习惯从未改过，虽然只有晚自习到熄灯前的半小时，也会抓紧时间读一点。"

在第十一届全国中学生作文大赛总决赛上，王雷捷通过现场书面作文、文学常识测试、口头表达测试等环节的比拼，斩获全国一等奖，并摘得大赛最高奖项"恒源祥文学之星"。

虽然他的父母不能给他优渥的生活条件，享受不到优质教育资源的学区房，但母亲对读书的热爱，在他幼小的心田种下读书的种子。从小养成的良好阅读习惯使王雷捷具备了深厚的文字功底，这也使他在学习上取得了优异的成绩。因为无论数学还是英语，拼到最后，拼的是语文底子。

有人曾经对被评为全国十佳少年的孩子进行调查，发现这些孩子的阅读能力都高于普通孩子；也有人曾经对一些成功人士进行采访，发现这些人在总结成功经验的时候，都提到读书让他们受益匪浅。

可以看出，无论是高考还是工作与生活，阅读的重要性日益凸显。所以，从小培养孩子阅读的兴趣，让孩子博览群书，非常重要。

朱永新说："我们始终相信，每一个生命都是一粒神奇的种子，蕴藏着不为人知的神秘，而阅读则能够给种子以美好滋养，并唤醒所蕴藏的神奇。"

阅读是追求梦想的最好路径。

朱永新说：1978年2月，当我一个人背着一个自己油漆的小木箱，揣着姨妈送的五十元钱和几件衣服，登上去往苏州的长途汽车时，我仍然没有意识到，那场考试对于我意味着什么。其实，正是那一次考试，彻底改变了一个苏北农村男孩子的命运。而那场考试背后的改革洪流，更是改变了共和国的命运。

高考改革就是那场改革洪流冲破的第一个"堤坝"。那时候，高考是没有门槛的，它给所有人平等的机会。恢复高考的时候，对年龄和学历的要求都不严格，几乎是零门槛，任何人都可以以同等学力参加高考。许多只有初中甚至小学文凭的人，因此有机会参与高考，最后顺利进入大学甚至读研究生。即使是现在，无论是高考制度还是人才制度，对出身要求太高了，公务员一定要大学毕业甚至还要研究生。我认为应该给所有人平等的机会，取消公务员的学历限制。我们无论是在大学招生、公务员制度，还是各种人才制度方面，都应该采取更灵活、更开放的制度。我们一定要消除这种歧视，给予更多人更多的平等机会，给所有人平等的机会，就能够让人生有更多的出彩机会，也不会一次性地"押宝"在高考上。

历史是一面镜子。

1931年，二十岁的华罗庚，拖着残腿、拄着拐杖由金坛北上，走进了清华园。

初中毕业后因家贫辍学，经营着一家小杂货铺，这样的人设无论如何让人无法把他与未来的世界级大数学家、"中国的数学之神"画等号。但华罗庚并未因无钱继续求学而气馁，他在自己的小杂货铺里刻苦自学，五年后在上海《科学》杂志上发表的《苏家驹之代数的五次方程式解法不能成立之理由》轰动数学界。

华罗庚在清华园做图书馆管理员，做助教、讲师，二十六岁时经著名数学家熊庆来推荐前往英国，留学剑桥，师从20世纪声名显赫的数学家哈代。哈代对他说："你可以在两年之内获得博士学位。"可是华罗庚却说："我不想获得博士学位，我只要求做一个访问者。""我来剑桥是求学问的，不是为了学位。"两年中，他集中精力研究堆垒素数论，并就华林问题、他利问题、奇数哥德巴赫问题发表了十八篇论文，得出了著名的"华氏定理"，向全世界显示了中国数学家出众的智慧与能力，被誉为"中国的爱因斯坦"。

时间再往前推，1918年，毛泽东也曾在北大图书馆当助理员，月薪八个大洋，与人合租在一个叫三眼井的地方，八个人睡一铺炕，翻身都要事先和隔壁左右的人打招呼，比现在的"蚁族"更"蜗居"。但毛泽东并没被贫穷所困，他在那里结识了李大钊等人，在那里接受了马克思主义的洗礼、各种新文化新思想的熏陶，从参加红船会议，到创立井冈山革命根据地，再到成立中华人民共和国。"惜秦皇汉武，略输文采；唐宗宋祖，稍逊风骚。"一首《沁园春·雪》，让蒋介石失魂丧胆，坐卧不安，密召一帮民国"文胆"在重庆的宾馆里炮制了三天三夜，准备拿出一首超越毛泽东的诗词来，以"领袖"的名义发表，以压倒"土共头子"。可谁有这"欲与天公试比高"的豪情和底蕴，自然是以"一地撕碎揉皱的废纸"收场。毛主席爱书如命，长征路上，途经土司碉楼，"借阅"了碉楼里收藏的《三国演义》，1952年全国政协第一次会议，他也确实把借的书还给了来参加会议的碉楼主人。黄河边激战，"胜似闲庭信步"的战略指挥家还翻着随身携带的《红楼梦》。中南海的"菊香书屋"，连床上三分之二的地方都堆的是书。他老人家活到老学到老，临逝世前还在读书批文件。

还有"先天下之忧而忧，后天下之乐而乐"的范仲淹，三岁丧父，"划粥割齑"，早年的刻苦攻读，换来了日后的经世济邦之才。

中国历来有"茅屋出公卿"，也有"富不过三代"，任何一个好的时代，都会有底层靠奋斗上升的大把好时机。

孩子，未来不在学区房里装着，它在你的书包和头脑里装着呢！

决定你命运的，首先是大时代，

你最终这一辈子有多大成就，首先取决于你的时代。

第七章

1978，改变从阅读开始

1

1977 年 8 月 4 日到 8 日，复出的邓小平在其组织召开的科学教育工作座谈会上决定，立即恢复高考。1977 年 10 月 5 日，教育部新制定的《高校招生工作意见》获得通过。它规定，凡是工人、农民、上山下乡和回乡知识青年以及应届毕业生等，符合条件均可报考。录取原则是德智体全面衡量，择优录取。

这是十一年以来的第一次高考，集中了 2000 万名考生，经过第一轮筛选，1180 万名正式参加高考的考生，只录取了 62.7 万名新生，其中还包括大专生。毫不客气地讲，即使当年的大专生，放在今天，进重点大学也是没问题的。这些搏杀而出的"天之骄子"，带着希望和梦想拥向校园。无数个体命运的轨迹，自此改变。

1977 年、1978 年的高考，由于备考时间很短，考生原有基础便显得格外重要。1977 年、1978 年考上大学者除了智力因素以外，更多是非智力因素在起作用，在"读书无用论"盛行的年代仍然坚持读书。许多人经历了上山下乡的磨炼。

1977 年高考后，正在田里干农活的李克强，突然接到了北京大学的录取通知书，一起插队的知青们为了给他祝贺，连忙跑去找来摄影师，大家一起在田埂上留下了一张珍贵的合影。因为是光着脚在田里干活，这张合影也是光着脚拍的，只是后来处理照片时裁成了半身照。

"我曾经是安徽凤阳的插队知青，很难忘那一段和乡亲们度过的艰难岁月。那里当时是中国农村出了名的穷地方，也是后来中国农村承包制改革的发源地。我还记得1977年高考后，我是在田头锄地时得到高考录取通知消息的。"

李克强被北大录取也属于"意外之喜"。他填报的高考第一志愿是安徽师范学院，第二志愿才是北大。李克强曾在回忆此事时说："当时的我多数时间是和乡亲们一起为生存而忙碌，几不敢有奢望。在生存欲和求知欲的交织驱动下，我还是在第一志愿填写了本省一所师范学院的名字——据说在师范学院读书是不必付钱的。即便如此，我对北大依然存有难以抑制的向往，于是又在第二志愿的栏里填下了北大的字样。大概是因为北大有优先选择的权利，她没有计较我这几乎不敬的做法，居然录取了我。"

2

正在江苏大丰县南阳镇供销社棉花收购站写通讯稿的朱永新，也收到了江苏师范学院（苏州大学前身）的录取通知书，阴差阳错的是，不是他中意的中文系而是政治教育专业。"后来才知，那时的招生几乎不考虑学生志愿，'乔太守乱点鸳鸯谱'的事常有发生。我没被理想中的南京大学录取，而是进了江苏师范学院。或许正是这点遗憾，驱使我继续努力，勤力进取。"

那时的录取，被乱点鸳鸯谱的不止朱永新一人。有的人参加的是理科考试，却被调剂进英语专业。有的人录取进数学系，却强烈要求转到中文系。但不可思议的是，这些不按志愿的录取，同样造就了一批出类拔萃的人物。

就像朱永新，虽没上成南大中文系，也没成为年轻时十分向往的作家，但却成就了新教育的更广阔的事业，成为当代中国著名的教育大家。

就像熊晓鸽，明明考的是理科，却被调剂进湖南大学英文系。后以全国第三的名次考入中国社科院新闻系研究生，梦想是成为一名新华社外派的战地记者。梦想还没来得及实现，又怀揣三十八美元去了美国，拼命苦读，拿到博士学位后，在风险投资领域创造奇迹，在中国投资包括著名的百度、搜狐、易趣、携程、慧聪、当当、腾讯 QQ、3721 和 8848 等。他被誉为"中国引入高科技产业风险基金的第一人"。

3

"我要去开飞机了，到时候我的飞机落在这里，就可以把你们接走了。"收到南京航空学院飞机设计专业的录取通知书，阎焱对办理转关系的公社干部嘚瑟。公社干部看着这个一年只挣两毛七分钱的知青小伙，无法想象他将来怎么能开一架大飞机来接他们。大学毕业后，阎焱做了工程师。两年后，他考上了北大研究生，师从著名社会学家费孝通。1994 年，阎焱踏入投资圈。几年后，他飞到美国，拜访常春藤名校、华尔街，募回 6.5 亿美元……农民、排球运动员、飞机设计工程师、社会学学者、世界银行研究员、普林斯顿大学国际政治经济学博士、赛富亚洲投资基金合伙人……多种角色的体验和转换，使他的专业、能力、眼光、胆识日益提高，资本市场的淬炼，使他的投资风格日趋理智、冷静。从下乡插队知青一年只挣两毛七分钱，到动辄出手就是几十亿，有人说他有家国情怀，有人说他是家门口的"野蛮人"，不管别人怎么说，阎焱还是那个把嘚瑟、洒脱和桀骜高度统一于一身的"VC"教父。如果没有高考，又或者有高考，他没抓住机会，在安徽潜山林场看着知青伙伴们整天打架偷菜，他的人生将如何？他感谢那一个个暑热难耐的夏夜，自己抱着书本，将脚放入水桶里，任蚊虫侵袭，以拼命三郎的方式彻夜鏖战，终于杀出重围，从开飞机的梦想出发，让他在未来的资本市场翱翔万里。

那一场拼搏，有多少个抱着书本，将脚放入水桶的阎焱脱颖而出。

二十九岁的辽宁锦州铁路局工人马蔚华，仍执意参加这一年秋季的"新高考"，最终被吉林大学经济系录取。那时候每所大学里，比他年龄大的老三届三十三四岁的也不少，被同学们调侃，回家别与儿子拿错书包。

华南工学院（现华南理工大学）无线电工程系的"三剑客"——黄宏生、李东生、陈伟荣终于会聚一堂，成为同班同学，在未来的岁月里，他们所领导的创维、TCL、康佳，将占据中国彩电业的半壁江山。

湖南涟源的农民梁稳根，走进中南矿冶学院（现中南大学）的大门。山东滨州的宁高宁结束了三年的军旅生活，考入山东大学经济系。

4

十二岁的张亚勤，与他中科大少年班的同学们，课余还在校园里玩滚铁环的游戏。"神童"宁铂已先他一年入学，紧锁眉头的方毅副总理与他对弈，两盘皆输，这张照片登上各大主流媒体的显要版面。

十四岁的李书磊是从生产大队的广播里听到被北京大学录取的消息的，广播里喊着他的小名，让他去取录取通知书，他不相信，甩起羊鞭，冲着广播喊：别骗我，我不去！

李书磊说："高考完了以后，我就回家干活儿了。那一天，我正在黄河滩上放羊，我姐姐拿着通知书去找我，当时我的第一感觉是，这下是真的了，终于不用放羊了。我把羊鞭扔进了黄河。"

小时候李书磊最愉快的事情就是自己能看很多书。"我把家里的书都看了一遍，《林海雪原》《西游记》《红楼梦》，能找到的我都看。当时我最喜欢《西游记》了，看了就学孙悟空，撅断我们家后院的小树，把皮剥了，当金箍棒。"

上小学时，李书磊就能背三十六首毛泽东诗词，而且用的是字正腔圆的普通话，周围人总夸他聪明。

因"文化大革命"断了求学之路的哥哥，每天晚上都用"文革"前的课本做教材，在灯下给他讲高年级的课。

星期天，他总坐在屋后的树荫里看书，太阳晒过来，他就再找树荫，就这样逐着树荫走，一看就是一天。小学毕业，他已读完范文澜的《中国通史简编》、竖排的《水浒》《镜花缘》，还有《钢铁是怎样炼成的》《林海雪原》和《故事新编》等。

1974年，十岁的李书磊跳级进入初中。初一时，为了歌颂"新生事物"，他创作了一万多字的小说《朝阳》，写的是学生为了创办木工组和一心执行"资产阶级教育路线"的校长之间的斗争。他还将报上一篇寡妇再嫁的报道改编成了快板书，快板书被贴上了墙报，引起轰动。

当时流行的英雄主义深深影响了他。很多年后，他都清楚记得样板戏《红灯记》中李玉和的唱段："无产者一生奋战求解放，四海为家穷苦的生活几十年。"还有毛泽东的诗词："东方欲晓，莫道君行早，踏遍青山人未老，风景这边独好。"这种神圣、牺牲与浪漫的情怀，成为他童年的向往。他喜欢鲁迅，对《华盖集》中的《战士和苍蝇》颇有心得，觉得自己是战士，被他鄙夷的人则是苍蝇。他想成为一个鲁迅那样的伟大的文学家，并且颠沛流离、四海为家。

"我还记得上初二时读《列宁选集》欣喜若狂的心情，列宁那种再三下定语的句式，那种极而言之的语气，那种斩钉截铁的设论，都使我羡赞不已。当时是在油灯下朗读列宁的文章，觉得这样的大好文章不朗读不足以表达热爱的心情。后来在大学上中国古代文论课，读到'元气淋漓'这个词，我一下子就联想起了列宁的文章。"

一个十岁的童子，读毛泽东诗词，读列宁，读鲁迅，读范文澜……十四岁时，他考上北大。

工、农、商、学、兵，从三十多岁的大叔，到十多岁的娃娃，十一年的考生"千军万马过独木桥"。

因为十一年没有高考，从教育部发通知到考试再到录取，时间仓促，许多规章制度还来不及制定，唯一的硬杠子就是"分数"，"分数面前人人平等"这句口号，在四十年前是石破天惊，确定了高考录取的标准，打破了此前的思想禁锢。

考上的成为"天之骄子"，时代的幸运儿。他们都是知识改变命运的典范，他们所受过的高等教育，让他们在未来的中国政界、商界和学界叱咤风云。"这其间捕捉命运转机的敏锐，百折不挠的意志力，求知求真的上进心，又岂是简简单单的'幸运'二字可以概括？"

5

朱永新回忆："尽管在苏北一个村镇的家中几乎没有什么藏书，但因为在上小学后认识的汉字多了起来，就产生了强烈的看书欲，并很快就在'文革'那段'书荒岁月'里迷上了读书，尽管能够找到的，大都是一些'没有封皮'甚至'没有结尾'的残缺本长篇小说，如《青春万岁》《林海雪原》《钢铁是怎样炼成的》及《水浒》《三国演义》之类，且因书源难得，因此养成了一目十行的速读本领和读书思考的学习习惯。"

与他同岁，同一年考上四川师范学院的李镇西，后来又考到朱永新门下，成为他的博士生。朱永新对弟子来说，亦师亦友，两人携手新教育，开创了别样风景的教育新天地。

李镇西回忆四十年前的那场高考，至今仍不胜感激上苍的眷顾和自己的顿悟，"1977 年 10 月 21 日那个秋天的早晨，我像往常一样久久地躺在床上不愿起来，因为我的耳边放着一个收音机，我正在收听中央台的新闻。我当时万万没有想到，那天早晨我听到的一个消息，改变了我后来的命运——

"教育部决定恢复高考招生制度！"

起先，李镇西怀疑这件事的真实性，因为前不久还在"批林批孔"，"反击右倾翻案风"，批"十七年修正主义教育黑线"，怎么突然就要高考了？这使他难以置信。后来看着知青们一个个陆续回城复习功课，又看到部队和地方的领导小车接了他高中的老师去给孩子们复习辅导，他才终于相信这消息是真的。在师长、知青伙伴特别是母亲的盈盈热盼中，他终于也拿起了丢下三年的课本。

"冬天的早晨十分寒冷，可无论多冷，我都准时在六点起床，然后将吃饭用的小木桌支好，将历史书或地理书翻开，开始背！屋子外面是一片漆黑，夹杂着浓雾的寒气从窗户的缝隙中袭进来。稍微坐一会儿就会感到两脚僵冷，翻书的手也是麻木的。于是，我不得不站起来，一边捧着书念念有词地读着、背着，一边在屋子里来回踱着……我读中学时所学的历史和地理内容都不算多，教材也是薄薄的。我先将书通读一遍，然后，将我认为需要背的内容用笔勾画出来。这样，每天天亮的时候，我都能背一些东西。很有成就感。"

几个月后，"拖拉机载着一群做着大学梦的知青在破破烂烂的机耕道上'突、突、突、突'地行驶着。每遇坑洼，拖拉机就蹦一下，我们呢也就跟着跳一下，大家觉得很有趣，嘻嘻哈哈的；如果遇到转弯，由于惯性的作用，我们都会不由自主地向一边倾斜，于是，大家互相拥抱着以免被甩下去，同时欢快地而又异口同声地叫着：'喔——喔——'好像我们不是去赶考，而是坐在赛车上兜风"。

直到 1978 年的 3 月 3 日，他才收到了录取通知书。在当天的日记中，他一遍又一遍地告诫自己：一定要好好学习，刻苦学习，把自己的一切才能献给祖国。这样才无愧于粉碎"四人帮"后的第一届大学生这一光荣称号！

"回到城里，已是满天星斗。满城鞭炮齐鸣，锣鼓喧天，原来中央人民广播电台刚刚播出了五届人大闭幕的喜讯，人们正在庆贺呢！而在我听来，这声声爆竹，全是为我放的！"

那天晚上，他彻夜未眠……

"那是 1978 年的春天，我已经明确意识到，从此我的人生将翻开新的一页；但当时我却没有想到，我的人生之所以能翻开新的一页，是因为在那一年，我们国家的历史正在翻开崭新的一页。无论对我，还是对整个国家来说——一个新的时代开始了！"

恢复高考，不仅是"文革"结束后科学教育领域拨乱反正的开端，也是全面拨乱反正的一个突破口。因此，恢复高考也是启动新时期思想解放运动和改革开放的"实践杠杆"。

77 级、78 级的学生大多也清楚，自己无非是同辈中的幸运儿；个人努力固然重要，但时代的机遇更为重要。就像"五四"运动中的北大学生，国共合作时期的第一期至第四期黄埔军校毕业生，他们之所以纵横当时，无非是历史给他们搭建了一个壮阔无比的舞台。

决定你命运的，首先是大时代，你最终这一辈子有多大成就，首先取决于你的时代。中国现在所有的富人基本上都赶上了改革开放的浪潮。77 级、78 级之所以人才荟萃，精英迭出，是因为网罗了十年遗落的可造之才。所以说，生在一个好时代，你的命运就被决定了，你要相信你这个时代。其次，有些事你能把控，有些事你不能把控。时代你不能把控，因为你不能选择自己出生的时代，而有些事你能把控，在一个好的时代，你可以选择依靠个人奋斗改变命运。

机遇总是青睐有准备的人。

就像一粒种子，在春天播下，施肥、浇水、除草，

天道酬勤，到了收获季节，自然硕果累累。

第八章

不吃苦，你要青春干吗

1

"我能够顺利地考上大学，也与一位高中老师有很大关系。"朱永新如今回忆起来，内心的感激之情还是油然而生。

"1975年高中毕业后，在家闲得无聊，我便开始了丰富多彩的'待业'生活。"朱永新先后做过泥水匠小工、翻砂工、搬运工、营业员、棉花检验员、大队小会计（有一老会计）、供销社小秘书（有专职老秘书）等行当，最后被县棉麻公司抽调做通讯员。

从当泥水匠小工、翻砂工、搬运工等打临工的辛苦，到被招入供销社工作、直至被抽调担任通讯员，"我逐渐安逸于当时的生活"。县棉麻公司待遇好，工作轻松，是许多年轻人向往的好单位。

"这时，小平出山，高考恢复，高中时的一位老师专门找到我家劝我父母让我参加考试。可有工作的我竟然失却了参加高考的冲动，而是抽空帮助没有工作的妹妹补习功课。是这位老师苦口婆心一再动员我，说一个没有接受过高等教育的人不能成为真正的优秀人才，他甚至还主动帮我领了报名表。"

当朱永新为填报志愿请教这位老师时，他坚定不移地动员自己的学生选择理

工科，他说坚信科学救国，坚信"学好数理化，走遍天下都不怕"。其他老师也大多支持这一观点。因为他们大多是经历过解放后历次政治运动的风风雨雨，多少对"政治"有些冷漠和畏惧。但朱永新最终还是听从内心的呼唤填报了文学专业，仍然想圆自己的作家梦。

朱永新的作家梦，始发于初中时的语文老师，这位徐老师经常在他的作文本上写下大段批语，画上一行行的红圈圈，让他读后心潮澎湃，然后更热情高涨地一篇接一篇地写。不仅如此，徐老师还让自己的得意弟子秘密阅读了她家中所有的藏书，这些藏书是真的"藏"，因为大部分都是"封资修大毒草"。

初二时，一位姓刘的政治老师代语文课，据说他曾是省里大干部的秘书，学问自然博大精深。朱永新在作文中用了"集思广益"这个当时并没有真正理解的成语，刘老师却又是画圈，又是打惊叹号，又是在班上读他的作文。

这两位老师激发起他对文学的兴趣，想成为一名作家的愿望越来越强烈。他写过一篇小说《车轮滚滚》，满怀希望地投给《新华日报》，结局当然是被退稿。后来，高中时又碰到一位很有诗人气质的语文老师杨德成，杨老师见他热爱文学，钟情写作，就在课后单独给他讲授写作的艺术与技巧，给他讲高尔基、鲁迅，有时也会讲到《红楼梦》和《战争与和平》《静静的顿河》等，但会加上一句，"我们要用批判的眼光来看"。还给他分析那些习作中存在的问题和缺陷，比如文章的立意和境界，字词句的锤炼和推敲，甚至方言运用和个人风格的形成，并用样板戏《沙家浜》中的唱词"芦花放，稻谷香，岸柳成行"来说明好文章包括样板戏诗意无处不在。杨老师的讲解使他真正懂得了自己离成为一个作家还有遥远的路要走，还要多读书，多练笔，多体验生活，多在社会中摸爬滚打，就像高尔基那样，把社会作为自己的大学。

其实他写的《车轮滚滚》的"小说"，人物原型之一是教物理的林老师，他是宁波人，方言很浓，"电流通过导体，导体就要发热"，用夹杂着宁波腔调的普通话说出来，十分引人发笑。课后几个调皮的同学经常模仿他的宁波口音，以至于现在中学同学聚会还能惟妙惟肖地重现出来。这位林老师讲课很棒，动手能力很强，一部手扶拖拉机拆了又装，装了又拆，简直像摆弄玩具。"我也痴迷了一阵。至今我还记得，当我开着手扶拖拉机在马路上驰骋时他的得意劲儿。"

《车轮滚滚》描写的是他们这群学"三机一泵"的学生如何学开农用手扶拖拉机的故事，还加了一些"阶级斗争"的"味精"，并开始用"过江"的笔名投稿。"不记得当时究竟为此熬过多少不眠之夜，但那种创作的激情和完成作品的愉悦，回忆起来仍然兴奋不已。"其实，那时"诗人梦""作家梦"是许多高中生共同的梦想，尽管大部分人不能"圆梦"，但毕竟体验过创作、享受过成功，也是为高中生活留下了浓墨重彩的一笔。"或许，我现在的教育研究风格以及论著的撰写方式，与当时不自觉的写作训练是很有关系的。而现在追寻教育理想的激情，也是那个时代激情的某种延续。"

2

朱永新说在那个时代，知识分子"臭老九"不是蹲牛棚就是被下放到穷乡僻壤，所以南阳中学的这批老师大都是名师，虽然他们受尽磨难但情怀不改，格局博大，教学水平精湛，批改作业一丝不苟，对学生充满爱心。对身处乡镇一隅的他们这些学生，不啻是"飞来洪福"。如果不是"文化大革命"，这些老师都是省、市、县名校的名师，怎么可能来乡镇中学教书。就像教数学的孙老师，把枯燥乏味的数学课上得出神入化，勾起了学生们对数学王国的无比神往。本来对语文情有独钟的朱永新，也对孙老师的每节数学课都翘首以盼。为了能更好地在课堂上听懂老师讲奇妙的数学王国的奇妙故事，初二上学期结束后，朱永新利用暑假把初二下学期的课本自学了一遍，并做完了全部的习题，碰到难题，一个也不放过，费尽心思、整夜不眠不休到天亮，一定要将它解出来。开学后课堂上屡屡受到孙老师表扬，课后同学们碰到难题就来找他帮忙，他也真的是手到擒来，再难的题，每题必解，被同学们誉为"解题大王"。

"高考时的好几道数学题竟然是我那时费尽脑汁攻下的难关，如此之巧，我自己也真觉得是神助我也！"

更巧的是李镇西。

"考试的第一科是语文……语文我基本上是没复习的，真不知道考些什么。我忍不住还是翻开了手里拿着的一本借来的新语文教材，无意中翻到《劝学》一课，这是我读中学时没有的课文。"

课文第一句是："学，不可以已；青，出于蓝，而胜于蓝。"李镇西没学过，不知"学，不可以已"是啥意思。忍不住一看注释，他惊讶极了：这个"已"字，原来是"停止"的意思呀！他还想接着往下看，可考试的预备铃已经响起来了，只好收起书匆匆向考室跑去……

"拿到语文试卷，我迅速扫了一遍题，顿时心中大喜，我几乎忍不住想高呼：'天助我也！'因为仅有的文言文考题正是解释'学不可以已'的'已'字，并翻译这句话——世界上竟有这么巧合的事吗？"

还有更巧的。再看后面的作文题，是写一篇读后感，所提供的材料正是他不久前看过的那篇通讯《一个矿工的变化》！

"离家赴考的前一天，我很轻松地在乐山城逛了逛。路过邮电局门口，我照例看了看当天的报纸——多年来我已养成读报的习惯，即使在复习期间，也坚持每天到这里来读十来分钟报，权当休息。"

李镇西清楚地记得那天的《四川日报》上有一篇长篇通讯《一个矿工的变化——记青年工人吴秋生》，内容是说某煤矿一个叫吴秋生的青年工人，在"四人帮"横行的时候如何如何深受毒害，不思进取，几乎堕落；粉碎"四人帮"后，在党的教育下，又如何如何"焕发了革命青春"，"扬起了理想的风帆"，进而为"四化"忘我工作，立志"把被'四人帮'耽误的青春夺回来"，等等。

他当时看了也很激动，觉得也要像吴秋生那样，把被"四人帮"耽误的青春夺回来，为"四化"建设做贡献。没想到，高考的作文题竟是写一篇《一个矿工的变化》的读后感。他当然轻车熟路，下笔如有神，作文一气呵成。

看似巧合，但偶然之中是必然。

在书荒岁月，这些读书种子，依然在老师的谆谆教导下，刻苦攻读，丝毫不敢懈怠，就像一粒种子，在春天播下，施肥、浇水、除草，天道酬勤，到了收获季节，自然硕果累累。

4

网上曾有人做过一份针对六十岁以上老人的调查：你这一生最后悔的一件事是什么？有 75% 的人为自己年轻时不够努力，一事无成，感到后悔。而这些后悔的人群中，大多数承认年轻时受"读书无用论"的影响不思进取。在"知识越多越反动"的年代，也是"书荒岁月"，想读书也无书可读。

20 世纪七八十年代，流行"学好数理化，不及有个好爸爸"，90 年代是"造原子弹的不如卖茶叶蛋的"，现在流行的是"月薪三万的博士，不及家有五套房的初中毕业生"受姑娘青睐。因为月薪三万元，在北上深供不起一套房。

无论何时，不读书总会找出理由的。

但无论任何时代，也都会有怀揣梦想，逆流而上，奋力拼搏，为国为家担当的"时代英雄"。

著作等身，三十岁出头就是教授、博士生导师，三十九岁任苏州市副市长，现在是全国政协副秘书长、民主促进会副主席的新教育发起人朱永新，几十年如一日，五点左右起床工作，每天比别人多工作两小时。出差时，无论坐飞机，还是坐高铁，都是手不释卷。

有人会说，已经成功了，干吗还那么拼？对于这些成功人士而言，拼命早已成了一种习惯，这是提升自己的最好方式，也是让他们成为佼佼者的资本。

反观现在的大学生，上课时，没睡醒的比睡醒的多，玩手机的比听课的多，窃窃私语、走神发呆的更多；下课时，女生逛街、吃零食、看连续剧的多，男生一门心思打游戏的多。就业时的失败怎能不比成功多？《人民日报》曾发文怒斥：你不失业，天理难容！

毕业后找不到心仪的工作，不想工作，就宅家里成为"啃老一族"。

根据中国老龄科研中心的统计，中国目前有 30% 的年轻人依靠"啃老"生活，65% 以上的家庭存在着"啃老"的现象。

一些成年子女带给父母的经济压力，甚至比他们未成年时更大。

今年 7 月，武汉一位八十一岁的老人向社会求助，称自己的儿子已经在家宅了很多年了，不肯工作。他年纪大了，身体也不好，怕哪天离开了，儿子的生活就没着落了。而面对老人的担心，儿子却表现得很反感，甚至指责老人"多管闲事"。

全国都有这样宅在家里不肯出去工作的"啃老"的年轻人。"读这么多书有什么用？能派上用场吗？""拼命工作有什么用？你能比那些富二代更有钱吗？"这些患了"精神癌症"的年轻人，心安理得地"啃老"，却不肯为自己的未来奋斗。

而那些薪资高的人，绝对不会容忍自己懒惰，因为他们知道，只有拼命工作，不断学习，才能永不落伍。

雅虎曾调查过一些全球顶尖科技公司 CEO 的作息时间，结果显示，他们中大多数人都有一个共同特点：早起。

苹果现任 CEO 蒂姆·库克每天 4∶30 就会起床处理工作邮件，之后是健身。在公司，他往往是第一个到的人。

不仅是科技公司，各行各业的拔尖人才都在勤奋工作。在特斯拉流水线二十四小时不停运转的同时，几乎每名工人都曾看到这位辛勤的 CEO 裹着毯子睡倒在工厂里——有时是在会议室里，有时是在桌子下，有时甚至是在地板上。据说马斯克每周工作都超过七十小时。

5

开学第一周，网名"救救孩子"的高二学生，在"寒山闻钟"发帖："班主任忽然要求大家'自愿'参加周五晚自习！在这个学校，一周五天从早上 7∶00 开始上课，晚上 9∶15 下课，所有人每周日晚上 6∶00 就要返校自习！在校时间已经够长了！对我这样的住宿生来说简直就像是监狱一样！听说还有好几个班级，从高一开始，全班'自愿'每周五晚自习，周日中午就到校。请问这是怎样的疯狂操作？我只知道我和我的朋友们不愿意'自愿'自习！"

"救救孩子"是指望真的有人会痛斥学校来"救"他。可网上是一边倒的调侃和讽刺，还有"语重心长"的劝说和教导。

"来来来，过来跟我搬砖，我这边自由。风里雨里，工地等你！还有你朋友一起！"

"既然读了这么好的高中，就要有读好高中的觉悟。因为你是要和苏北的那些学生一起面对高考的，到时候要拿分数出来说话。你知道人家的作息时间么？"

"怕苦怕累，当初应该读个中专职高嘛，玩玩游戏谈谈恋爱，轻松享受人生。至于以后走上社会，管他呢，先把这几年享受了再说。"

"孩子，家里没矿还是老老实实好好学习吧，毕业了你会发现原来学习才是最简单的事情。"

"给这位高二学子的忠告：不要在应该努力学习的年纪选择自由和安逸，想想你将来是想坐办公室吹空调还是炎炎夏日到处跑。"

"孩子，你赢了，你来这里投诉，算是找对地了。本来若干年后的某一天，你会感谢你的老师，感恩你的学校……"

"说得好，这个不懂事的熊孩子，我能投诉苏州高中周六不上课吗？周边地区学校，高一周六就上课，一年算九个月。一个月算四周，4×9×3=108，三年人家多上一百零八天课，苏州的孩子你拿什么跟人家拼？"

接着就有苏州中学的家长声泪俱下投诉苏高中，意思是苏州中学堕落得太厉害了，不说省状元连市状元也连续几年没拿到了，考上清北的少之又少，怎么对得起范仲淹当年创办的全国第一的府学，怎么对得起全国十三所名牌中学之一的辉煌历史，以前苏州最拿得出手的学校是苏州中学，老师骂学生"不好好学，考到对面去"，因为马路对面是"苏州医学院"。

有的家长更是高瞻远瞩，上纲上线，说苏州的学生考不到清北去，进不了国家核心层，挣死都是"经济强市、政治弱市"，永远被别人"薅羊毛"。

还有的家长说，现在的孩子津津乐道于几个文化不高，但事业有成的名人，用于堵住家长苦口婆心的嘴。然而事实是：这样的人只是少数，大多数不爱学习的孩子，长大之后却发现，自己用几年疯狂的青春，换来了一生的卑微与底层。

马云在《不吃苦，你要青春干吗》这篇演讲中这样说道：

"当你不去拼一份奖学金，不去过没试过的生活，整天挂着QQ、刷着微博、逛着淘宝、玩着网游，干着我八十岁都能做的事，你要青春干吗？"

什么叫吃苦？

在有空调、有热水喝的教室里学习能算吃苦？在有空调、能洗热水澡的寝室里休息算是吃苦？有爸妈当"太子伴读"、衣来伸手饭来张口的你能算吃苦？

读书并不是求大富大贵，而是未来有更多自己选择的机会，而不是被迫地选择。

就像一棵小树，长一年的话，只能用来做篱笆，或者当柴烧。十年的树可以做檩条。二十年的树用处就大了，可以做梁，可以做柱子，可以做家具。

一个孩子对阅读产生了浓厚的兴趣，

养成了终身学习和阅读的习惯，一定比考高分的孩子走得更远。

第九章

考上大学并非人生成功的唯一途径

1

"分数面前人人平等"这句口号，在四十年前是石破天惊，确定了高考录取的标准，打破了此前的思想禁锢。可四十年后看，这句口号又成为新的"枷锁"，导致整个中国教育围绕分数打转。中国现在的教育，从幼儿园开始，传授的就是完全扼杀人的创造性和想象力的极端功利主义。

教育的本质是释放孩子的本性和潜力。本性是天真和天性，潜力最重要的是培养想象力和好奇心。

爱因斯坦说："想象力比知识更重要，因为知识是有限的，而想象力概括着世界上的一切，推动着进步，是知识进化的源泉。"

只有在一个宽松的环境中，爱因斯坦们才能够有闲工夫去冥想"指南针为什么总是朝北"，牛顿们才能够从容地躺在大树下沉思"为什么苹果往下掉而不是往上掉"，瓦特们才能够目不转睛地盯着火炉琢磨"壶盖为什么会动"。我们很难想象在"超负荷""极限运动量"的环境，会产生牛顿和爱因斯坦。

我们的教育体系和方式无意识地破坏了这种宽松的环境，强迫学生从小学开始泡在深深的题海中直至高中毕业，捻灭了儿童心智自然发育的这个最重要的过程。

中小学生拔苗助长只盯着分数"刷题"，到了大学，就普遍地厌倦读书，把很多的时间都花到谈情说爱打游戏上，这与77级、78级在大学拼命读书，连在食堂打饭，或上厕所都背英语单词的景象，真是天差地别。

"教育本来具有无限发展的空间，具有无限的可能性，硬是被分数塑造成一个模子，把活泼泼的人弄成僵化的人。"

家长们只知道，自己的孩子要进最好的幼儿园，要进最好的小学，进而才能进最好的中学、最好的大学，才能找最好的工作，才能有好的收入……这样就层层加码，"不输在起跑线上"，不断地上补习班，把孩子的时间、空间填满。这样做必将适得其反，因为孩子的时间空间满了，他的发展空间也就满了，孩子的灵性没了。

朱永新说："教育，应该培养孩子的专注与挚爱，允许他们偏科。孩子内心不愿走的路，即使勉强去走，最后往往也是绝路。"

在这个意义上说，朱永新所倡导的新教育实验，其实是对沿袭已久的某种教育观念、积弊已久的种种教育现状的一个挑战。在这个挑战中，朱永新关于人的想象，关于教育的想象，关于教育与人的关系、教育与未来的想象，都得以展开。而阅读，是新教育实验的核心，过一种幸福完整的教育生活，是理想，也是崇高的使命。

2

"我对现在一些学校在高考前对学生进行那种'破釜沉舟'式的悲壮'励志'颇不以为然。我以自己是77级大学生而自豪，我说'那次高考改变了我的命运'也没错。但我从来不认为只有那次高考成功，我的命运才会得以改变。人生的路那么长，对于有准备的人来说，机会绝不只有一次，不应该把人生的全部赌注都投放在高考上……就算当初我连续三次都没考上大学，也不会妨碍我成为一名受学生欢迎的老师，更不会妨碍我把我和学生的故事写成一本又一本的书。"

李镇西的底气，来自他对阅读的热爱。

从李镇西的办公室到他家里的书房，到处都摆着苏霍姆林斯基的著作。李镇西说，回想年轻的时候，他不是因为理论而是因为情感被苏霍姆林斯基所征服，并追随他走上了三尺讲台。他曾在三峡旅游的轮船上进入《帕夫雷什中学》；曾坐在医院的病房里，一边守候病中的妻子，一边和苏霍姆林斯基一起进行《关于人的思考》；曾因阅读了《给青年教师的建议》《把整个心灵献给孩子》而坚定了一辈子做教师的信念。

外出开会，他习惯带一本书打发时间。一次去张家口宣化讲课，电脑坏了，临走时他只带了优盘，还带了《"教育学视界"辨析》《爱因斯坦传》。往返飞机和路上的四个多小时，两本书读完了，"当时特别有成就感"。

如果李镇西没有考上大学，他也会以"返城知青"的身份，按政策接替当小学教师的父母参加工作，他也会通过自学考试拿到文凭，他仍然会坚定不移地在三尺讲台挥洒他的人生，因为他身上有一种坚定、勇往直前的浪漫气质。这种浪漫不仅体现在课堂上他激情奔放、妙语连珠，在课堂下与学生打成一片、亲密无间，也体现在无拘无束、朴实幽默的文字里。

而追溯浪漫气质的来源，不得不回到他青少年时期一门心思读红色经典的经历。实际上，那些带有鲜明时代烙印的红色经典曾一度是"禁书"，要偷偷摸摸地进行"地下阅读"。

"也许跟我的成长时代有关，我的启蒙读物大多是红色经典。"关于个性与阅读的关系，李镇西承认两者之间具有联系。他的父母都是小学教师，家里有《钢铁是怎样炼成的》《卓娅和舒拉的故事》等书，也经常给他讲一些《红岩》《烈火金钢》等故事。这些红色经典"可能渐渐在我的心中蒸发，但通过文学形象所传递并最终过滤结晶的精神内核，如正义、理想、气节、忠诚、刚毅、激情等品质，则融入了我的血液，并化作一生的信念。这种信念，使我将教育视为实现社会理想的途径"。

回忆起上大学之前所读过的书，"除了读过上面所说的几本禁书，我的心灵完全可以说是一片文化荒漠。我还记得上大学一年级时的一个细节：我去图书馆借书，管理员问我书名，我实在不好意思说是借《家》，只是用手中的笔指着借书卡上的书名登记。因为我旁边站着许多同学，我实在怕他们笑我：'哼！居然连巴金的《家》都没读过！'接下来的几年，是对文学名著和其他人文著作的'暴饮暴食'。再后来，从 20 世纪 80 年代初一直到 80 年代末，我阅读的视野更加开阔。"

朱永新说每一个个体在精神成长过程中，都要重复祖先经历的过程。这一重复，是要通过阅读来实现的。对于李镇西来说，红军长征、延安窑洞、渣滓洞中的江姐、打虎上山的杨子荣、芦苇荡中十八位新四军伤病员……都是革命时代的英雄。

"如果没有一直推崇英雄和科学家的社会价值观，我觉得我们都不是现在的样子，所以我觉得我们那一代人是一脉相承，阅读让红色基因传承，心灵的纯净、理想的炽热和信念的坚韧，是最强大的红色基因，我们什么困难都不怕，任何时候都会把自己的生命过成一件闪耀的艺术品。"

即使没考上大学，李镇西认为自己也能成才，也会做一个对社会有贡献的人。

他的自信来自他对阅读的热爱。

3

诗人及艺术家，靠的是天赋，而且大都是"野蛮生长"。哈佛大学对面的书店里摆了一堆美国经典文学，这些作家有的没上过大学，有的中途退学。你会发现，真正的文学家艺术家，不一定在名牌大学里认真念书。在这个意义上，如果一个人真的有天赋，也许不用走高考这条路。

获诺贝尔文学奖的莫言，小学五年级就因"文化大革命"辍学，在农村劳动十年，时常偷看"闲书"，包括《封神演义》《三国演义》《水浒传》《儒林外史》《青春之歌》《破晓记》《三家巷》《钢铁是怎样炼成的》等。1976 年他参军。在部队担任图书管理员的四年时间里，莫言阅读了大量的文学书籍，将图书馆里一千多册文学书籍全部看过。他也看过不少哲学和历史书籍，包括黑格尔的《逻辑学》、马克思的《资本论》等。因发表过作品，被破格允许参加解放军艺术学院文学系的招生考试，并顺利考入。

"考上大学并非人生成功的唯一途径。"这似乎是套话，但这确实是真理。像莫言、徐贵祥是在部队上的大学，铁凝、王安忆索性没上过大学。还有许多我们现在所熟知的大师，比如陈寅恪、沈从文、梁漱溟、金克木、钱穆、刘半农、华罗庚……没有一个有大学文凭，他们往往只是中学毕业甚至小学毕业，后来却成了人文巨匠或科学泰斗。

4

"毕竟我们的孩子并不是要当作家，而是要通过中考和高考啊！考试怎么办呢?"家长们会这样问。

李镇西说："当孩子把读、写、背当作生活方式，日积月累，他的内涵必然更丰厚，他的大脑必然更发达，他的思维必然更活跃，他的视野必然更开阔，这样的孩子对语言也必然更敏锐，对语言的运用当然也更加熟练……有了这个雄厚的基础，在考前花点时间针对特定的试题形式，对孩子进行一些突击模拟训练，就算是猴子也会'就范'成为'应试高手'，你还愁你那么聪明的孩子过不了'应试关'吗?"

朱永新也认为，如果我们的孩子在十多年的教育历程中，还没有养成阅读的兴趣和习惯，一旦他们离开校园就将书永远地丢弃在一边，教育一定是失败的；相反，一个孩子在学校的成绩普普通通，但是对阅读产生了浓厚的兴趣，养成了终身学习和阅读的习惯，一定比考高分的孩子走得更远。

"应试教育这种片面重视分数、忽视阅读的做法，带来了许多的严重弊端，严重影响了学生的身心健康发展。不仅学生如此，教师亦然。最该有文化的人越来越没文化，最该读书的人越来越远离图书。"

本来人才评价标准是多样化的，现在全部归结为高考成绩。从小学生、中学生到大学生，全都分分必争，这限制了各种离经叛道的创造性思维。这种选择机制，导致特异人才被过早淘汰掉了。回过头来，今天的大学和四十年前的大学相比，水平明显提升，但特异之才却明显减少。朱永新感叹：长远看，这是很大的问题。

5

1979 年 6 月，中国曾派代表团去美国考察初级教育，回国后写了一份三万字的报告，要点是：

1. 学生无论成绩优劣，无不趾高气扬、踌躇满志；

2. 小学二年级的学生大字不识一斗，加减法还在掰手指头，就整天奢谈发明创造，在他们手里，让地球掉个头好像易如反掌；

3. 重音体美，轻数理化；

4. 课堂几乎处于失控状态，学生或挤眉弄眼，或谈天说地，或跷二郎腿，更有甚者如逛街一般，在教室里摇来晃去。

结论：美国的基础教育已经病入膏肓，再用二十年，中国的科技和文化必将赶上并超过美国这个所谓的超级大国。

同一年，作为回访，美国也派考察团来中国，他们看了北京、上海、西安的几所学校，也写了一份报告。

1. 小学生在上课时喜欢把手端在前面，除非老师发问举起右手，否则轻易不改变，幼儿园的学生则喜欢把胳膊放在身后，室外活动除外；

2. 学生喜欢早起，七点前大街上见到最多的是学生，并且他们喜欢边走边吃早点；

3. 学生的"家庭作业"，是学校作业在家庭的延续；

4. 把考试分数最高的学生称为学习最优秀的学生，他们在学期结束时会得到一张证书，其他人则没有。

结论：中国的学生是世界上最勤奋的，起得最早，睡得最晚。他们的学习成绩和任何国家同年级学生比较都是最好的。可以预测，再用二十年时间，中国在科技文化方面，必将把美国远远甩在后面。

中美两国得出相同的结论，结果二十五年过去了，上帝开了一个玩笑，结论都错了！美国"病入膏肓"的教育制度培育了 43 位诺贝尔奖获得者和 197 位知识型亿万富翁（数据是 2014 年的——作者注），中国与美国相比，差距依然很大。

思考一：中国的教育专家高估了管制和纪律的作用，低估了自由和权利的价值；高估了整齐共性的作用，低估了个性张扬的价值；高估了知识训练的作用，低估了创造精神培育的意义。

思考二：真正学习好的标准是什么？中国人认为懂得的东西越多越好，学到的东西越多越好，而西方人尊崇新知，即新的发现、创造或创新。"把你的思维带到你从来没有去过的地方。"

而负责带路的，是好的老师和"天堂"一般的图书馆。

第一次走进学校图书馆，浩瀚的书的海洋，

让他激动得犹如探宝者找到了无尽的宝藏。

第十章

名师是一本最好的书

1

"大学时教哲学的吴建国教授，一个留学苏联的哲学博士，在他家里评论我的一篇论文，他未在原稿上做任何记号，竟然能将某处的标点，某处的别字，某处的史实，某处的观点解析得淋漓尽致。我从此知道，什么是做学问。"

朱永新从苏北小镇，来到古城苏州求学。"那是我一生最充实、最幸福的时光。"

1900 年东吴大学（苏州大学最早前身）在原东庄遗址旷野上修建，是江苏省建立最早的大学。

此处五代十国时，是广陵王钱元璙治下的庄园别墅东圃，奇卉异木，名品万千，风流一时。沈周有诗云："东庄水木有清辉，地静人闲与世违。瓜圃熟时供路渴，稻畦收后问邻饥。"唐寅也有《题东庄图》诗曰："落叶风中稻满场，平畴相对瀼东庄。膏腴望望应千顷，黄地黄金下夕阳。"

范烟桥《茶烟歇》写道："其东城如障，濠流如带，而钟楼下阡陌纵横，农作可睹，半村半郭，洵读书佳境也。课后或球戏，或书趣，各得其所。……复值夕阳在山，一声羌笛，几拍红牙，歌声缭绕于林末，渊然起思古幽情，每不知其所以然也。"

范烟桥描写的这般景致，除"农作可睹"无觅处外，其他在苏大本部校园里均随处可见。特别是"尊师桥"一带，碧流芳溪，亭台水榭，春秋季节，夕阳衔山，丝竹盈耳，一声"良辰美景奈何天，赏心乐事谁家院"，伴着悠扬的笛，如泣的箫，贴着清澈的溪水，与水鸟一起在暮霭中上下盘旋。

苏州大学是全国最美十大校园之一。

也是莘莘学子的读书佳境。

从这里走出的著名校友，有雷洁琼、费孝通、李政道、金庸、倪征燠……

"苏州大学有个国学大师叫钱仲联先生，四书五经倒背如流，你讲其中的任何一句话，他都能给你把下一句话背出来。他指导博士生他会说你去看民国哪一年的，什么杂志从后面翻到第几页有一段话。他靠的是从小的记忆训练。"

朱永新记忆中的这位钱仲联先生，是苏大名师之一。1981年，国务院评聘首批博士生导师，钱钟书对评委们说，如果钱仲联只申报硕士生导师，在座各位包括我在内，谁也不敢申报博士生导师了。

"我们的老师，大部分也是满腹经纶，才华横溢，循循善诱。如著名的哲学家、留苏的博士吴建国先生，著名的历史学家董蔡时、段本洛先生等。两代被耽误的师生，一起用心地在教室耕耘，演绎出许多感人的故事。"

朱永新刚入学时，听同学们谈笑风生，说古论今，内心深处经常有强烈的自卑感。"同学中许多是老三届的，不仅社会经验丰富，而且知识基础扎实，外语能力卓越，我经常暗自感佩。于是，开始拼命恶补。"中学基本上没有学过外语的他，有一段时间疯狂地学习英语。把薄冰的英语语法书、张道真的教材翻了又翻，读了又读。嫌枯燥，于是找原版书翻译来学习。当时的他初生牛犊不怕虎，竟然以这种方法翻译了一本《东方故事集》，还兴致勃勃地投稿到出版社。尽管没有出版，但是，从此不惧怕学习外语，后来到日本学日语，也是如法炮制。

2

第一次走进学校图书馆，浩瀚的书的海洋，让朱永新激动得犹如探宝者找到了无尽的宝藏。他的眼睛再也离不开那些"精神的食粮"，强烈的"精神饥饿感"，令他像一个饿汉扑在面包上，狼吞虎咽，恨不能把这些香喷喷的美食一股脑儿全吞下，以飨过往岁月的饥渴。他边读边记，有时是摘录书中的段落，有时是写下自己的心得体会，随着时日的增加，笔记本也一摞一摞地堆加。尼采说，所有事情的激情要是都靠外部的刺激来维持的话，那么这个激情不会持续很久。真正的阅读，只能靠你自己的兴趣，对文字的兴趣，对文字所表达的思想和艺术的兴趣。有思维活动产生的阅读才是有价值的。

第一年的时候，他看得最多的是《中国历代诗歌选》，从《诗经》《陆游诗选》读到《龚自珍诗选》，再看普希金、雪莱、泰戈尔，也尝试背诵了一些古代诗词与现代诗歌，但往往是随记随忘，只有一些名句名段有些印象。第二年，是他阅读比较自觉的一年。

有同学发现，他每次借书，书卡上总有朱永新的名字捷足先登了。那年代的大学生读书都跟拼命似的，为夺回被耽搁的青春，为将来建设祖国"四化"，连在食堂排队打饭、上厕所、走在路上，都在背英语单词，背数学公式，背马克思的资本论，背唐诗宋词、孔孟老庄、亚里士多德和黑格尔。校园清朗，到处书香缭绕，书声悦耳悠扬。从三十几岁的壮年到十几岁的少年，一个个衣着朴素，有的背着印有"为人民服务"的军绿包，带子上拴着搪瓷缸，从教室到图书馆再到寝室，除了吃饭上厕所，永远"三点一线"。这群对知识盛宴饕餮而至的时代幸运儿里，朱永新的早起习惯，和小时候养成的恨不能一目十行的速度，让他比别人分享到更多，借书卡上"朱永新"三个字，演绎成了"拼命三郎"的代名词。

所有的书籍里，最让他读得来劲的是古今中外的名人传记。他把这些伟人看作是一座座山头，他要一座一座地"阅"（越）过去。"人类几千年的精神财富在哪里？在图书馆里，在书架上。但是当这些书在书架上、在图书馆里时，它们就是一堆废纸，只有你捧起它、阅读它的时候，才能真正拥有它，它才能成为你的一部分。人类的精神成长历程，是通过阅读来获得的。只有当你和先前时代的孔子、老子这些大师们对话时，你才能真正拥有跨越那个时代精神的高度；当你和文艺复兴时代的那些大师们对话时，你才能达到他们的高度。如果没有阅读，人类的精神可能就会退化、衰落。"

朱永新的诗性、激情、想象，在阅读中迸发。"没有阅读就不可能有个体心

父母的书架决定孩子的未来

灵的成长，不可能有个体精神的完整发育。通过阅读，我们不一定变得更加富有，但我们一定可以变得更加智慧。通过阅读，我们不一定能改变我们的长相，但一定可以改变我们的品味和气象。"

中国人相信"腹有诗书气自华"。有些人相貌普普通通，但"听君一席话，胜读十年书"，令人如沐春风，你会觉得他深邃厚重，他原来普普通通的相貌变得生动光辉雍容华贵起来。有的人天生丽质，眉眼如画，但一开口说话，就令人味同嚼蜡甚至陡生厌恶。人的相貌基于遗传无法改变，但是人的精神可以通过阅读而从容，而气象万千。

假设朱永新没有考大学，或者录取的是中文系，他把这种阅读的拼劲放在写作上，中国文坛是否真的会多一颗璀璨之星呢？

但朱永新的"天命"是新教育实验，他正在大学的图书馆里储备能量。

"我的同桌刘晓东是一个高干子弟，他喜欢读书，经常逃课泡图书馆。他告诉我，读书比听课效率高，而且收获大。我不敢逃课，但是经常读他借来的书，从福泽谕吉的《文明论》，到《第三帝国的兴亡》；从《林肯传》到《光荣与梦想》。后来自己去图书馆借书，几乎两三天换一批书，与图书馆的老师们混得很熟，经常多借几本回去。"

再后来是读商务印书馆的那套西方名著译丛，从卢梭的《爱弥儿》到亚当·斯密的《国富论》，从福泽谕吉的《劝学篇》到黑格尔的《精神现象学》，虽然许多著作并没有真正读懂，囫囵吞枣，不求甚解，但是那毕竟是精神充盈的岁月。那个时候，他自己的借书卡不够用，就借同学的卡，每星期从学校图书馆捧回一大堆书，每次还书的时候，管理员经常笑着问：都看完啦？

"在读这些伟大的著作的同时，名人传记开始成为我的案头必备。林肯传、拿破仑传、罗斯福传、居里夫人传、马克思传、海伦·凯勒传……从每一个人物身上汲取精神的力量，成为我为自己充电的必修课。"后来，他又读完了学校图书馆里所有的诺贝尔奖获得者传。给他影响特别大的一本人物传记是日本医学改革家德田虎雄的自传《产生奇迹的行动哲学》，这是上海人民出版社"青年译丛"的一种，讲的是德田虎雄怎样从一个日本农村的普通孩子成长为优秀的医学改革家的故事。"这本书告诉我，追寻自己的梦想，任何人都能够创造辉煌；追寻伟大的灵魂，我们也可以走得很远。一直到今天，阅读名人传记，仍然是我经常的功课。"

1980年，他上大三。学校急需教育心理学教师，决定在高年级学生中选拔五人送上海师范大学教育心理学研修班打造。一下子几百号报名者，而初试名额只限于几十名。见希望非常渺茫，情急之下的他，干脆抱上厚厚的几大本有关教育心理学的读书笔记（这时候的他，已经把大学图书馆里有关教育学心理学的书籍全部读完，并详尽地做了读书笔记）去了系党支部书记的办公室。

他的勇气、他的有备而来，包括他那一手训练有素的"柳公体"，均得到了支部书记的赏识："我喜欢这样的学生！"破例推荐他参加初试。

1980年9月，他拎着当年上大学时自己钉做、油漆的一只小木箱去了大上海。

3

"一天，教室里来了一位个子不高，但气度不凡的中年人，上课铃一响，他就健步登上讲台，在黑板上写下'标新立异，自圆其说'八个大字。后来，我们知道，这就是学术界一个传奇式的人物——燕国材教授。他把'创新'作为治学的灵魂，也作为对弟子的期待。后来，他确实是用这种精神把我们带进了心理学园地的。"

燕教授讲课总是别开生面——"蜂蝶纷纷过墙去，却疑春色在邻家"，这便是他讲授《中国心理史》的开场白。没想到，这样带有浓厚文学色彩的开场白，激起了年轻学子的强烈冲动——研究中国心理学史，破译中国人心灵的密码！

"我们再也不能让外国人首先来写中国心理学史的历史重演了！中国心理学源远流长，是一座丰富的宝藏，需要有志青年去开掘，去发扬。"他把燕教授语重心长的一番鼓励与开导铭记在心。

他的第一篇习作《朱熹心理思想研究》很快就被燕教授带到了一个重要的学术会议上，向潘菽、高觉敷教授等学术界权威大力推荐，不久就被收到二老主编的《中国心理学史》文集中。紧接着，他的第二篇习作《二程心理思想研究》，又被燕教授推荐到学术界核心期刊《心理学报》上发表，引起学界瞩目。接下

父母的书架决定孩子的未来

来，《达尔文与心理学》《王廷相心理思想研究》《王夫之心理思想研究》《列宁教育思想初探》……文思泉涌，一发不可收也。

其间，他和同窗好友袁振国还合作撰写了近百篇有关心理学知识的普及性文稿。这是他文学梦的延续。

朱永新说袁振国"堪称我学术朋友中的'青梅竹马'"。

"我们在大学三年级分别从苏州和扬州来到上海师范大学，振国最初给大家的印象是扬州才子。到底是中文系出身，那优美的文笔让我们羡慕不已。学习的时间不长，他的一篇关于灵感研究的论文就在上海师范大学的学报上发表了。我不太同意其中的一些观点，于是，有了我们频繁的讨论和'争吵'，有了我的商榷文章。而我们的友谊，也就在这讨论和'争吵'中萌芽与成长。

"那时，我们可以说是无所畏惧，豪气满怀。记得有一次，我对振国说，总有一天，我们要让自己的著作像弗洛伊德的著作一样，走进每个人的书架！于是，我们疯狂地读书，疯狂地写作。我们以两个人的名义在《中国青年报》和《南京日报》等报刊开设了专栏，我们在《心理学探新》《苏州大学学报》等刊物联合发表论文，我们的第一本书《心理世界窥探》也由江苏科技出版社正式出版。这是我们合作的第一本书，当时我们还都是二十多岁的年轻人。"

为能赶上袁振国这位中文系的才子，朱永新在遣词造句上下功夫，精雕细琢，用心打磨。通过一系列"小文章"的撰写，大大提高了他的写作能力。"现在很多朋友说喜欢我的文字，很大程度上要归功于这个时期的训练。"

后来，朱永新又同自己的老师燕国材合作撰写了一批著作与论文，如《非智力因素与学习》《地球上最美的花朵——心理学纵横论》《现代视野内的中国教育心理学史》《刘邵〈天才性理〉对于大脑研究的贡献》《中国古代心理学思想史》等，在他的记忆中，老师"从不以先生的口吻教训我，而总是以朋友的方式进行沟通"。

"燕师虽然学富五车，讲演时口若悬河，声音洪亮，在生活中却是一个不太擅长交际的人。他只顾耕耘，不计收获；他淡泊名利，不计得失。这种个性也使他失去了一些本来应当属于他的东西，然而他不在乎，依然乐呵呵地向前走。"老师不仅以学养，更以品德引领学生往前走。

再后来，燕国材教授又鼓励他独自放飞，开拓新的研究领域，如中国犯罪心理学史、中国管理心理学史，当他有新著出版的时候，当他获得一个个国内外科学研究基金时，老师总是为他喝彩，为他加油。

就像冯仑在回忆文章里描述的那样，"知识对人来说就像氧气和水，一刻也不能离开"。这个不满二十岁的年轻人，在大学里幸遇一位毕业于黄埔军校的历史老师，"所有改造中国的想法都源于听这位老师讲课所受的震撼"。

而朱永新也是因为燕国材教授的引导，步入了教育心理学研究的领域，并在不久的将来撰写出近百万字的《中国教育思想史》，奠定了他在这一领域的学术领先地位。

4

上海师大研修班毕业后，他回到苏州大学任教，讲授教育学。同时，经燕教授的力荐，他参加了《中国大百科全书·心理学卷》的编纂工作。能和大师级的人物在一块儿工作，他格外珍惜！他的认真和刻苦钻研精神又一次得到大家的赏识。他撰写的条目甚至被出版社编辑作为"样板"，供其他编者参考。机会总是青睐于有准备的人，好事接踵而至：先参加了中国心理学史的第一本全国统编教材的编写工作；后来又参加了全国心理学史的第一套教学参考资料的编写工作；再后来又参加了中国心理学史第一部辞典的编写工作……他几乎参加了中国心理学史学科创建的全过程。这对于一个二十多岁的青年教师来说，真是千载难逢的机会！

那个时段，他沉潜于教学与科研，真是到了晨昏两忘的地步。有人说他"活脱脱一个'工作狂'"！

1993年，三十五岁的他被校党委提拔任命为教务处处长，是全国高校中最年轻的教务处处长。

他在苏州大学先后推出了大学生必读书制度、学分制、激励性主辅修制度等当时在全国颇有影响的改革。

教育家顾明远先生回忆："20世纪90年代初，我收到苏州大学朱永新的一封信，邀请我去参加苏州举办的一个教育研讨会。我以为他是一位老同志，会上见面才知只有三十多岁，刚从日本留学回来。他给我的第一个印象，是有一种意气风发的激情，想为中国的教育做一番事业……"

这一年，他出版了他学术生涯中重量级的专著《中国教育思想史》。

全书分为"古代卷""近现代卷"和"当代卷"三大部分，每一部分都按纵、横两个模块展开论述，纵向以时代发展为序，横向则着重于教育思想特点，完整、系统地论述了我国从古至今的各个时期的教育思想，深入探讨了中国教育思想的起源与发展、各时期主要内容和重要理论、代表人物思想结构、教学观、德育观、中西教育思想融合，以及职业教育、平民教育、乡村教育、生活教育、教育心理、教育改革等思想。

他在写作《中国教育思想史》的过程中，每每在崇敬之中和他心仪的教育家"对话"。以近现代为例，晏阳初的平民教育思想与实践、梁漱溟的乡村教育思想与实践、陶行知的生活教育思想与实践等，无疑都给朱永新以深刻的影响。

朱永新为未来的新教育实验做了深厚的理论准备。

专家学者给予一致好评。

"特别值得一提的是，虽然这部著作的内容大部分是关于古代教育的阐述，但全书文字流畅，没有阅读其他思想史著作时常有的沉闷、晦涩和枯燥感。"

"《中国教育思想史》历史跨度大，系统总结、分析了从远古到 21 世纪中国教育思想史的发展历程，并特别提出了中国教育思想的独特贡献和学术成就，对于弘扬中国传统文化具有重要意义，充分展示了朱永新教授学术视野开阔、学术功底深厚的'另一面'，是一部优秀的学术论著。"

"《中国教育思想史》不少探讨问题多为学界首次涉及，颇具首创价值。《中国教育思想史》是中华文明史研究大系之一。"

当时他还不满三十五岁，他的学术积累，却让许多不曾见过面的同行认为他是一个学富五车、两鬓斑白的长者。

一个人，倘若有志于教育，有志于改变教育，有志于以教育改变世界，他显然要在实践中试验自己的教育理念。

"知识并不等于智慧。知识关乎事物，智慧关乎人生；知识是理念的外化，智慧是人生的反观；知识只能看到一块石头就是一块石头，一粒沙子就是一粒沙子，智慧却能在一块石头里看到风景，在一粒沙子里发现灵魂。"

他梳理了从远古到 21 世纪的教育思想史，他从"石头"里看到了什么样的风景，又从"沙子"里发现了什么样的"灵魂"呢？

他把自己的学术成果归结为恩师燕国材的精心栽培和心血浇灌。

2014 年，朱永新在《回忆恩师燕国材》中写道："去年，和他相濡以沫的师母因病去世，燕师在家乡为她购置了墓地，师母的灵魂在那片美丽的土地上安息了，而燕师，又像往常那样投入了另一本新著的写作之中。今年五一节，燕师家乡的一所名校——桃源一中邀我去讲学，我不假思考地应允了，为了那一方水土，为了那恩师之情，也为了拜谒师母之灵，这一去，我也与桃源结下了不解之缘。"

昔日的学生已由小树长成为大树，昔日的导师也垂垂老矣，大树知道自己的根扎在哪里，扎得越深，越知道土地的深厚，蓝天的高远，阳光雨露的润物无声。

2014 年酷暑，八月流火，温州的苍南邀请朱永新为全市校长作一个报告。为此，他们打了数十次电话，朱永新此时实在太忙，分身乏术，不敢应承。结果，他们搬来了燕师，要他们师徒同去。"我没有了拒绝的勇气。其实，与老师多说几句话，多待几分钟，也正是我所渴求的。与其说我成全了苍南，不如说是苍南满足了我。这么多年，燕师从来没有要我做过什么，他给我的是大海，我回报他一滴水的机会都没有。我拿什么报答您？我的恩师！"

燕师是大海，燕师也是一本经典，让他读着读着，把自己也读成了老师的样子。

5

"朱老师，作为博导，您同时又兼任着副市长，这种角色在您的事业中会不会发生冲突呢？您是怎么让二者和谐起来的？"这不仅是他的得意弟子李镇西之问，也是许多记者、朋友和同事问得最多的问题。

"亦官亦学"，是很多人描述朱永新时，必不可少的一个词汇。"亦官亦学"，毕竟"官"在前，"学"在后。在苏州市副市长任上的十年间，朱永新每周一到周五，为苏州市打工；每周六到周日，为自己的理想打工。那十年也是他面对争议最多的十年，但他问心无愧："我绝大部分精力毫无疑问在政府，并不像有些人讲的，这个人不务正业，市长不好好做而去做学问。"

对朱永新为"自己理想打工"的做法，有人不理解，认为他这是一意孤行，放着大好前程不奔，奔自己的理想，不是"乌托邦"是什么？不是"疯子"是什么？年纪轻轻，好好混仕途，又是学者出身，光芒耀眼，前程似锦。苏州的几任书记都是从大学出来的教授博导，都很快调往其他省市任省部级。你看他一个堂堂的市长，成天混在小学教师、中学教师中间，许多还是贫困地区的民办、代课教师，能混出什么名堂，这不是拿自己的政治前程开玩笑吗？不是"疯子"谁会这么做！

"坦率地说，当市长和做学问不能说一点冲突都没有，至少我自由支配的时间就比过去少多了；但对我来说，这二者在本质上却有一个共同的指向，就是'教育'——作为教授，我是教育哲学博导；作为副市长，我分管教育。当然，由于毕竟多了许多行政事务，如果我不当副市长而只当教授，也许我个人的学术成果会更丰硕一些；然而在副市长的位置上，我却可以做我以前想做而做不到的事，也就是说，我可以在更广阔的空间里实现我的教育理想。如果说我过去的一些教育理想只是一种美好的憧憬的话，那么现在我可以在我职权范围内把它变成现实。"

李镇西看着导师，一副愿闻其详的神态。

"比如，我一直反对初中招生电脑派位，因为我认为电脑派位限制的还是普通老百姓，有权力的、有金钱的都可以进入好的公办或民办学校。弱势群体得到的教育资源本身已经很少，更可怕的是电脑派位让孩子从小就把自己的未来寄托在一个自己不能主宰的事情上，宿命论的思想从小就在孩子的心底扎下了根。不过，过去我只能这样想想而已；然而现在我当了分管教育的副市长，我就坚决不搞电脑派位，实行就近入学，允许自由择校，把对命运的把握权交给孩子。"

朱永新反对电脑派位的做法，不仅得到苏州家长的强烈支持和拥护，全国各地老百姓赞同的是绝大多数。

作为在一般人眼中最"实际"的行政官员，胸中依然燃烧着一颗赤子之心，让弟子李镇西欣喜与振奋。

因为他深知，在中国的教育界，不缺有深厚的学术功底的学者，但这些学者中少有同时具备人文情怀而乐于直面现实的身体力行者；也不乏有宏伟抱负的官员，但这些官员中少有充满理想主义精神的性情中人；而有思想有才华有胆略有激情有个性的教育学者官员，更是很少很少。他由此而发自内心地敬佩作为"朱市长"的朱老师，或者说作为"朱老师"的朱市长！

朱永新却说："中国教育有许多弊端，但仅仅是怒目金刚式的斥责和鞭挞，虽然痛快但无济于事。对于中国教育而言，最需要的是行动与建设，只有行动与建设，才是真正深刻而富有颠覆性的批判与重构。"

朱永新一直说自己是行动的理想主义者，他以孔子、孟子、范仲淹、朱熹、叶圣陶和苏霍姆林斯基等为自己实践新教育的榜样。

从1995年开始，还在苏州大学任职的朱永新就组织了苏州大学的教授和全国的一些知名学者，进行中小学生和教师阅读书目的研究与推广工作。在苏州担任副市长期间，他在全国较早推动并建立了城市阅读节，提出了"阅读——让苏州更美丽"的理念。2005年，历经十年研制的《新世纪教育文库》完整推出，公布了小学生、中学生、大学生和教师推荐阅读书目各一百种。2007年，以"共读、共写、共同生活"为主题的新教育实验第七届研讨会召开，以"毛虫与蝴蝶"儿童阶梯阅读和"晨诵、午读、暮省"的儿童生活方式为基础的新教育儿童课程正式亮相。会上，老师和孩子们分享的阅读故事和成长故事感动了很多人。

"如果说我过去只是一个人在思考研究教育的话，那么现在，我可以组织更多的人一起来思考研究并参与教育，比如我为我们的学校和教师争取了许多科研课题，并给他们创造有利条件。又如前面我提到的在全国产生强烈反响的《新世纪教育文库》，就是我邀请包括李政道、于光远等国内外著名科学家、院士、学者精心推荐的，这是一项浩大的工程，如果我不是市长，要想做这样一件事，几乎是不可能的。虽然我自己可能因此少出了几本个人的学术专著，但是，能为广大的教师提供第一流的教育经典，我同样有成就感。"

"可不可以这样理解——别人做学问是为了当官，或者说做学问是手段，当官才是目的；而您当官则是手段，目的是为了更好地做学问，并且做更大的学问，当然，您的最终目的是教育。"弟子李镇西与导师几乎无话不谈，因为他们既是师生关系，又是平等相处的朋友。而且这位年纪和弟子一样大的导师憨厚平和，常常心甘情愿地被弟子们捉弄，比如年终聚会让他出"洋相"，比如哄他上网开通"教育在线"。

"当然是这样！"他不假思索地坦然回答弟子，随即又补充说，"我从来都把副市长当作我搞教育的有利条件，当作实现我教育理想的一个途径。对我来说，市长是暂时的，学者是永远的。如果哪一天我不当市长了，我随时都可以回到大学当教授。因为没有什么比我的教育理想更为崇高的了！"

朋友同事都说，和朱永新相识这么多年，从未见到他灰心甚至偶尔颓废的样子，他总是自信、昂扬、饱满，但坦率说有时也能感受到他内心的疲倦、挫折和落寞。一个理想主义者，他的内心总会有这些因素在挣扎，在纠结，然而他又总会在冲突中不断往前走，往自己心中所想象的那个方向走。他的诗性、激情、想象，以及他的文字方式，似乎都是文学式的，或者说文学家的特性和偏颇，在朱永新身上同样显著。——这成了朱永新的一种风格，或者说一种人格特征。他因此和许多同行，和政界的同行、教育界的同行、学界的同行有许多差异。而他从来不掩饰自己身上的这些气息，并且始终散发在他的字里行间。

6

他的另一个弟子陶新华说："我读本科时，就是朱老师的学生了！我们那时和朱老师真是哥们儿！他当时不到三十岁，是苏州大学最年轻的副教授，因此和我们很合得来。我们常常到他的宿舍去玩，在他家改善生活，师母经常弄些好吃的东西给我们大家一起品尝，朱老师常常不是叫我慢慢吃，而是要吃快点，因为他吃饭是很快的，他也要我们注意吃饭的效率。混熟了以后，到他家就比较随便了。有一次他不在，我们就擅自把他放在走廊（那儿当时就是他家的厨房）中烧饭的锅和煤炉拿到我们自己的宿舍去改善生活了，结果不知是哪位老兄把锅给摔破了，可我们当时还不知道，用完了就还到他家的厨房——宿舍走廊里去了。等朱老师回来忙自己的晚饭时，发现自己的锅莫名其妙地漏了，他当时很纳闷，当他知道是我们犯的'错误'后，朱老师虽然哭笑不得，但最后也是一笑了之。"朱老师的豁达大度是所有同学和同事都很佩服的，他做教务处长的时候虽然把苏州大学教务处建设成为全国最好的大学教务处，受到教育部的表彰，但是有人不理解他、不支持他，甚至还打击他，但是他不但没有与这些人发生过冲突，反而这些人最终成为他的好朋友。朱老师常常告诫弟子们："要学会做学问，首先要学会做人，而做人首先要学会与人相处，要与人为善，要豁达大度，要以德报怨，你最终才能有所成就。"

李镇西考朱永新的博士连考两年才考上，第一年是因为英语成绩没过关，他那时已是挺有名气的"神"一样的中学语文教师了，但他不服气，努力攻克英语难关继续考，第二年终于考上了。有一段时间，他正在读某著名专家的著作，觉得该著作晦涩难懂。他很苦恼地对自己的导师说："朱老师，我，我读不懂××的书。"

他原以为朱老师会给自己一些指导，比如告诉他一些读懂该书的方法之类，谁知朱老师很坦然地说："读不懂你就不要读嘛！你完全用不着自卑。老实说，对于有些'教育理论'我也读不懂，我就从来不会因此而自卑。有些'教育理论'书之所以让人读不懂，我看多半是因为作者本人也没有把他的'理论'搞懂。我自己也有这方面的体会。当年我的博士论文是一本十多万字的书《高校教育管理系统》，十分难读，至今还有两千多本无人问津。这能怪读者'水平低'吗？我看不能，只能怪我自己不能深入浅出地表述自己的思想。而我去年年底出版的《我的教育理想》，同样是谈教育的，同样有理论，但首版四千册，一个月便脱销。这也不是读者的水平'提高'了，而是我能够用比较通俗的言语表述我的教育思考。我以我自己的这个例子，是想说明教师们读不懂的文章或书，责任往往不在教师，而在作者。因此，你完全没有必要被一些貌似'高深'的'理论'吓唬住，更不要迷信它们。以极为平易朴素的语言来表述非常深刻的哲理，这才是真正的大家！"

"他不但在学术上引领着我们，在事业上提携着我们，而且在做人方面感染着大家。"李镇西对导师的为人由衷敬佩，"有两位硕士生家里生活比较困难，朱老师便长期资助他们。每年他都拿出钱来设奖学金，奖励上学年最勤奋的学生。

不光受到资助和奖励的学生感谢他，我们也很感动。可他却觉得这很平常，相反，对于我们协助他做的每一件事，他都记在心里，并向我们表示感谢。有一次他写一篇长文，作为学生，我按他的要求帮他收集整理了一些资料。结果，文章发表后，我看见结尾的括号里居然有一行字：'本文在写作过程中承蒙李镇西博士帮助收集整理资料，特致谢意！'我说：'朱老师，您怎么这么客气呢？'他说：'不，不是客气。我真是很感谢你！'再后来，他居然说要把稿费分一部分给我！当然被我'断然拒绝'。"

李镇西说导师对他不止一次说过："我从来就是把大家看成合作的伙伴，没有大家，我也会一事无成。"李镇西说："我相信，这是他的心里话。"

李镇西博士毕业后，导师想把他留下来，但他还是坚持回到了成都。上面安排他到教科院搞研究，他不干，要求回到教学一线去。再安排他到好的中学带好的班级，他也不干，坚决要求到普通的城郊学校，大部分生源都是农民和农民工的孩子的学校，他把导师发起的新教育实验在学校推广，在全区推广，使武侯区的教育面貌发生了翻天覆地的变化，他的学校也成为一所"充满故事的学校"而受到全国的广泛关注。"这个世界很有趣，有的人忙着做事，有的人忙着做梦，有的人忙着做戏。还有一些人不慌不忙，既做事又做梦，又在人生这场戏里做自己。旁人笑他太疯癫，他却做来做去做成传奇。"这说的不仅是朱永新，也包括李镇西。

仅仅靠自己的书和理论而流芳百世是不够的，

除非你能够改变人们的生活，否则就没有什么重大的意义。

第十一章

一本书点燃新教育实验的薪火

1

1997 年年底，朱永新从苏州大学调到苏州市人民政府担任副市长。他在苏州大学做教务处长期间，因为从事管理岗位，就已经开始有计划地读一些管理学的书。到了市政府以后，因工作需要，读的管理学的书就更多了。其中他读到了一本书，是美国的一个学者杰克·贝蒂写的，叫《管理大师德鲁克》，由上海交通大学出版社出版。"这本书大概在 1999 年 5 月出版，我是在 1999 年年底就读到的这本书。"

这本书，在管理学和教育学上不是最有影响的名著，在中国也算不上是热销书，但是，它的确对朱永新的生命产生了至关重要的影响，直接导致了新教育实验的诞生。

书中熊彼特对自己的学生德鲁克说的一段话，短短的两行字，却像在朱永新的心里投下了一颗原子弹。"我现在已经到了这样的年龄了，知道仅仅靠自己的书和理论而流芳百世是不够的，除非你能够改变人们的生活，否则就没有什么重大的意义。"

熊彼特和德鲁克都是管理学上大师级的人物。经济学家熊彼特生前是德鲁克父亲的好友，早在1902年德鲁克的父亲一面是奥地利财政部的公务员，同时也在大学里讲授有关经济学的课程，而十九岁的熊彼特就是听课的学生。在德鲁克父亲的印象中，熊彼特是个精力旺盛、傲慢自大、不可一世的青年。

1950年的元旦，德鲁克与父亲一起去看望病重的熊彼特，熊彼特就对自己的学生讲了这句话。这不仅是一个管理大师的忠告，更是一位老师对自己最得意的门生的嘱咐，是在他行将就木之前给自己学生讲的一句肺腑之言。要知道，熊彼特年轻的时候可不是这样看待人生的。德鲁克的父亲记得熊彼特在三十岁的时候，风华正茂，刚刚发表了两部著作，其中就有《经济发展理论》。当时，熊彼特夸下海口说，他最想让人记住的是"欧洲漂亮女人最伟大的情人，欧洲最伟大的骑士——也许还是世界最伟大的经济学家"。

在他即将告别这个世界时，他不再以著书立说、扬名立万为人生追求的至高境界，而是以能否"改变人们的生活"为衡量学问是否有价值的唯一标准。

八天以后，熊彼特就去世了。

后来，德鲁克把老师的这句话作为衡量他自己一生成就的基本标准，他不再以发表作品和写作本身作为自己的人生目标。

半个多世纪后，这段话也改变了一个中国学者的生命轨迹。

"为什么？因为这彻底颠覆了我关于学术的梦想。在此之前，我跟很多大学教授一样，对学问的理解还是停留在思想、观点、发表著作、拿项目、评职称、获奖的层面。在美国大学里有句话叫Publish or Die，你要么出版，要么死亡。你作为教授，如果没有成果，你就站不住脚。"

朱永新的成长历程就是这么一路走过来的。他能够在二十九岁那年破格成为江苏省最年轻的副教授，不就是靠厚厚的一批著作吗？以后教授、博导，全国知名的教育学心理学方面的学术领军人物，甚至提拔为苏州市分管文化教育卫生这条线的副市长，不都是因为他有这些成果做"资本"吗？

"但是，看到这句话以后，我突然反问自己，我究竟是为什么而研究学术呢？自己写那么多东西是干什么呢？我写给谁看呢？"

当时，朱永新的主要研究领域还是偏历史，研究心理学思想史、教育学思想史，看的人就更少。"我经常陶醉在自己的书房中，欣赏着自己用文字搭成的积木。同事、朋友、学生都在夸奖我的勤奋，我的成果。可是，我的东西有多少在改变人们的生活？有多少在改变我们的教育？"

他意识到，做一个纸上谈兵，而不能走进真正的教育生活，不能影响普通教师、学生的学者，不是他的目标。

"我读过梁漱溟先生的很多书，最近我读了他的一篇传记，叫《孤寂与落寞》。我专门写了一篇读后感。梁先生说，他根本不是学问家，而是行动家。其实，真正教育史上最后写下来的，大部分都是行动家，或者说，他们都是学问家加行动家。"

《管理大师德鲁克》，点燃了朱永新心中的那一团烈火，积蓄经年，只差这么一根火柴。

2

"到了政府以后，我的确开始意识到，过去的研究路径好像有点问题，但是如果没有熊彼特给德鲁克讲的这句话让我醍醐灌顶，我可能不会如此快地意识到应该怎么做学问。"

这本书让朱永新意识到，行动是改变社会的、改造生活的最有力的武器。"这句话，也是直接导致我发起新教育实验的一个重要的精神来源，它使我下决心走进教室，走进教师的生活。"

就像陶行知，留学归来，放弃优裕的教授生活，脱下西装、挽起裤腿，深入农村，和"牛大哥"做朋友，怀着"捧着一颗心去，不带半根草回"的精神，在贫穷落后的中国乡村开展了波澜壮阔的平民教育运动，在中国教育的历史上书写了感动无数后来者的动人诗篇。

朱永新其时在学术上已收获累累硕果，他的政治前程也是一片大好，年纪轻轻就在苏州市政府担任要职，按部就班，仕途坦荡，上升通道有看得见的"光明顶"。

但他一心热爱的是"教育"，为了这份执着的"爱"，他心甘情愿不走坦途，偏向险峰攀登，被人误解，甚至被人嘲讽是"疯子"。他自嘲，历来干事业的人都有点"疯疯癫癫"，太精明的人是干不成事情的。风言风语他可以听而不闻，但最让他揪心的，是教育的现状不忍乐观，让他这个主管教育的官员不能装聋作哑，更不能袖手旁观。

"本来学校是全世界最开心的地方，但是现在变成最痛苦的地方。教育本来应该是最美丽的事情，但现在变成最麻烦的事情，这是不应该的。所以我们想应该把幸福还给孩子。"

教育不能只是作为工具而存在，这丧失了教育的本来面目！要让孩子们当下就活得快乐、活得精彩、活出自己、活得更有尊严，并走向崇高！

现在我们用一个分数、一个考试、一把尺子衡量所有的孩子，我们永远不可能培养出完整的人。

多年来，媒体连篇累牍地报道大学生厌学，心理存有阴影，辱骂师长，硫酸泼熊；家长辛苦培育子女，子女却不顾亲情，只知一味索取，欲壑难填，甚至索取不果就谋杀双亲；教师不讲师德，题目留作课后辅导，一切向钱看；孩子考分不理想，家长不问青红皂白，棍棒相加，有的甚至被亲生父母活活打死；有的中小学生，拿到试卷就跳楼自杀。一桩桩，一件件，触目惊心，不忍卒闻。

"我们在书斋里研究的学问，出版的一本本理论著作，它能改变这些现状吗？"

"现在的孩子太苦了，每天起得最早、睡得最晚的是他们，心理负担最重的也是他们。一个从小没有快乐的孩子，一生都会蒙上阴影……我们的教师和家长也跟着一起受苦！"

走进教育，走进生活，是刻不容缓的事情，是一个学者的良知，更是一个主管教育的政府官员应尽的职责。

理想的火焰从朱永新内心燃烧起来，激情奔涌，需要的只是一个突破口。

3

2000 年夏，太湖之滨，在《新教育周刊》举办的教师笔会上，朱永新应邀作报告。讲什么好呢？面对一张张年轻的、充满朝气和希望的脸，不知为何他激动起来，现场拟定了一个题目：《我心中的理想教师》。他的开场白用了诗一般的语言，一下子抓住了听众——

我心中的理想教师，应当是一个胸怀理想充满激情和诗意的教师；

我心中的理想教师，应当是一个自信、自强，不断挑战自我的教师；

我心中的理想教师，应当是一个善于合作，具有人格魅力的教师……

他说，我们所处的时代是充满各种诱惑、矛盾和机遇的时代；我们是跨世纪的教师，面临的挑战就是我们的机遇，不要总是抱怨或诅咒别人……其实，教育是病态社会的根源，我们教师不要逃避责任。

他说，学生不满意老师在课堂上、办公室里以两种声音说话，不满意用连他自己也不相信的话语征服学生，即鲁迅批评的"上讲台，讲空话，盲人瞎马，引入危途"。还有学生视老师为"教育警察"。我心中的理想教师是没有教育痕迹的交流，没有心理距离的对话。"要教育好孩子，开宗第一，便是理解，倘不先行理解，一味蛮做，便大碍于孩子的发达，所以一切设施应以孩子为本位。决不能用同一模型，无理嵌定"。

教育是让人成为他自己，而非千人一面，万众一心。

他声情并茂，讲了整整四个小时后，掌声经久不息，所有的老师、记者、嘉宾，听着听着大家都站了起来，连宾馆服务员也专注得忘记了给客人添茶加水……最后人们发现，他居然没有用讲稿，完全是从心底奔涌而出的股股暖流，淙淙清泉。

他的诗意，他的激情，他的理想之帆，伴随着太湖边的芦苇和水鸟飞翔在蓝天碧波间。天大地大，水大鱼大，新教育实验的这条鲇鱼，将搅动起一大波滔天巨浪，激活沉疴多年的死水微澜。

2000年9月，根据朱永新演讲录音整理的文章发表在《新教育周刊》上，引起强烈反响。《中国教育报》头版以《理想教师应当具备怎样的素质》为标题转载了这篇文章。随后，《我心中的理想学校》《我心中的理想校长》《我心中的理想学生》……亦相继见报，并广为转载。

2000年11月，距太湖之滨的演讲仅仅两个月，朱永新一本最没有学术气息的专著——《我的教育理想》出版了。一开始，由于它那打破常规、充满诗意化散文化的独特行文风格，并没有引起理论界的太多关注；然而，基础教育界却刮起了一股始料未及、来势迅猛的"理想旋风"。

大宗订单纷至沓来，书店的样书不断告罄。不少地区的教育主管部门和学校把它作为中小学教师岗位培训的必读教材；南方某个县市因为出版社无法及时供货，干脆冒险盗印了好几千册；山东的一位校长因为一时买不到书，竟然复印了一百本发给每一位老师；朱永新去某地演讲，一大群读者请求签名的书，竟全是盗版……《我的教育理想》，是中国最有影响力的教育学畅销作品，多次加印、再版，在观念和实践层面，都深刻地影响着中国教育改革和发展的方向。也是因为这本书，引发了后来的新教育实验。"所以，我们把《我的教育理想》这本书的出版作为新教育实验诞生的标志。"

4

全国人大常委会原副委员长、著名语言文字学家许嘉璐先生说："作为一名教育理论家，朱永新教授形成了自己的风格：论述、抒情、问答并举，逻辑严密的理性语言、老百姓习惯于说和听的大白话、思维跳跃富于激情的诗句兼有，依思之所至、情之所在、文之所需而施之。有的文章读时需正襟危坐，有的则不禁击节而赏，有的还需反复品味。可贵的是，这些并非他刻意为之，而是本性如此，自然流露。这本性，就是他对教育事业的爱……"

他的博士生，"神"一样的语文特级教师李镇西说："刚到苏州大学，我读到了朱老师刚出版的一本题为《我的教育理想》著作。这是一本洋溢着诗意与激情的书。作为有着理想主义赤诚情怀的教育学者，作者对我们民族的教育事业一往情深，并对中国教育的未来寄予热切的呼唤：'教育的理想会奏响新世纪中华民族的英雄乐章，理想的教育会开创新世纪中国文明的灿烂辉煌！'书中一篇篇文采飞扬的演说词，如黄河之水天上来，奔腾着作者心灵的潮水，也激荡着读者的心灵，让读者也禁不住心潮澎湃，与作者一起憧憬'理想的教育与教育的理想'。这也是一本充满理性与智慧的书。作为有着深厚学术功底并同时担任着教育行政管理职责的领导者，作者对中国教育的过去、现在和未来有着客观的回顾、冷静的分析和科学的展望。作者首先是一个乐观主义的建设者，因而他对'教育理想'的所有情感都倾注在对'理想教育'的追求上，这就决定了他在思考、设计中国教育发展走向时，于忧患中看到希望，在批判中走向建设：'世纪之交中国教育的回顾与展望''教育的现代化与人的现代化''创新教育与教育创新''基础教育改革的十大趋势''中国教育发展的若干政策分析''21世纪中国课程改革的趋势'……这些篇章，充分体现出作者作为教育行政领导者所具有的视觉制高点，高屋建瓴，大气磅礴，既着眼于'最好'，更着手于'可行'——正是在这一点上，作者把自己同那些在象牙塔里坐而论道的'学者'区别开来了，也同某些缺乏思想而只想把官当官来做的'官员'区别开来了。"

这本书出版以后，受到很多很多老师的欢迎，但是也有一些人跟他说，朱老师，不看你这本书也罢，看了更痛苦。为什么更痛苦？他们说，你书中描写的这样的教育理想，那个美好的乌托邦，看了让人心花怒放，但是回到学校，心又冷了，更痛苦了，反差更大了。还有老师说，朱老师，你书里都是说说的，完全做不到。在中国，"庆父不死，鲁难未已"，考试不改，教育难兴。考试制度不改，教育怎么变？有本事你弄个学校给我看看？！

这句话给他一个很大的激励。他想，的确不能仅仅以一种梦想家的姿态，向大家报告一个夹在书页里的梦，而是要让梦变成人人都可能参与、人人都可以分享的一种实践，哪怕这事看起来无从下手——

"本来我没想到马上去办个学校做个样板，但就是由于这样的一句话，让我下决心：找学校，把我的这些教育理想进行实验，所以才有了在苏州昆山玉峰实验学校的新教育实验。"

中国教育的问题盘根错节、困难重重。在许多人看来，个人的力量微乎其微，自己再怎么努力也无法改变中国教育的现状。

但朱永新一直认为，在任何状况、任何制度下，教育都是有空间，是可以探索的。只不过我们没有找到真正的空间在什么地方，没有找到怎么样有效行动。教育的智慧，就是能否在现有制度下寻找生存与发展的空间。

朱永新深知这种困难，但他还是义无反顾地去做，日复一日，从不停息。在他身上，人们感到一种孩子般的纯真和执着，或许还有一种似乎不合时宜的精神气质，类似"堂吉诃德般的勇气"和"西西弗斯式的坚毅"。

这种勇气和坚毅来自他内心的使命感。"教育的使命在于塑造美好的人性，进而建设美好的社会。"朱永新坦承，当下的中国教育是单向度的、畸形的、片面的、唯分数的，其中最大的问题是缺乏做人的教育，缺乏德行的教育。而要改变这种状况，关键在教师。

新教育实验提出通过改变教师来改变教育，是向教育常识的回归。"新教育之新，实际上是让教育返璞归真，回到教育的原点。"

5

"新教育是一个不断生成的过程。它不是一个框架，一个理念。我们在行走的过程中不断创造，不断汇聚，不断生成。"

他认为当一些理念渐被遗忘，复又提起的时候，它是新的；当一些理念只被人说，后被人做的时候，它是新的；当一些理念由旧时的背景运用到现在的背景去续承，去发扬，去创新的时候，它是新的。在他看来，教师理应博文约礼，志远行近，修身慎行，怀德自重。

每当周末和节假日，朱永新便领着他的一帮志同道合者，自掏腰包走南闯北，云南、贵州、四川、湖南、湖北、江西、浙江、山东、河南、山西、陕西、甘肃……还有大东北，还有青藏高原，差不多大半个中国给跑下来了！所到之处，他们真诚倾听民众心声，悉心调研教育现状，热忱传播理想火种。《定边教育行》《苍南教育行》《长治教育行》《探究宝应名校转制》《中国教育缺什么？》《义务教育谁买单？》……一篇篇实打实的调研报告，带着他的思索与激情，叩击着中国教育这扇沉重的大门。

曾有人挖苦他们："一群傻子跟着一个疯子！"但他们乐在其中，且乐此不疲。朱永新自嘲说："我像章太炎先生一样乐于承认自己有'神经病'，我也希望新教育人乐于承认自己是个傻子。我觉得，只有执着的人、坚守的人、理想主义的人，才能成为这样的'神经病'，这样的疯子，这样的傻子。"

也有许多学者为他叫好。长期以来，人们寄予知识分子很高的社会期许，将知识分子视为人类文明的推动者和人类精神高地的守护者，将知识生产、价值维护、社会批判、道德示范作为知识分子的神圣使命。教育家是知识分子中的精英，也应该是社会和时代的楷模。我们的社会和时代，需要许许多多像朱永新教授这样的"疯子"和"傻子"。

更有人夸朱永新学问宏富，更深得儒学"经世致用"神髓，有安民济世、匡扶社稷之志。

不管别人怎么说，他仍是"万卷诗书万里路"，"一派清气在人间"。

他说过："什么是让我刻骨铭心、回味无穷的东西呢？答案只有一个：教育。"

我是一个行者，
步履轻盈，在教育的路上。
我的脸上带着笑容，
我的心中充满阳光。
我的行囊中为教育准备了一切，
理想、智慧、激情、诗意和力量。

我是一个行者，
披星戴月，在教育的路上，
我计划着行程，思考着方向。
中国教育缺什么？
义务教育谁买单？
民办教育路何方？

我是一个行者，
跋山涉水，在教育的路上，
我的使命是探索，是发现，
在人迹罕至的地方寻找风景。
我用生命去融化，去燃烧，

使平凡流逝的岁月充满春光。

……

他长长的影子，倒映在湖光山色里，嵌映在漫漫旅途上。

所以，新教育必须要有强烈的田野意识，关起门来做研究，高谈阔论来做研究，最后是做不出名堂的。

"多少回，我无法抑制我的泪水。当我们的魔鬼团队以田野作业的方式，布道于穷乡僻壤，我的泪水为他们欢腾的理想为他们憔悴的容颜而流。当绛县的蒙学儿童以惊奇惝惝的眼神遥望那天际苍穹，我的眼泪为他们农历的天空为他们润泽的童年而流。"

任正非不久前在答记者问时大声疾呼："振兴教育不在房子，在于老师。黄埔军校就是两条绑腿，抗大就是一条小板凳。你们看关于抗大的电影，搬个小板凳，坐在黄土飞扬的土地上，听到毛泽东没有麦克风的讲话，就建设了新中国。黄埔和抗大怎么不是世界上两所伟大的名校呢？所以，物质不是最主要的，人才是最主要的，人类灵魂的工程师应该得到尊重，这个国家才有希望。"

新教育实验，不正是当今教育界的黄埔和抗大吗？

每一所新教育学校，都是一盏灯，

照亮教师和孩子的灯。

第十二章

新教育的一盏灯

1

2002 年 9 月，朱永新找到苏州昆山玉峰实验学校，一所新办的不是最好也不是最坏的中等水平的学校，尝试着将他的教育理想落实到具体而微的行动中。"为了推动实验，我在玉峰学校跟老师开座谈会，跟学生父母开座谈会，在全校的大会上进行动员，我讲我们的理想，讲我们想做什么事情。昆山教研室的储昌楼老师就把我说的内容同时发到'教育在线'，现场直播。"

后来许多校长看到了，他们说："嘿，朱老师你为什么不在我们学校做，你这几件事情特简单啊，不就是读读书，在网上写自己的故事嘛，不就是聆听窗外的声音嘛！这些事我们都可以做。"

朱永新说："好啊，那就大家一起做吧。"所以，好几十所学校就参与到新教育实验中来，尽管这时还是松散式的联络。

2003 年 7 月，朱永新倡议在玉峰实验学校召开全国新教育实验的第一次研讨会。通知发出，一下子来了将近五百人，以至于媒体闻讯而来，报道说这是一次"中国教育界的丐帮会议"，即民间的、以农村困难学校为主的、激情像火焰一样喷发的会议。

这场没有人获得资本收益的会议，却从此一发不可收：2004年在张家港和宝应，2005年在成都和长春，2006年第六届研讨会放在北京。媒体终于正视了这支田野里生长的力量，报道会议时称其为"新教育实验的进京赶考"。在这次会议上，朱永新正式提出了新教育的核心理念，是"过一种幸福完整的教育生活"。

朱永新说，教育是生活，这一理念中外早已经有之，它与"学习只是为将来的工作与生活做准备"的观点相反。新教育认为，教育本身就是生活，教育就是生活的方式，是行动的方式，教育在作为促进美好生活的手段的同时，本身就应该是幸福的生活，是存在的目的。"所以我们强调过一种幸福完整的教育生活，不仅有对教育终极意义的思考追求，也含有对当前某些畸形教育提出治疗的企图。在许多地方，某种形式的教育，使学生享受不到童年和青春，没有美好的梦想，许多学生已经失去了凝望世界的明眸，失去了追求理想的冲动，失去了淳朴的情怀和感恩之心。新教育实验提出'教育幸福'概念，首先针对的就是上述脱离人性摧残童心的畸形教育。"

2

在这次会议上，朱永新还讲述了昆山玉峰实验学校吴樱花老师为一个调皮大王写下十五万字的日记，从而使这个孩子以全市第一名的成绩考上昆山中学！这个故事引起清华大学礼堂里雷鸣般的掌声。

这个调皮大王，在宿舍里穿着鞋踩着人家的床单爬上去；拿人家的洗脸毛巾擦自己的鞋，学校规定不让做的事情他偏要做，爱恋班里的女生，用刀将女生的名字刻在自己的手臂上；还在社会上交一些不三不四的朋友。但他特别疼爱小动物，收养被遗弃的小狗。而且他还很聪明，课堂四十分钟，他只听十五分钟左右就懂了，剩下的时间他就在下面翻看其他书籍。如果不让他看，偏要他听课，他就在下面接话茬甚至捣蛋。吴樱花老师三年为他写了三本日记，读完吴老师的日记，他对吴老师说："对不起，我以前曾经深深地伤害过你，我现在很后悔很后悔。"调皮的孩子终于走上了正道。

朱永新说，每个人都有潜力，每个人都可以成为他自己，每个人都可以创造奇迹。只要行动就有收获，只有坚持才有奇迹。无限相信我们的教师和孩子，就可以看到奇迹。

"我们平时常说，每个人都是一个独立的个体，每一个孩子也是一个独特的个体。最好的教育应该是为每一个人量身定做的，最好的教育应该能让每个人的潜能、个性得到最大限度的张扬和发挥。那么，我们就不能用统一的标准要求所有孩子，我们也不能简单地提德、智、体、美、劳全面发展。事实上，在我们的教育过程中，有许多人是打着全面发展的旗帜，干着全面不发展的勾当。因为，无论是从我们教育的时间、空间、能力，还是孩子的个性等方面来看，全面发展都不太可能。所以，最好的教育应该是最有个性的教育。"

吴樱花老师和这个调皮大王的故事，是新教育实行个性教育的一个成功案例，感动了许许多多个新教育实验的参与者和追随者。

3

虽然在短短的三年时间内，新教育实验取得了令世人瞩目的成就，美国的一位教授甚至称赞这简直是一个奇迹，但朱永新却告诫新教育实验的各位同仁，现在虽然有了几十所上百所的学校加盟新教育，但可能过一段时间也会有退出的，甚至呼啦啦一下全走了，但只要有一所在坚持，我们就要做到底，把新教育的理念坚持下去，坚持就会有希望。因为他是一个行动着的理想主义者，为自己心爱的教育事业准备百折不挠，并用"石头汤"的故事勉励大家。一队士兵不期而至，心怀戒备的村民藏起粮食。士兵决定煮石头汤喝，并且自信地表示石头汤美味可口。好奇的村民也想尝一尝味道，但被要求必须各自放一些作料。于是，一勺盐，一撮葱花，一捧蘑菇，几片土豆……东西越放越多，士兵和村民都尝到了美味的石头汤。朱永新说我们新教育就是煮"石头汤"，我相信汤会越来越美味。

2007年，中央电视台新闻调查栏目以"心灵的教育"为题，聚焦朱永新和新教育实验。

2009年12月31日深夜，朱永新在自己的博客上写下了这个年度最后一段文字：

……我们每一个对新教育怀有宗教般情怀的人们，以堂吉诃德的勇气，将苏南一隅的点点星火，欢愉地散遍广袤的天南地北，以西西弗斯的坚定，将晨诵午读暮省的生活方式，柔软地植入未来的中国心灵。

一位叫"绛县晚霞"的老师这样回帖道：我虽年过半百，却能在新教育的体验中，倾听灵魂深处生命拔节成长的回音。感谢朱老师！感谢新教育！

2009 年，朱永新理了理一年内的行走路线，发现自己先后赴贵州、山西、内蒙古、辽宁、黑龙江、台湾等二十多个省份的学校调查研究加讲课，出行次数达到平均每月四次以上——涵盖了几乎每一个双休日和节假日。

到 2010 年，全国新教育实验第十届年会在河北石家庄举行的时候，与会人数已增长至两千人，成为迄今为止中国教育人规模最大的年度盛典。而新教育在全国各地的实验学校也突破一千所。2011 年，《中国教育报》评选全国十大阅读人物，最后竟有三名是新教育实验培养的老师。

到 2018 年，新教育实验已覆盖全国所有省、自治区和直辖市的 4200 多所学校，400 多万师生。规模不可谓不大。

朱永新认为，新教育实验的开花结果，在于它是一种恰逢其时的理想，在转型中国所面临的千年未有之变局中，在经济全球化的时代背景中，在 GDP 与和谐的冲突中，击中了中国教育的隐痛，引起了社会各界的共鸣。

4

2013 年 6 月的一天，朱永新突然收到一封来自昆山的信。

来信的，就是储昌楼，新教育实验最早的推广者。

说起储昌楼与新教育的渊源，有着一个动人的故事。

认识储昌楼的人都知道，他写得一手好文章。在 2002 年前，他的名字经常出现在江苏省的教科会议、颁奖仪式上，从"教海探航"到"金帆杯"，他的论文经常是一等奖，而且还是第一名。他在 K12 和"教育在线"上，曾经呼风唤雨，写下了许多美文。到现在，人们还怀念"淀山湖""大闸蟹"和"亭林人"。

但认识储昌楼的人也感觉到，从2002年开始，他似乎突然"消失"了。好久没有读到他的美文了，好久没有看到他去拿奖了。尽管这对于他是易如反掌的事。

而了解储昌楼的人会说，这个储昌楼啊，把他的生命交给新教育实验了！你只要上"教育在线"网站，只要走进新教育实验论坛，你就会发现，他把一切都献给这个论坛了。

朱永新说，与朋友们说起储昌楼，几乎所有的人都会感叹：热肠丹心，储兄无价！

2006年，由于新教育事业发展的需要，成立了新教育的第一个专业机构——新教育研究中心。魏智渊、干国祥、马玲等先后成为专业研究人员，储昌楼则担任新教育理事，具体负责昆山的新教育实验工作。

岁月荏苒，一晃十一年过去了。2013年3月28日，朱永新突然接到储昌楼邀请他29日参加他儿子婚礼的短信。"是的，新教育不会忘记任何共同行走的伙伴。昌楼作为最早的新教育志工，值得尊敬；作为坚定的新教育同路人，值得珍惜。"

5

三个月后，朱永新接到了储昌楼的来信。他表示要扎根教育一线去办一所新教育学校，这一决定，让朱永新惊讶，也让他敬佩。

同样的，储昌楼的诚恳与执着也感动了昆山市教育局的领导。两个月后，他走马上任千灯小学，担任了这所农村学校的校长。他承诺："一年我会让学校项目有模有样，三年我会让学校经看耐看。"

储昌楼的人生原本已经非常精彩。可是他不知足，不肯固守自己，自我请命到农村去，"打造最有新教育基因的样板学校"，这种对既往成就不断突破与超越的胆识，既令人钦佩，也令人诧异。

千灯古镇是昆曲的发源地。昆曲，被誉为"百戏之祖"，2001年，进入联合国教科文组织世界非物质文化遗产名录。

"每个民族都有一种高雅精致的表演艺术，深刻地表现出那个民族的精神与心声。希腊人有悲剧，意大利有歌剧，俄罗斯人有芭蕾，英国人有'莎剧'。我们中国人的'雅乐'是什么？是昆曲。"储昌楼说，作为昆曲的故乡，学校有责任保护这一民族文化的瑰宝，通过昆曲文化课程建设，在昆曲的温婉至美中，彰显中华民族优秀文化，让昆曲这一中国传统艺术的"活化石"代代相传。知昆曲，诵昆谣，唱昆歌。同时让有特长的学生通过"小昆班"专业训练，具备初步的专业水平。

三年圆梦，一千多个日日夜夜，他用"心"做教育，用"信"做教育，用"行"做教育，拓展了学校的事业发展规模，创新了昆山市千灯小学的"好雅"文化，开设了有力量的"六艺"课堂。"新教育的理念和行动，可以改变学校的品位。"储昌楼说，"学校的重要使命是实现文化渗透、文化传承，播撒审美种子，修复文化基因。"

教育应以文化为背景，教育是文化的一种重要形态，从深层意义上来看，教育的使命就是文化使命。"文化上的每一次进步都让我们向自由迈进一步。"恩格斯的这一判断，让我们掂量出文化使者的意义和职责的分量。

从开学的第一天开始，储昌楼每天给教师们写一封信，谈自己的办学思路，谈学校的发展愿景，谈课程研发学校文化。他的"储老师每天一谈"成为他与教师们对话的一个重要平台，也成为他思考学校管理的重要成果。

教育的重要使命是弘扬民族文化，民族文化的核心是民族精神。教育弘扬民族文化的本质，就是继承和发扬民族的精神。但民族文化和民族精神的传承要与时俱进、继往开来，因此，民族文化和民族精神，要赋予时代的色彩，服务于当下的社会，就教育而言就是要服务于未来一代的精神成长，这就意味着首先是要让我们的教师能传承这种文化，具有这种精神。如此，传道授业解惑才有实现的可能。新教育理念的着眼点是教师，新教育实验的主体也是教师。新教育实验，寄希望于教师有情怀，有理想，能对现有的物质世界有所超越。新教育之"新"，在很大程度上就在于有一种理想性和超越性。

储昌楼是这样和教师们谈自己的办学观的。他说，其实办学的核心词就是一个字：还。把教室还给教师，你的教室你做主。教师们做主教室的文化建设，教师们做主教室内的师生课程，教师们做主教室内师生们最佳的生活方式。教师们应该与孩子们一起生活，与孩子们一起收获，缔造完美教室。

课程是延续学校文化最好的载体。于是，储昌楼想到了复制民国时期的课程，让过去富有文化内涵的课程在自己的学校再现。他想到了叶圣陶编写的《开明国语课本》，这套教材的初年级课本文字用手写体，由著名漫画家丰子恺书写并绘插图，图画与文字有机配合。"文字内容都很简单，其中所蕴含的道理，也很浅显易懂，一点即通。"储昌楼说，作为一位儿童文学作家和教育家，叶圣陶编写的课本活泼隽永，符合儿童学习心理，让孩子自然产生学习兴趣。书中内容大多是从孩子身边的景、物、人、事写起，寥寥几笔就勾画出一幅幅充满乐趣和温情的情景，让人在阅读过程中感受到对家园、父母、朋友的爱，乃至人和环境、动植物之间的和谐，使孩子在接受文学熏陶的同时接受丰子恺的漫画艺术濡染，可谓一举两得。

储昌楼从这本书中精选了几十课，特地找广告公司印制装裱好，挂在学校教学楼走廊和楼梯的墙壁上。

"教材，特别是语文教材，应该是人文读本、公民读本。现今中小学教科书缺失经典、缺失儿童视角、缺失快乐，最终缺失了潜移默化的教育意蕴。我们将老教材到处呈现在校园的墙壁上，是重温，是致敬，更是回归。"

理论和实践不止一次地证明，在教师的引领下，儿童是可以创造文化的。他们可以创造纯真的儿童文化，可以创造童年诗学。儿童文化、儿童诗学犹如植物的根，帮助他们以至帮助我们共同生长为一棵大树。文化使者的这一文化引领，必定在儿童的生活中筑起一块精神高地，让他们踮起脚来仰望灿烂的星空。

作为一所实行新教育实验的学校，它赢得了国内甚至世界对它的广泛关注和高度赞誉。十年"小昆班"，为千灯小学孕育了十四朵在国家最高戏剧舞台灿然绽放的小梅花。"晨诵、午读、暮省"，让孩子们懂得学习和思考，留下自己在人生不同阶段的文字记忆。新教育与千年古镇相遇，幼苗扎根在深厚的文化沃土，绽放出的花朵千姿百态，色彩斑斓，令人炫目。民族文化是根，是学生成长的精神源泉，爱国主义教育要从弘扬中华优秀文化切入。

中华民族文化就是万里长城，就是长江黄河，就是唐诗、宋词、元曲、明清小说，就是那古老的汉字，是那端午的粽子、中秋的月亮、春节的灯会，就是千年古镇桨声灯影里传来的水磨腔。

2014年世界教育创新峰会上，由欧洲新闻台制作的主题教育纪录片 *Learning World* 向100多个国家和地区1500多名教育专家展示。其中，昆山市千灯中心小学作为中国的展示学校获得好评，峰会闭幕后，纪录片又在126个国家和地区进行专题播放。

储昌楼改变昆山市千灯小学，新教育实验改变全国4000多所学校、400多万师生的教育生活。

"一灯一世界。教育点亮人生。昌楼其实就是一盏灯，一盏照亮千灯小学的灯。千灯小学也是一盏灯，一盏新教育的灯，一盏照亮当地的灯。每一所新教育学校，都是一盏灯，照亮教师和孩子的灯。新教育实验，正是因为有着昌楼这样的践行推广者，也成为一盏灯，照亮着200多万（2013年的数字——作者注）新教育师生的路程。"

马斯洛曾经说，如果一个人手里拿着锤子，就有可能把眼前所有的东西都看作钉子，既没有差异，而且会狠命地用锤子去把学生当作钉子来钉。用锤子钉钉子的方式肯定不是文化的、道德的。这自然会让我们去想象：教师手里应该拿什么呢？也许是照人向前的一盏灯，也许是扶人而上的梯子。其实，手里拿什么还不是最重要的，心里有什么才是关键，朱永新称储昌楼是新教育的"一盏灯"，不仅点亮了昆山市千灯小学，照亮了当地，而且给更多行走在"新教育"之路上的同仁以光明、信心、希望、标杆。

朱永新的博士、江苏海门市教育局局长许新海说："我的愿景就是把新教育作为照明灯高高挂起，新教育完全可以作为中国基础教育阶段让大家高高挂起的一盏明灯。所谓月映千川，新教育就像一轮明月，映照山河大地。但是当这盏明灯高高挂起的时候，当我们所有人抬头仰望的时候，就会发现新教育提出的项目和目标是可以努力去做并实现的。因为新教育既是理想的，又是现实的。朱永新老师最了不起的地方就在于他既是一个理想主义者，又是个现实主义者，他能把理想和现实很好地结合在一起。听过很多大学教授的报告，但我们回来以后什么都不好做。朱永新老师不同，他不仅给思想，更重要的是还提供改革路径。这就是明灯的力量，明灯照亮了我们前进的路程。灯是光明的象征，能够感召大家会聚到一起，朝着明亮的那方前行。因此，海门这么多老师、校长自觉汇聚到新教育旗下。精神的力量和明灯的力量组合在一起，就可能推动我们整个教育改革的深入。"

新教育实验的发起人朱永新，在他的千千万万个追随者心目中，就是一盏高高挂起照亮前行方向的明灯。

无限相信书籍的力量，

是我的教育信仰的真谛之一。

第十三章

书香校园：童音如天籁

1

很多年前，朱永新读苏霍姆林斯基的著作，看到这样一段话，使他刻骨铭心："无限相信书籍的力量，是我的教育信仰的真谛之一。"

在朱永新的心目中，帕夫雷什学校，就是一所读书的学校。虽然学校条件很一般，但它是一所世界名校。全世界的人都知道它。知道它，当然是知道苏霍姆林斯基这个校长，同时更知道它是由于它的"书香校园"。

苏霍姆林斯基自己曾经描写自己的阅读生活。他说："在我的私人图书馆里，在几间房子和走廊里，从地板一直到天花板上，都摆满了书架，有成千上万册的图书。我每天不读上几页，有时不读上几行，我是无法活下去的。我图书馆里的图书，大约有4000本我已读完了。"苏霍姆林斯基一生写了40多部理论著作、700多篇论文、1200多篇儿童文学。

在全世界读书人的心目中，这就是天堂般的生活。

"苏霍姆林斯基的著作我记不清读过多少遍了。"1998年11月，李镇西应邀去北京参加纪念苏霍姆林斯基八十诞辰国际学术研讨会。会上，他结合自己的教育实践，讲述了他对苏霍姆林斯基的阅读及其教育思想的实践。那天，苏霍姆林斯基的女儿被他的发言所感动，当场给他写了几段话："听了您刚才充满激情和爱心的发言，我很感动。您是一位真正的教师！您把热情传播给您的事业，您把爱心传播给了学生……"

"我心底里一直有一个帕夫雷什中学之梦。在我负责学校行政的那两年里，我几乎是整个生命放在了那里，从种植每一棵花草，到处理每一件浮出水面的教育事件，我无不是苦在其中乐在其中。"当年倾心追随新教育的干国祥也如是说。

新教育人坚信，没有书香充溢的校园，就没有真正意义上的学校；没有书香的校园，教育只是一个训练的场所。"我们希望，书香校园是新教育实验为学校打下精神底色的一项最重要的活动。"

朱永新说，精神发育最重要的通道就是阅读。因为人类最伟大的智慧、最伟大的思想没有办法从父母那里拷贝和遗传，而是深藏在那些最伟大的经典书籍之中。

"对于我来说，'阅读'两个字是如此辽阔，如此庄严，如此神圣。自觉不自觉地，我似乎已经把自己的生命交付给了阅读。因为，从我的个人成长来说，我的生命，我的精神，得益于阅读的不断滋养。从我发起的新教育实验来说，阅读是所有实验项目的基石，是重中之重。"

梳理朱永新的阅读史，印证"一个人的精神发育史就是他的阅读史"此言不谬。朱永新从一个偏僻乡镇的农家孩子成长为著名的教育大家，他的阅读从"无书可读"，"饥不择食"到进入大学在图书馆读古诗古典文学、名人传记、经史哲，再到有目标地攻读教育心理学、教育历史学，读硕、博以及博士后主攻管理学，他的阅读史就是他的精神发育史，从懵懂无知到心智开启到学有所专再到博大精深，他的人生境界也就有了不一样的风景。从上大学三年级发表第一篇论文开始，迄今朱永新已出版著作1000多万字，其中有的被翻译成英日德韩以及阿拉伯等十几种文字在世界各国广泛传播。《朱永新教育作品》（16卷，计500多万字）由中国人民大学出版社出版，并被世界上最大的教育出版机构麦克劳希尔引进英文版权，对全球发行。他的人生风景并没有仅仅停留在"著书立说"成名流学者，或醉心于仕途"人往高处走"，他最闪耀的精神光芒，是把这些对他来说好不容易奋斗得来的东西弃之一旁，然后"是像一个农夫一样守着教育的田野，无论在怎样的天气里，都勤奋地劳作"。2014 年 11 月，在多哈举办的"世界教育创新奖"评选中，新教育实验从全世界一千多个申报项目中脱颖而出，入围十五强，这是中国唯一入围该奖的项目。

朱永新说，这些都是额外的奖赏。

他依旧高扬理想主义的旗帜，行动在新教育实验的田野里，继续为中国教育探路。

"三十年来，我先后在全国各地的大中小学、政府机构以及各种论坛作的讲演有数百场之多。尤其是在新教育早期的发展阶段，我几乎每个周末都是在全国各地'煽风点火'，宣讲新教育的理念与行动，许多新教育的实验区和学校，就是听了我的讲演以后参加新教育的。我的讲演，为新教育实验的发展，起到了重要的推动作用。"

朱永新说，有人曾经问我，改革开放四十年来，你个人最引以为豪的事情是什么？我的回答是，我一直在踩着改革开放的鼓声和节奏前行，这四十年来一以贯之的事情，就是为阅读鼓与呼。因为，这件事把我的专业与职业，把教育理想与党派工作，把学术研究与参政议政有机统一在了一起。

1995 年，他在担任苏州大学教务处处长期间建立大学生阅读书目的同时，就组织力量研制了《新世纪教育文库》的小学生、中学生、大学生及教师四大书目。

2003 年刚刚成为全国政协委员，他就提出了建立国家阅读节的提案。此后连续多年呼吁建立国家阅读节、把全民阅读作为国家战略、建立国家阅读基金等，提出"成立国家阅读推广委员会、加强社区图书馆建设、把农家书屋建在村小、给实体书店免税、国家领导人带头做阅读的模范、打击盗版、繁荣网络文学、规范中小学图书馆图书采购招标"等关于阅读的提案与建议。

2010 年，朱永新创建的新阅读研究所在北京成立，先后研究推出了幼儿、小学生、初中生、高中生、大学生、教师、父母、企业家、公务员等基础阅读书目。2012 年，《中国新闻出版报》评选了四个推动阅读的年度机构和年度人物。新阅读研究所和朱永新本人都榜上有名。这一年，朱永新还荣幸地受聘成为国家"全民阅读形象代言人"。

2

十多年前，林国显便接触了不少有关朱永新的教育观点，甚至自称为"朱迷"——朱的大部分文集，他都仔细研读过，整齐地摆放在校长办公室里。

校长林国显鼓励让读书成为孩子的一种生活方式，他认为阅读是学好各门功课的基础，与提高学习成绩并不相悖。这一观念与新教育理念不谋而合。

2009 年，湖明小学派出老师赴江苏海门参加新教育年会，带回"生命就是书写一个故事；教育就是让每个人有省察地书写自己的生命故事；从事教师职业就是把教育作为自己故事的主旨，并用生命最大段的篇幅来展开与书写"，"只要行动就有收获，怀揣梦想向着明亮那方前行"，"像孔子一样做教师，成为民族元语言的守护者和传播者"等振奋人心的新教育主张，林国显"坐不住"了，这更加坚定了他申请加入新教育实验校的决心。

经过一年的考核，湖明小学最终于 2010 年 7 月挂上新教育实验校的牌匾。成为厦门岛内第一家新教育实验校后，湖明小学也有了更加明确的定位——在获得厦门市首批"书香校园"等称号的基础上，结合新教育理念，以"书香校园，精彩童年"八个字概括学校的办学特色，并梳理出教育教学工作的五大行动：品味书香，过一种积极高雅的生活；每月一事，教给学生一生有用的东西；四个聚焦，有效提高教学质量；特色活动，成就精彩童年；"三专"模式，实现教师的专业发展。

走进厦门市湖明小学，迎面就能看到一堵"书墙"，为首的一本名为《我有一个漂亮的名字叫苏杭》，正是从湖明小学毕业的孩子郑苏杭在六年级时正式出版的，成为该校书香沉淀的果实。而类似的果实还有很多，比如，近一半的学生自己收集编印了图文并茂的个人文集；一名语文老师向作文大赛推荐的 13 篇学生习作，11 篇都获得了奖项。

每周一的早上，湖明小学的一群孩子集中在国旗下集体吟诵，这也是加入新教育实验校后的改革，把每周一"国旗下的讲话"，换成了各个班级轮流上台集体晨诵。

每周三早上，此起彼伏的琅琅书声充斥湖明小学的校园，在绿树红花中像美玉清音悠扬悦耳。有的班级还利用多媒体器材，把体现童趣的《村居》组诗串联起来，配上音乐，成为一支脍炙人口的曲子，全班的孩子摇头晃脑地吟唱起来，童音如天籁。

"草长莺飞二月天，拂堤杨柳醉春烟。儿童散学归来早，忙趁东风放纸鸢。""水绕陂田竹绕篱，榆钱落尽槿花稀。夕阳牛背无人卧，带得寒鸦两两归。""溪头梅是去年花，间月初长竹径斜。向晚孤烟三十里，不知樵唱落谁家。"

古韵雅腔，历经千百年流传不衰的文字，肯定是最高级的文字，它们春雨润物般浸淫着一个人的格调、品味，成就着一个民族的格调、品味，书香校园里的读书孩童，长大后必将成就书香社会，书香中国。

湖明小学每天下午上课前的三十分钟，也留给学生自己阅读书籍。老师通常每个月都会向学生至少推荐一本书，他们的目标是让孩子们用六年的时间读一百本好书。

暮省，指的则是学生写随笔、日记，以及师生通过日记、书信等手段，相互编织有意义的生活。

湖明小学鼓励低年级的学生"读、写、绘"，鼓励"学有余"的高年级学生写"日思录"。

在厦门，像湖明小学这样的书香校园如雨后春笋般不断涌现，其中让人惊叹的还有同安梧侣学校，这所新教育实验学校外来务工人员子女占95%，但是在今年的中考中，取得总成绩全区第二，其中语文成绩全区第一和及格率全区第一的好成绩，成为同安教育的一个独特品牌。

3

2003年的7月，地处新沂偏僻农村的阿湖小学，有一群年轻人自费参加了在江苏昆山举办的"首届新教育实验研讨会"，他们在"教育在线"论坛踊跃发帖，引起了朱永新的高度关注。2005年5月28日，他只身来到新沂阿湖小学、黑埠小学，为新沂的新教育播下了第一颗种子。

这颗种子，如今已孕育出一片长势喜人的好苗。书香校园里，草长莺飞，繁花似锦，旧日令人窒息的荒凉和寂寥一扫而空。

在徐州新沂市小湖中学的每一个办公室里，都有一个别具一格的"休闲读书角"。紫檀色的三层书架，古色古香的方几藤椅。教师们课余时间可以在这里品茶读书。只要打开任何一本书，人们便立即进入了一个与凡尘不一样的世界。那里没有高考的硝烟，没有题海战术，没有为分数而殚精竭虑、不眠不休的争斗，没有倦怠，没有浮躁，没有言不由衷的内心撕裂。那里果树遍地，流水潺潺，空气里充满芬芳和负氧离子。那里书做云梯，直入霄汉。

漫步小湖中学校园，每一处你都能深切地感受到新教育的气息弥漫其间。

"耕学园"曾经是一片荒地，杂草丛生。2016年5月，师生垦荒造园，先建了鸡舍，盖了鹅圈，然后，修甬道，搭果架，种花卉、果蔬，接着，又引入鸽子、山鸡、孔雀、鹦鹉等，将其建成了真正的动植物园，师生的游乐园。园里，春花明媚，夏蝉鸣唱，秋果飘香，冬梅傲雪，处处洋溢着浓郁的生活气息。耕学园的建造，让书香校园更添一道亮丽的风景。让痴迷于书海、手不释卷的师生有了品读和思辨的一方桃源仙境。

新教育实验是在"用优质教育创造美好生活"。

真正美妙的教育场所，就是师生亲自创造的空间，一棵树，一棵草，一堵墙壁的粉刷，一个标志的设计，都是师生漫长生活的结果。正如朱永新所说："走进学校，我们能够感受到历史的厚度、文化的厚度，以及活生生的生活气息……民族文化的精华，当地文化的精髓，本校历史的叙事，脚下这片大地的特色，都应该在学校里被显现出来，成为学校文化活的语言。"

在推进新教育实验的过程中，新沂市教育局遵循"立足本土、融合创特"的基本原则，将十大行动与新沂市教改特色项目深度融合，打造特色，实现教育的蜕变。在新沂涌现了一批新教育特色课程——小湖中学的再塑课程，窑湾小学、窑湾中学的古镇文化课程，草桥小学的综合实践课程，邵店小学的戏曲课程，马陵小学的红色教育课程，第一中学机器人课程，草桥中学、城岗中学学讲课程……教育的目的，就在于让每一个生命、每一个共同体成就他自己，实现在特定环境中的最大可能性，而不是简单复制别人的基因。所以，新教育实验，并不是千校一面的实验，而是共同理念下的百花齐放、百校争鸣。如果说"过一种幸福完整的教育生活"是一轮高悬的明月的话，那么每一所学校就是一道河流，它映照着这一轮明月于自身之中，而形成属于自己的独特风景。

4

2017年4月15日至16日，以"新北川、新生命、新教育"为主题的全国新教育实验区工作会议在北川隆重举行。来自全国20多个省、自治区，100多个新教育实验区的700余名代表相聚在北川，共同分享新教育区域推进实践成果，交流新教育经验，共谋新教育发展。

北川教育八年来的坚守和奋进，从选校试点到整体推进，从草根行为到政府主导，让北川新教育从灾难走向新生，从悲壮走向豪迈，书写了北川教育生命的传奇。

2008年5月7日，时任北川教育局局长尚勇率队赴江苏宝应实验小学考察新教育实验。卢志文院长热情接待考察组一行，亲自陪同参观、听课、座谈，在深入交流中，被北川团队的教育使命感和对新教育的高度认同感深深感动，当即作出支持北川尽快加入新教育实验的承诺。但考察团回去的第三天，就遭遇了百年不遇的"5·12"特大地震，北川县城瞬间变成废墟，尚勇局长和他领导的新教育筹备团队32人全部遇难，数以千计的师生不幸罹难，上万生命永远留在了废墟之中，幸存的3万余师生在经历地裂房塌、亲人离散、家庭破碎的悲惨遭遇后，受到巨大的心理创伤。

大难见真情，关爱暖人心。得知灾情，朱永新第一时间赶到灾区看望慰问师生，并在《新教育》一书中含泪写下祝福；新教育研究院立即组织捐款捐物，全国各地新教育实验区（校）也纷纷伸出大爱之手，以各种方式援助北川；干国祥、马玲、魏智渊、西门小醉、王丽娟、胡琴等整个新教育研究院专家团队，自带干粮和帐篷赴北川救援，置水土不服、蚊虫叮咬于不顾，历尽艰辛帮助北川灾区开展师生心理治疗，帮助学校临时复课。一曲《虫儿飞》、一首《向着明亮那方》，抚慰当下伤痛，昭示未来希望，让北川师生至今记忆犹新，久久难忘。

2008 年 7 月 13 日，震后刚刚两个月，第八届新教育年会在浙江苍南召开。这是最特殊的一次年会，专场为北川加油，新教育研究院特批北川成为全国又一个新教育实验区，全县十所学校在危难中与新教育牵手，成为北川首批新教育实验学校。此后北川一直是新教育研究院最关注的实验区，朱永新主席、卢志文、许新海、李镇西、陈东强院长等多次赴北川看望师生，指导新教育实验的进行。

羌族是云朵上的民族，在饱经磨难的土地上，率先崛起一个感恩奋进的书香民族。"书香中国"平台开通了"书香北川"阅读平台，方便数以万计的师生参加阅读行动，让阅读成为师生生命成长的精神滋养，让爱读书、好读书、读好书成为师生新的生命常态。

北川教师爱上阅读，其中，《新教育》《我的教育理想》《第 56 号教室的奇迹》《创造适合学生的教育》等近二十本推荐图书备受教师追捧。从教育实践走向教育研究，涌现出一大批在阅读和写作中成长起来的教师。他们通过出版个人专著、发表学术论文以及参与学术研讨、交流与讲学等方式，不断发挥教师榜样阅读的正能量，带动了更多师生参与阅读。

乡村边远学校利用寄宿制学校特点，创新开展睡前半小时集体阅读，让书籍成为孩子人生的望远镜，养成他们枕着书香入眠的习惯。即便在幼儿园，早期阅读也渐成风尚。全县幼儿园普遍开展亲子阅读活动，每天早上都有二十分钟亲子阅读时间，家长再忙也会陪伴幼儿阅读绘本，共同体验爱、责任、信念、勇气、团结的精神力量。让阅读从学校走进家庭，倡导创建书香家庭，留一个空间，建一个书房，让孩子有读书的地方，使"藏书传子孙，读书做好人"逐渐成为书香家庭创建主题，家长与孩子交流读书心得，共享书籍智慧，书香浸润着北川的每一家庭。

短短八年时间，阅读改变了师生的行走方式，增添了北川羌族的精神底色。走进羌山的每一所学校，扑面而来的是阵阵书香，让人陶醉的是阅读情景。图书室、图书角、教师书吧、走廊书吧，师生处处能读，时时在读。阅读，拉近了人与书的距离，连接起书与人的桥梁，成为认识世界、发现美好、了解自我、完善自我的生命成长路径。尤其"5·12"大地震中备受关注的北川中学，本科硬上线率连创新高，2016 年有六名学生被清华、北大录取，九名学生考上十大名校，升学率居全市县级高中第一。一种幸福完整的教育生活正在成为北川教育新常态，一个个充满生命关爱、追求幸福快乐的教育梦正在北川变成现实。

在北川，我们看到了一个特别的新教育实验区，分享了一个特别的新教育传奇故事。北川新教育人昨天的传奇故事和明天的创新发展，将会激励鼓舞更多的新教育人朝向幸福完整，向着明亮那方！

5

董艳是安徽霍邱县户胡镇中心学校小学语文教师，"皖西乡村好老师"，"皖西最美教师"。她扎根乡土，倾心家校结盟共读，竭力推广农村阅读教育，撰写出五百多万字的教育教学随笔，一百多篇文章发表在报纸杂志。

董艳说在农村，学生们的阅读现状不容乐观，主要体现在：首先是观念转变难，应试教育根深蒂固，朴实的父老乡亲们固执地认为学好语文、数学考高分是最重要的，阅读教科书以外的书籍是不务正业。这种教育观念一段时间内难以扭转，阅读推广举步维艰。

其次是阅读资源少，农村家庭几乎没有藏书，书籍依赖于学校的阅览室提供，但农村学校的阅览室藏书陈旧、种类不全、没有时代气息、跟不上各年龄层次学生的生长需要，点燃不了学生们的阅读兴趣，推广阅读无米可炊。

最后是阅读环境差，农村家庭没有给孩子留出阅读的空间与时间的意识，没有环境的渲染和时间的保障，阅读习惯不好养成；留守儿童太多，祖辈们不能指导阅读甚至连陪伴阅读都做不到，阅读效果不明显。这样一来，农村学生的阅读指导工作全落在教师肩上。

针对以上阅读现状，董艳是怎样想方设法推广阅读的呢？首先建家校群，争取家长们支持。在群里，她说我不停地写信，不断地发家教文章，介绍读书案例；展示读书卡，精心设计，网上找人定做，独自出钱购买并赠送读书袋；成立家长委员会，不时地展示学生们的阅读作品化作业。祖辈们支持了，远在外地的家长们开始关注并为孩子们网购书籍了。

家校共建中，董艳以农村生活为课程研发背景，先后开启了以"古诗文诵读"为主题的"沐浴古来之风"课程，每个清晨诵读古诗词，给古诗词配画，将古诗词改写成小片段、儿童诗；以"整本书共读"为主题的"荡舟书海"课程，每月和学生们共读，并通过上阅读推荐课、阅读推进课、阅读汇报课这三种课型点燃学生们的阅读热情，指导学生们阅读，并引领他们分享阅读带来的快乐；以"描摹乡土生活"为主题的"品味乡土生活"课程，在传统节日、物资交流会、四季农耕……带领学生们走上街道、走进超市、走上晒谷场、走进田间地头……用从阅读中汲取的知识、提升的能力来"阅读"农村社会，描摹农村生活；以"书信"为主题的"远方的诗"课程，让学生们给自己、给远在外地的父母写信，用阅读中获得的力量以文字的形式来排解留守的孤寂心理，进行自我教育。

走出去，把阅读推广，让更多的农村学生享受阅读的快乐，一直是董艳的意愿，她带着《上下五千年》《安徒生童话》《从诱惑到信仰》《格林童话》等书籍到县镇的学校做阅读推荐，和学生们分享了阅读的智慧和乐趣。

在农村，留守儿童太多，应试教育在许多家长的心里根深蒂固，阅读推广工作更难推行。然而，董艳还是知难而进，想尽办法将阅读推广到每一个家庭、每一个学生的心里，她要借大读写课程研发擦亮乡村教育的每个日子，呵护教室里的每个生命，努力让每个家庭、每个学生都能在平凡甚至贫困的日子里感到成长的幸福。

安徽霍邱是国家级的贫困县，2011 年每所乡村学校只有不到 500 人，参加新教育以后，现在每所已经提升到 1500 人。短短几年内，整个区域都恢复了对学校的教育信心。

6

"2016 年 4 月份我们在湖北随县召开了一个新教育大会，我很感动。随县是个农村县，全县没有城市，全是乡村，因为它以前没有县城。随县参加新教育实验仅仅五年，五年以后，它的上级地级市进行了一次综合测评，以初中为例，前三十名随县拿了二十三名，前十名拿了七名。"朱永新如今说起还是激情四溢。

随县是炎帝故里，随县的教育除了有十多年来一直在新教育路上行走的厉山三中，还有王从伦老师的"全国十佳完美教室"中"阳光班"的孩子们，有支咏梅老师的"四叶草班"和王长军老师的"萤火虫班"，更有霍莉莉等同学们的"我的一本课外书"。在随县偏僻的一百零八所乡村校园，有石头拼画课程，有种子课程，有农耕体验课程。

尚市镇是"水果之乡"，曾经连续举办过十届桃花文化旅游节。

乡村的世界就是一个万花筒，色彩缤纷的五谷杂粮，随手可得的羽毛、树叶、高粱秆，还有妈妈穿旧的花裙子、妹妹丢弃的蝴蝶结，都是"魅力贴画"课程中的好素材。食堂外墙上，水泥空地上，是师生们一起用废塑料瓶、旧轮胎种植的蔬菜、野花，自然和谐、生态阳光，因种植课程研发而在这里展现得淋漓尽致。课间的校园里更透着浓浓的乡味儿。滚铁环、抽陀螺、推风车、翻花绳、跳房子，"将孩子们从电子游戏中解救出来，将传统游戏文化在学校里传承下去"，巧手、童心、童趣，自由、健康、生长，"乡村少儿传统游戏"课程仍然可以擦亮孩子们一个又一个的美好日子。

"我们专门到这里去看那些村小的孩子，你看那些农村小学的孩子，他们的阅读量，他们的精神状态和城里的孩子没有什么两样，甚至更好。所以，这种悄悄的改变，只要你做了它就会出现。用我们新教育人的话来说叫行动就有收获，坚持才有奇迹。"朱永新感慨不已，也欣喜不已。

"教育的目的不是传授已有的东西，而是要把人的创造力量诱导出来，倾听生命拔节的声音。"

新教育实验发起人朱永新在《儿童阅读决定民族未来》一文中，他用新教育成长"六字诀"来解读儿童阅读。信，阅读培养儿童对世界、对人的根本信任；望，激发儿童的阅读愿望，通过阅读帮助儿童构建希望，形成人生的理想；爱，儿童热爱世界，因此儿童热爱一切；学，是本能，是天性，是一种与生活和自然相处的方式；思，让儿童在阅读的过程中善于提问、思考；恒，通过阅读培养儿童的意志力和坚持性。

阅读，对个体的精神成长至关重要。无论你生长在繁华都市，还是穷乡僻壤，阅读能让你的想象插上翅膀，能让你的好奇心去探索科学宝藏，能让你与先哲伟人对话，能为你的生命造就不一样的风景。

新教育的理念，就是无限相信师生的潜能，

教给孩子一生有用的东西，让每一个人都成为最好的自己。

第十四章

让每一个人都成为最好的自己

1

我们主张一种基于兴趣与热爱的快乐教育。英国著名思想家斯宾塞（1820—
1903）以这样的理念教育自己的侄子，小斯宾塞十四岁即被剑桥大学录取。

人怕出名猪怕壮，镇上公立学校的校长找上门来了，把三个"无可救药"的
孩子丢给他了。

三个月前，镇上公立学校的校长把三个孩子带到我家。这三个孩子
都只有十岁左右，一个叫劳伦斯，一个叫马丁，还有一个是小詹姆斯。
校长说："斯宾塞先生，无论如何请你帮帮忙，他们在学校的成绩低得
就差没得负数了。这三个孩子像小马驹一样顽劣，实在找不到学校肯接
收他们。"

我看了看那三个孩子，并没有从他们身上看到什么特别的地方，比
如特别讨厌或者特别可爱。我随即决定把他们留下来指导，但也告诉校
长，等明天我再去学校接他们。这是一个小伎俩，我认为如果和品行不
良的孩子在一起，孩子会很容易染上坏习惯，因此决定先把小斯宾塞送

到我父亲那里，再去把这三个孩子接回来。

第二天，三个孩子来到我家里，不知道是因为我在教育上有一点小小的光环，还是第一次到别人家里的原因，他们显得很规矩，不像校长所说的那样，但我有充分的心理准备——比起他们想要了解我来说，我更迫切地希望了解他们。我不希望他们像看待医生给病人治病那样对待这件事，于是我对他们说："孩子们，从今天起一直到暑假结束，我们就是一家人了，你们都是家里的成员。我们要一起劳动，一起玩耍，一起学习。我很欢迎你们的到来。今天晚上，我会为你们举行一个欢迎仪式，就在屋后花园里。白天我们一起到镇上的木器厂工作去挣点工钱。"木器厂是近来我常去做教具的地方，我决定带他们到那儿去，他们高兴极了。那里的工人们都说，斯宾塞先生又收了三个小徒弟。

一天的劳动下来，大家身体上都有些疲倦，但兴致仍然很高。晚上我们买了些糕点，在花园里举办晚会，彼此熟悉之后，孩子们也渐渐放松下来，愿意向我倾诉他们内心深处的烦恼。从他们的讲述中，我逐渐明白是什么使他们这样厌恶学习了。

劳伦斯是这样描述的：

"学校就像一个恐怖的城堡，老师每天都用刻薄的话讥讽我，'难道你将来愿意像你父母一样，每天扫大街吗'；农场主卡尔的儿子壮实得像头牛，经常追着我打，可老师很少主持公道，反而说我破坏纪律。每天早上我一醒来，一想到学校就害怕，我不愿去……"

小詹姆斯的描述是：

"我以前的成绩不像现在这样糟糕，但自从妹妹出生后，妈妈就变得不再喜欢我了，她总是对我唠叨，一点小事都会尖叫着责备我。我不想学习，我只想好好气气她。"

马丁的描述让人有些心酸，他说：

"我也羡慕成绩好的同学，但我总是管不住自己。每一次祈祷时我都想笑，因为我心里想说的是：'上帝啊，请赐给我一个有很多蛋的鸟巢。'老师在讲数学时我简直听不进去，心早已飞到德文特河对岸的森林里了。每次老师把我的家长叫来时，我都恨不得把自己的手砍下来，它们为什么不听我的指挥？还有我的大脑，为什么会去想一些没有用的东西？可有时我又想，要是我能像小斯宾塞就好了。但是我一说出这种话，我父亲就会狠狠地说：'你去做梦吧！'"

孩子们的秘密就这样在我面前静静揭开。生活在老师不公正的待遇下的劳伦斯，自信心大受挫伤，他怎么还能喜欢学习呢？他是那样弱小，还没有学会像成人一样忍耐不公正的际遇，也没有学会像成人一样保护自己的自尊心。一所建筑并不会因为被命名为"学校"就变成一个圣洁的地方。一个孩子不得不出入垃圾堆，你却要求他保持衣着整洁，这不是很荒谬吗？

小詹姆斯，他原本是一个热爱学习的积极向上的孩子，他的一切叛逆行为都源于对母亲的抵触情绪，如果母亲能够和他交流，能够让他感受到被爱，一切就不会发生。

至于马丁，我不知道他为何要感到自责，因为向往自然实在是每一个儿童的天性啊。

我没有采取训斥和道德说教的教育方式（因为我了解这些对他们来说是多么苍白），而是充分肯定了他们每个人愿望的合理性，然后设计出不同的训练课程，这些课程都是围绕如何驱除他们心中不快乐的阴影而设计的。我认为，如果不先消除孩子们心中的不快乐，快乐教育就无法在他们的心灵中找到施展的空间。而且，这种不快乐甚至会葬送掉三个孩子的未来。

我给劳伦斯谈得最多的是弱小者应如何通过痛苦的、别人没有过的境遇发现真理，成就品德，成为强者。我知道我无法改变社会的不公，但我可以造就一个热爱公正的人。劳伦斯内心的羞耻感没有了，相反，这激起了他的使命感。后来，劳伦斯成了英国著名的律师。

对于小詹姆斯，我告诉他要同情自己的母亲，她没有受过多少教育，但她对孩子有一种执着的爱。小詹姆斯后来成了一名受人尊敬的牧师。

对于马丁，我在这个夏天教给他研究动物的方法，许多年之后，他成了著名的鸟类学专家。

　　感谢上帝，他赋予了每个孩子不同的禀赋，使他们能够成为各个领域的有用之才。而这一点，常常会被父母或家长所忽视，反而成为孩子们不快乐的源头。要知道，即使是一个天才，也有可能被不快乐所扼杀啊！

2

　　在新教育实验学校，诸如斯宾塞教育三个"无可救药"的孩子，使其按照自己的天赋重新确立人生目标，过上幸福完整的教育生活的故事也有不少。

　　朱永新曾讲过一个真实的故事：在苏州工业园区的一个学校，有一个非常自闭的女孩子，上幼儿园时基本上不说话，每天中午都得她妈妈到学校来给她喂饭。进了小学依然如此，老师把这个孩子叫起来回答问题的时候，旁边的学生说：老师，她是傻瓜。测试的时候，她不拿笔作答，结果考了0分。她哥哥上小学六年级，情况跟她差不多，休学在家。可想而知他们的父母家人是多么痛苦。新教育实验的读、写、绘课程在她的班级里面开展以后，老师每天给孩子们讲故事，讲那些最伟大的童书，让孩子们回家把老师讲的故事复述给父母听；父母用文字记下来，让孩子根据故事画画，这就叫读、写、绘一体化。突然有一天，那个女孩子画了一幅画，叫《小熊哈欠》。老师一看惊呆了，这个从来不说一句话，从来不写字，考试都是0分的女孩子，完全理解了童话所讲的内容，她画出了小熊、狐狸、小兔子、小蜜蜂还有它们的家。她妈妈当天给老师写了一封信说：今天是我最难忘的一天，放学了我骑着三轮车接女儿回家的时候，女儿不但开口说话了，还给我讲了《小熊哈欠》的故事。后来，这个女孩子开始跟其他孩子一起背诵儿歌、表演节目，接着就一发不可收，老师每讲一个故事，她就画一幅画，而且她还会在老师讲的基础上续故事。这天，老师讲完《爱心树》这个著名的童话，让大家续编。她说：今天老师给我们讲了一个孤独的、贪得无厌的苹果树的故事。听了这个故事，我懂得一个人不能贪吃，不能懒惰，不能依靠别人，要靠自己的双手来创造生活，要靠自己的头脑来发挥自己的特长，要靠自己的爱心来帮助别人，要是人人都这样，这个世界就变得更加美好了。她续编得多么好啊，简直让人难以想象这是一个一年级的、被其他孩子称之为傻瓜的孩子，在进入阅读世界之后所发生的改变。

一个自闭症的孩子，因阅读打开了心灵。

著名儿童文学作家曹文轩说，一次瑞典作家马丁·韦德马克到他家做客，无意中讲了一件事：有个人家有两个儿子，老大因为当时家庭经济拮据，未能升学，也就是说，未发生阅读行为，而老二则因为家庭经济情况得到改善，有条件上学，也就是说，发生了阅读行为。后来，一个科研机构对兄弟俩的大脑进行了细致的科学测试，结果发现，那个不曾发生阅读行为的老大的大脑，发育是不完善的。听罢马丁的讲述，曹文轩立即在脑海中迸发出一个观念：阅读从根本上讲是一种人道主义行为。

联想到这个因读、写、绘而改变的自闭症女孩，她的家庭因她的改变在绝望中看到了希望，这是不是一种人道主义的关怀呢？

3

陈雨笛是湖明小学六年级的学生，她是地道的"书虫"，习惯每天在书包里放一本课外书，并且坚持写"日思录"，把所思所想以简练的语言记录下来。陈雨笛说，以前自己看的多是一些童话书和作文书，现在看的更多是世界名著，既有老师推荐的儿童书目如《夏洛的网》等，也有自己到书店淘来的《简·爱》等。

这些书籍陪伴着陈雨笛的成长，也生发了她的理想。"我曾经计算过，如果我每天写 500 个字，一个月可以写 15000 字，一年可以写近 20 万字，太不可思议了……我真期望有一天可以获得诺贝尔文学奖……做到这些并不容易，需要坚持、恒心，永无止境地求学。我有点害怕做不到，所以还是挺犹豫的，不知该怎么办。"这只"书虫"已有了强烈的饥饿感，一天不读书，那是不可想象的一件事，读书成为一日三餐不可或缺的精神食粮，读书、写日记已成为她过一种幸福完整的教育生活的最重要的内容。

朱永新以"毛虫变蝴蝶"的故事告诉大家："没有精神的饥饿感，你是走不远的，你的精神是没办法发育、没办法成熟的。所以，我觉得我们的中小学应该培养孩子们的精神饥饿感，应该让我们每个人都成为中国的读书人口。"

几年来，湖明小学摸索出建立书香班级、推行"课外阅读套餐"、构建书香家庭、评选"阅读之星"等"规定动作"；他们还把图书馆搬到教学楼的走廊，把课堂延伸至书城；至于每周一次的"湖明书场"，更是从老师主讲延伸为老师、学生、家长共同演绎。

"一个不爱读书的教师，是很难带出爱读书的学生的。我们用行动告诉孩子'读书很重要'。现在班级的'书虫'多了，孩子们的心也不像刚入学时那么浮躁了。"湖明小学的老师，对营造"书香校园"带来的学生精神面貌的变化都有深刻的体会。

"太阳说，我会发光；小溪说，我会流淌；小鸟说，我会歌唱；种子说，我会长大；三（2）班的毛毛虫说，我们会有飞翔的翅膀。"老师说，每当孩子们念到最后一句时，他们的眼睛就在"发光"，这，便是阅读和反思的力量。

让学生有自己支配的时间，让他们根据兴趣去爱好、去发展，看起来这是"虚掷"，其实是有效、有价值的。显然，这样的方式也是文化的、道德的。也是新教育的践行者们所孜孜追求的。

4

2010 年夏末，葛园园带着七岁的葛岂凡走进了罕台的新教育实验小学。"他没上学前胆子还不如妹妹大，天黑了不敢出门，被同乡羞辱了就回家一个人玩沙子，对书本更是害怕得不得了，手把手也教不会。当时，我最大的愿望就是岂凡能健健康康地长大。至于他的未来，那时我觉得他也就是回家种地的命了。"

马玲看到葛园园有些躲闪的眼神，凭经验知道其中必有不一样的故事发生。她对葛岂凡的关注不知不觉更多了一些。果然，因为担心孩子，他妈妈葛园园有空就往学校跑，新教育实验的课堂是开放的，这让她有机会完整地见证了一个"毛虫变蝴蝶"的奇迹。

早晨孩子们在悠扬的弦乐声中醒来，每次上课下课也都是曲调不同但同样优美的旋律。葛园园问孩子能不能记住什么乐曲是什么意思，得到的回答是："马老师说了，我们听到的是世界上最美的音乐，我听了两次就记住了。"葛岂凡胖嘟嘟的脸上一改以前的懵懂和怯懦，充满自信的光辉。葛园园好像从沙漠里发现了一片绿洲，希望的泉水从她干涸的心田涓涓浸入，一点一点漫延开来。

一年后，葛岂凡从害怕书本，到巴不得晨诵的时间早点来临。二年级的内容是"对对子"。"喜对忧、唱对讴、野马对沙鸥、翠馆对红楼……荒径入林山寂寂、洪涛接岸水悠悠。"马玲为每一个对子都精选了配图，或生动形象，或深入浅出，孩子们也争着举手，有的说野马对家兔，有的说翠馆对青阁，意趣无穷。晨诵在"苍穹杳杳，罕台川旁，绿洲于沙，弦歌悠扬……立此天地，达彼万方"的校歌合唱中结束，葛岂凡和同学们既心满意足又余兴未尽，期盼着明天又一个晨诵课的到来。葛园园看到焕然一新的儿子，喜欢的眼泪憋了几次都没憋住。

新教育实验为不同年级的孩子选取了相当的阅读范本，马玲为二年级下学期的孩子选的是《木偶奇遇记》原版中译本，孩子们或分男女，或分领和，通过阅读来扮演假恶实善的食火人、善良却不坚定的匹诺乔、狡诈的狐狸和凶残愚蠢的猫。读到激愤时有的孩子情不自禁地拍案而起，有的孩子主动举手要帮助匹诺乔找出猫和狐狸骗术中的漏洞。"食火人为什么放匹诺乔走还给了他五个金币呢？"葛岂凡回答老师："他被感动了。"马玲的手轻轻地放在葛岂凡的肩上："对，这个回答最准确。"坐在教室后面的葛园园没法看到儿子的脸，但她能看到儿子心里绽开的笑容。

课堂内外的共同阅读，不仅使葛岂凡识字的兴趣高涨，还让他热爱上了写作。"一开始我还奇怪，不打不骂不考试，老师究竟用什么方法一下子让他在学习上开了窍？后来我发现，是孩子的信心找回来了，他不只拉着我们去书店选书，还教妹妹认字，帮我拖地，起床后被子叠得不好就打开了再叠过，放假的时候回老家，和同乡的孩子有说有笑。"2012 年 3 月 13 日，葛岂凡在自己周末的写绘本上写下了这样的文章："我很爱做梦。有的时候我做温柔的梦，有的时候我做快乐的梦……"

"遇到马老师我才知道什么是教育。以前自己一个打工的也不知道活着为什么，但是看到马老师每晚单独陪我们孩子读书到八九点，孩子睡了又备课到十一二点，就是感冒发烧了也戴着口罩给孩子们讲得有声有色，我就很心疼，我老公专门买了感冒药让我带给她……后来，我也买了几本教育方面的书，买了电脑，想在家也和老师配合好，很多牧民家长的想法也都和我差不多——原来没有希望的，现在有了。现在听孩子回家讲自己编的故事给我们听，还想尽一切方法画出来，写下来！你知道吗，我的感觉就像是经过漫长的地道，终于见着光了。"

葛园园和她的儿子葛岂凡是幸福的，他们遇到了马玲，融入了新教育实验，"孩子现在总想着怎么改变自己，孩子有了未来，我们家也有了未来，马老师给了我们全家希望。"

"我们的团队，干国祥、马玲，包括杜涛，他们在甘肃起早带晚，中午不吃饭，就那么和一线的老师在一起辛勤地工作着，没有追求理想的精神是做不到的。他们比过去的收入少很多，但是他们就是冲着这份理想过来的。所以，我觉得，新教育人这样一种追求理想的精神是我们今后要极力去提倡的。"

5

朱熹曾说："圣贤施教，各因其材，小以小成，大以大成，无弃人也。"其实质就是量体裁衣、对症下药、一把钥匙开一把锁。

斯宾塞做到了，因为他了解儿童。

杜威在讨论"教育即生长"时，承认儿童的生长有不同的方向。"一个人有可能生长成为老练的强盗、恶棍或腐化不堪的政客，这是毋庸置疑的"，因此，对教师来说，"重要的事情是注意儿童哪些冲动在向前发展，而不是注意他们以往的冲动"。谁也不必怀疑，任何对儿童引领的放弃都是错误的、危险的。

当我们的教育沿着"以分取人、消灭差异、歧视个性"的路径演进的时候，中国也就没有了真正的教育，剩下的只是彻头彻尾的功利主义的升学教育了。只有尊重差异，才有对人的真正尊重；只有尊重人，才有真正的教育。

回想我们三十多年来靠抢跑培养了这么多尖子学生、竞赛的获奖者、金牌得主，可我们并没有看到当初我们期望的从他们之中产生很多科学领域的大师，至少现在还没有。

中国人说"行行出状元"，一个优秀的厨子可能不是一个优秀的数学家，反之，也是这样。无论我们怎样对人进行分类统计一定是正态分布的，我们所谓的最成功的人一定是很少数的。绝大多数是平常的。但是，平常的人就没有幸福吗？难道我们是一个普通人就没有普通人的幸福吗？我们普通人就没有权利谈幸福吗？其实我们今天看到大量的人是普通人，但是他们生活得很乐观、很幸福。

学习到底为了什么？学习当然是为了两个最重要的目标，第一让人拥有幸福的人生，第二让人拥有完整的生活，让人成为最好的自己，这是新教育实验一个非常重要的目标。

怎样让人幸福，怎样让人成为最好的自己，在我们的教育生活中，最普通最日常最大量的事件发生的时间与空间，都是与课堂有关的。因此，作为学生，如果课堂不能够给他以智慧的挑战、情感的共鸣、发现的愉悦，如果课堂只是让他成为一个容器消极地接受、被动地应付，他一定不会享受幸福完整的教育生活。相反，可能会出现王阳明在五百多年前所说的"视学舍如囹圄不肯入，视师长如仇寇不欲见"。作为教师，如果课堂不能够让他体验学生对于未知世界的惊奇、对于自己学识的敬佩和对于解决困惑的满足，如果他的生命不能在课堂里发光，他的魅力不能在课堂里展现，他也永远不可能享受幸福完整的教育生活。相反，他可能会到校园以外、课堂以外去追求所谓的幸福，成为"到死丝方尽的春蚕"，和"成灰泪始干的蜡烛"，他自己的生命也将黯淡地度过。

所以，在书香校园建设的过程中，教师的作用就像《夏洛的网》中的蜘蛛夏洛。最初，无论是蜘蛛夏洛，还是小猪威尔伯，或者是老鼠坦普尔顿，它们都没有自己的"叙事"。对一只蜘蛛而言，春天出生，夏秋织网捕虫，然后冬天来临时死亡，这就是它的一切。对猪来说，被养肥了之后，在圣诞节前做成腌肉火腿，似乎是它的宿命。而对自私的老鼠来说，吃饱喝足就是一切，另外的问题它一概不想关心也不想过问。

然后夏洛突然发下誓言：要拯救威尔伯。于是故事开始——由自己书写的生命叙事开始了。它们中的每一个都在从中经历、从中穿越，最终找到自己存在的意义。拯救威尔伯，这就是它们的愿景。而正是愿景，使得它们相聚在一起不再成为散沙。也正是愿景，使得它们中的每一个开始去认识自己的使命，并真正地开始进行自己独特的生命叙事。

教师，就要像王夫之所说："教者顺其性之所以近以深造之，各如其量可矣。"

意思就是说在对人的教育上，应该顺应人的自然本性来进行，也就是说教育应该因人而异，因材施教，这样才是尊重人性。才能像夏洛那样，由自己书写自己存在的意义。

因为新教育，因为一份使命，我们的生命由渺小而庄严，

我们的工作由稻粱谋扩充至千古事，我们的世界也由柴米油盐放大到家国天下。

第十五章

路走多远，看我们与谁同行

1

2002 年，朱永新拿出自己的稿费，创办了旨在探讨中国教育、推进教育改革的民间教育网站——"教育在线"，他要给教师打造一个平等的空间、学术的净土、温馨的家园、教育家的摇篮。

正如他所希冀的那样，"让沉默的大多数不再沉默"！只要打开"教育在线"，缤纷的帖子就飘然而至，满怀激情的教师们或随笔，或反思，或讨论，天天有研究，天天有收获。老教师充了新电，年轻教师缩短了成长周期，一个个教学骨干和能手纷纷脱颖而出。

小学教师高子阳，一年中在网上写了120万字的作品，在国家级刊物发表了20多万字！由此，他参与了苏教版义务教育教材的编写。还有昆山的"海子"吴樱花，她在写随笔的过程中，发现一个孩子频频出现在自己的笔下，于是她开始特别关注起这个孩子。一年后，这个曾经的后进生，成了班级里非常出色的学生，后来以全校第一名的优异成绩考上了响当当的昆山中学！还有滇南布衣，他的真名叫罗明。在云南最贫困的山区任教。据讲，过去他整天喝酒玩乐，从没心思好好做一名人民教师。就这么个人，偶然闯进了"教育在线"，心底尚未泯灭

的良知被触动了，开始思考什么是教育？何为一名教师该有的教育实践……2002年，"教育在线"网站召开第一次版主会，他只身一人从云南思茅的大山里赶来，汽车换到火车，几天几夜哪！三天的版主会结束之后，他没有流连于苏州任何一个景点，匆匆回了他那仅有十二名学生的村小。从此，在那面高扬着的五星红旗下，他和十二个孩子的命运就与所有"教育在线"的老师们紧紧连在了一起。这十二个孩子，从书包、书籍到衣物，都得到了网友们的资助。而滇南布衣也从此改变了他的人生轨迹……

"没有教师的成长就永远没有学生的成长！"朱永新说，"以往的教育实践和教育理念，都只强调一切以学生为中心，教师只是蜡烛只是工具，应燃烧自己照亮别人，压根忘了教师也是活生生的人！新教育实验最大的一个特点，就是把沉睡在教师心中的梦想与激情激发起来！教师应该为了精彩、为了创新、为了成功、为了发展而活着……"

新教育提出教师专业发展的吉祥三宝。第一，专业阅读，站在大师的肩膀上成型。第二，专业写作，站在自己的肩膀上攀升。第三，专业发展共同体，站在团队的肩膀上飞翔。吴樱花、高子阳、马国新、罗明、李晓峰等都是这样成长起来的。

2

说起创办"教育在线"，李镇西有话要说："我敬重朱老师，但决不盲从。他多次说我把他拉进了网络，呵呵，这是我'不听他的话'的一个典型例子，也是'他听我的话'的一个有趣故事。"

朱永新在一篇文章中写到李镇西时，也专门说到这事——

李镇西特别喜欢网络。经常在课堂上说起"网事"。我曾当面"批评"他，不要像中学生那样沉湎网络！但是，他我行我素。更有意思的是，有一天，他和晓骏、卫星等竟然密谋把我拉下了水，拖进了网。他们说，著名学者都有自己的网站，朱老师当然应该有！就这样，去年6月，我们的网站开张了。

那时他还在苏州市担任副市长，日常工作十分繁重，但朱永新每天都要上网与老师们交流。"每天早上六点，除了在外地不方便的时候，我都在上网，至少一个小时。用真名回答问题，发表看法。"朱永新会认真地读每一个新帖子，很多时候会跟帖。有帖说"忙，没工夫写"，朱永新问："你比我还忙吗？"于是网友间便以这句话相激励："难道我们比朱老师还忙吗？"

朱永新的另一个高足许新海也有话说。2003年年底，许新海被公派去澳大利亚做访问学者整整一年。"我在'教育在线'网站上开了一个栏目做版主，每天写一个日志讲述澳洲的课程故事，非常具体地介绍他们的小组学习主题、实体课程等。朱永新老师当时觉得非常好。2004年下半年，这个澳洲课程故事被《中国教育报》发现了，在报纸上每期一篇，连载了近一个季度。回国后，我把六十万字的书稿给朱永新老师看，他把这本书稿放到新教育丛书里面，作为新教育的六大行动之一——师生共写随笔的一个典范案例。新教育的这套丛书当时一下子就为我出了两本，一本是跨文化比较研究，一本是澳洲课程故事。然后，他让我考他的博士，就在那一年我调到教育局来做副局长。这就是我与朱永新老师相识的缘分。"

3

陕西蓝田县有一所名叫柿园子的学校，有个叫李晓峰的老师，一个人教着五个年级的二十五个孩子，长期领着一百零三元的月工资，因为地方执行教育部清退代课教师的政策，2004年年底，这已经少得可怜的一百零三元也给一笔抹掉了！因为没有公办教师肯去那个穷山沟，李晓峰依旧坚守在岗位上。

2005年7月的一天，李晓峰在一份杂志上看到朱永新倡导的新教育实验，他怀着试试看的心理，给朱永新去了封信，当时并未讲述自己的困难，只是表示自己学校的孩子也想加入新教育实验。而与此同时，朱永新看到了媒体上对李晓峰处境的报道，心境难平的他立即给李晓峰去了电话，还将李的故事发在了网上。他在网上写道："李晓峰老师的问题仍然没有解决，我们怎么帮他？"

网友纷纷跟帖：像李晓峰这样的人还有很多的，唉……帮一个解决不了大问题……

既然这样的人不在少数，那就更要管！朱永新再次上网——"我的主张是帮助的同时再呼吁。"在这份帖子里，他提出四条建议，具体又关切：1.先送一台电脑，让他上"教育在线"，并且坚持记录自己的生活；2.送一批图书，让他和孩子们有书可读；3.请一个老师指导他们的新教育实验；4.尽可能为他和如他一样的老师呼吁。

提起朱永新的名字，秦岭深处的这位代课教师李晓峰，会用一个字来描述自己内心的感受——"亲！""先是他从遥远的地方打来电话，后来收到了他牵线捐来的电脑和书，再到后来，听说他把我们代课教师的事情提到了全国'两会'。"李晓峰说，"在我心里，他就像身边的一位亲人，跟自家的兄长似的帮我……"

2006年，在朱永新的诸多提案里《关于全面解决代课教师问题的建议》，便是缘起于上述这个故事。为底层教师呼吁，切实改变他们的生存和教学环境，朱永新认为是责无旁贷！

十二年过去了，朱永新为底层教师的呼吁，也被华为掌舵人任正非再一次验证他的超前意识。一向低调的任正非在接受记者采访时回答了三十个问题，其中谈到教育的就有好几处："这个时代对一个国家来说，重心是要发展教育，而且主要是基础教育，特别是农村的基础教育。没有良好的基础教育，就难有有作为的基础研究。给农村教师多发一点钱，让优秀人才愿意去当教师，优秀的孩子愿意进入师范学校，就如我们老一代革命家毛泽东、粟裕、黄克诚、许光达、恽代英……都出身于师范学校一样，我们就可以实现'用最优秀的人培养更优秀的人'。但现在不是这样，教师待遇低，孩子们看见知识多也挣不到多少钱，所以也不怎么想读书。这样就适应不了未来二三十年以后的社会，社会就可能分化。完全使用人工智能生产的可能就会重回西方，因为没有了工会问题、社会福利问题、罢工问题……完全人工智能的生产可能会搬到东南亚、拉丁美洲、南欧等人力成本低的国家去了。我们国家面临着这种分化，就应该要把基础教育提到国家的最高纲领，才能迎接未来的革命。提高全民族的文化素质，这应是党和国家的主要责任，每个公民的义务。今天满街高楼大厦，过二三十年就变旧了。如果我们投资教育，二三十年后这些穷孩子就是博士，开始冲锋，国家就会更加繁荣。"

4

从 2004 年 10 月开始进入新教育的"教育在线"网络论坛，到 2006 年 7 月参加新教育第六届北京年会，马国新说："我第一次浏览到'教育在线'论坛，就有一种触电的感觉，于是我经常泡在'教育在线'网络论坛里，渐渐地结识了许多'教育在线'上的教育同行，先是马玲、干干、铁皮鼓和美丽紫色等网友，后是卢志文、许新海、李镇西等教育名家，朱永新老师也在其中。自参加新教育实践，不到两年时间学校发生了深刻的变化，并影响到全县，整个随县成为新教育实验区。由此，随县新教育实践受到朱永新老师特别关注。"

马国新说："那时，我是一个乡村中学的校长，朱永新老师已是大学者，但与他相识却让人感觉好平和，谈教育好似一个久违的老朋友，他身上散发出的感染力久久留存。"追随新教育，听从内心的召唤，多读书，多读经典，与过去的教育家对话，唤醒激情，唤醒教师成长的职业荣誉感。马国新在"教育在线"上与同行切磋，也常常静心阅读，读报、品茶、读经典，与大师们隔空对话，思考学校教育文化的核心问题，从"让每个孩子成功"的办学思想到"厚德有为、宁静致远"的校训，从"按时是一种迟到"的敬业准则到厉山三中的"十大教育观""十大教育定理"，老师们面貌发生深刻变化，改变了教师，才能改变人心涣散、学校运营已近乎瘫痪的现状。

2004 年 8 月的一天，随州市两所重点高中敲锣打鼓地送来了两面锦旗：一面是"祝贺厉山三中 2004 年中考最优学校"，另一面是"祝贺厉山三中 2001 届初中毕业生吴迪高考被北京大学录取"。一时厉山三中风光无限。马国新想的却是：考上的学生全家欢喜，没考上的呢？在中考成绩特优的背后，仍然有三分之一的学生成为应试教育的差生。这些没有升学的孩子不就是应试教育和传统课堂模式的牺牲品吗？孩子是祖国的未来，民族的希望。特别是在农村独生子女越来越多的情况下，成功一个孩子就是振兴一个家庭。马国新下定决心：改变现有的教学模式，要让每个进入厉山三中的孩子都能获得成功！

在接下来的几年里，学校先后派出副校长和骨干教师共五十多人次赴北京、

路走多远，看我们与谁同行　　　**129**

上海、山东、江苏等地学习考察。积极开展校本研究，顺应新课改，吸收外地先进的课堂模式，结合学校的特色，提出"让每个孩子成功"的办学思想，把实现"厉山三中无差生"作为学校课堂教学模式变革的目标，逐步探索了一条以"立体合作"为课堂模式的教改之路。从 2004 年开始厉山三中连续五年中考成绩一直雄踞随州地区榜首。

"路走多远，看我们与谁同行。" 2011 年 7 月，当随县正式成为全国第二十八个新教育实验区时，马国新离开曾经工作了二十五年的乡村学校，到省城武汉担任光谷实验中学的校长。"事实上，倘若没有与朱永新老师相遇，没有七年的新教育历程，我不可能完成从乡村到省城的职业转型。这一切都是因为新教育。"

2012 年 7 月，武汉光谷实验中学成为又一所全国"新教育实验"挂牌学校。马国新说，一本书加一本书再加一本书可以改变一名学生，一所学校加一所学校再加一所学校可以改变一个民族。

5

"理想总是美好的，但是如何让理想落地生根，变为现实，关键在人。尤其是在教育技术和装备不断改善的今天，站在讲台上的那个人，才是关键中的关键。"张硕果认为，长期以来，教师的重要性常常被低估。"一些教室开始沦为知识的交换地，沦为考试机器的训练场。因此，新教育实验以教师的专业发展为起点，围绕着师生的生命成长展开。"

"和张硕果的第一次见面大约是在 2006 年年底，当时，焦作市教科所的周秀龙所长和张硕果来到苏州，想邀我赴焦作讲学。记得我们是在我家附近的'两岸咖啡'见面的，这也是新教育人经常聚会的'据点'。那天，我们聊得很多。从谈话中也可以看出，张硕果对新教育人追寻理想的精神充满向往，对于新教育实验的基本理念和行动，也并不陌生。2007 年春天，'灵山—新教育'贵州支教行动正式启动。在考虑人选的时候，我向新教育研究中心推荐了张硕果。作为焦作市教科所的一名普通教研员，她和来自全国各地的几位优秀的志愿者一起，奔赴贵州遵义凤冈县绥阳一小和龙泉二小进行了一个多月的支教活动。当时的她并不知道，这次特别的经历将影响和改变她整个的教育生命。"

从贵州支教回来，张硕果就不遗余力地推广新教育实验，到焦作市的小学一所所游说，报告一场接一场，为老师们上绘本示范课，手把手教老师们上网开帖，有人热血沸腾，有人无动于衷，有人不屑一顾，有人将信将疑。张硕果将这个过程称为"寻找与'自己尺码相同'的人"，"中途有人退出，也有人半路加入进来，最终留下来的就是新教育的'种子'"。

"2007年，随着工作的调整，当时的我已经成为市教科所一名专职的科研人员。一次偶然的机会，我赴贵州省遵义市凤冈县参加了'灵山—新教育'贵州支教行动。当时的我并不知道，这次和新教育的美丽邂逅会如此深刻地影响和改变着我的教育生命。我突然发现，原来教育也可以如此美丽而令人陶醉，这正是我想要的一种生活。'把自己打碎，像土粒一样地打碎，这也许是泥土成为花朵的唯一可能。'就在那段日子，我真正理解了这句话的含义，于是，我放下了之前的所有'辉煌'，让一切归零。我知道，我需要为自己的成长寻找一个新的起点。就这样，我从高三历史课的讲台走上了小学二年级的讲台，在一首首美妙的童谣中，在一个个精美的绘本中和孩子们分享着童年的味道。原来，人最大的敌人不是别人，而是自己，突破自己意味着最大的成长。贵州回来之后，做一粒新教育的种子成为自己最大的愿望，我义无反顾踏上了新教育儿童阅读推广的道路。在这个过程中，有人热血沸腾，有人半信半疑，有人开始行动，一部分尺码相同的老师开始慢慢会聚在我的身边，形成了我们最初的团队。"

"张老师，您好！我又遇到一个难题想请教您，希望能得到您的帮助。我要讲一节新教育导读示范课，我准备讲《草房子》，我不清楚导读课是否得用一整节课？应该有哪些环节？这本书该怎么设计导读？这个导读和主题汇报课到底有怎样的界限？麻烦您百忙之中给我指导一下。谢谢！"

"张老师，您好！我是修武二实小程新梅。打扰您了！我根据教材内容，在校讯通上写了几篇数学童话故事连载，有空的话可以看一看。苦于找不到适合孩子们读的数学阅读书，所以试着写了一些，请您指导。"

类似的短信不知道有多少，它们已经成为她生活的一部分。几乎每天，她都要和一些认识或不认识的老师进行这样的交流，张硕果认为这大概就是《小王子》中所说的"驯养"吧。如果这个世界上真有小王子的存在，也一定会有一只等爱的狐狸。因为这样的相互编织，越来越多的人走在了一起。

焦作的新教育，从一个人的蹒跚行走，发展到一群人的结伴而行，再发展到教育行政部门的大力推行。"新教育""毛虫与蝴蝶""幸福完整的教育生活"开始越来越多地走进焦作老师的视野。

张硕果说，是儿子改变了她。是无法抵挡的要做一个好妈妈的愿望激发了她。她希望借助新教育卓越的理念和课程去影响和改变更多的孩子，她希望自己是离儿童最近的那个人。而对新教育的传播，她也从未停止，从省内到省外，从教师到父母，她自己也不知道影响了多少学校，多少教师，多少家庭。

新教育不仅令张硕果的儿子受益了，也令万千焦作孩子受益了。2012 年，焦作五少年入选央视参加《读书》栏目录制，2014 年，焦作连续五年成为河南省校讯通书香班级评选第一名。通过新教育，张硕果的人生与教育，不再是两条互不相交的平行线，而是紧紧地绑裹在一起了。现在，张硕果老师不仅是全国新教育种子教师项目负责人，引领着全国各地六百余位心怀梦想的老师行走在新教育的路上，还是新教育教师成长学院的副院长，担负着一定的新教育推广和教师培训任务。

卢志文在《让榜样言说，用故事书写——焦作新教育印象》一文中，这样评价张硕果："一朵云推动另一朵云，一棵树摇动另一棵树，一个灵魂唤醒另一个灵魂。一个人的力量是微小的，但，只要这个力量专注而持久，同样可以撬动地球。一个人就这样悄悄地影响着一个地市的教育。"

6

李镇西认为，改变教师的最好方式是校长的阅读示范。

李镇西说，当然，所谓"示范"并非我刻意为之的举措，而是一种客观效果。因为我当不当校长都很喜欢读书，只是当了校长后，我的这一爱好，对教师来说就成了一种"示范"（其实说"感染"更准确）。通过教工大会、网络博客、座谈交流、个别谈心……我情不自禁地给教师说我最近读的书，不少教师被感染了，随后会去买这些书……有一年国庆大假期间，我和几位教师自驾游，随身带了一本《中国天机》。一路堵车，我不急不恼拿出书看了起来。教师们大为感慨："这就是我们和李校长的差距！"我可以自豪地说，在我的感染下，如今有不少教师已养成手不释卷的好习惯。去年春天，我和几个教师去北京出差，回成都的三小时飞行中，刘朝升老师一直很投入地捧读苏霍姆林斯基的《爱情的教育》，还边读边拿笔勾画。

李镇西的同事，青年教师范景文说：

"在我工作的第六年，正好到了职业的倦怠期，似乎看起来一切都按部就班、井然有序，自我感觉工作也做得不错，但就是对一切都提不起兴趣来，没有了刚出道时的那种激情。日子就这么一天一天地过着，也没有想要'突破'的意思。可就在这个时候，李校长组织了一个读书会，第一次活动是在春光明媚的郊外。我首先觉得这个活动很特别，其次是在整个活动过程中，有一个李校长给大家读书的过程。当他读到《教学机智——教育智慧的意蕴》中那个小男孩的案例时，不知道是加了什么'润滑油'，突然间，我开始重新思考，我的大脑进行运转，想了许多方法要去帮助那位老师解决问题。在听李校长读书的过程中，迫使我主动去思考自己的一些教育方法，这样做是否是对的？这样做是否符合教育的规律？那样做有没有压抑学生个性发展……这样的一些问题，一层一层地浮现在我的脑海中。本来第六个年头对于我来说，正是处于迷茫、倦怠的时候，那天就好像是针对我的一次主题班会课，李校长的讲话有感染力、真诚、有激情，善于找到谈话的切入口，他用读书、讲故事的方式开始深入心灵……我想这都是一个优秀班主任应该具备的技能。李校长以他真实的切身实践向我们讲述着。我真的有一种醍醐灌顶、重新找到方向的感觉，就好像迷雾中被人撕开了一个口子，阳光照射了进来……"

朱永新评说自己的弟子李镇西，在他出任武侯实验中学校长后，他的教育理想在这所学校里得到了充分体现，他自己也说他"留下了一座满是故事的校园"。武侯实验中学的改变，是非常具有代表性的。本来只是一座普通的城郊学校，大部分生源都是农民和农民工的孩子，却因为新教育实验发生了天翻地覆的改变，受到全国的广泛关注，它也是武侯区第一所新教育实验学校，是第一粒火种。

张硕果由此体悟到，生命的意义是什么？生命的价值在哪里？对于这个世界，或许我们真的改变不了什么，每一个人能够改变的只有自己。然而，唤醒一个教师，就唤醒了几十个孩子，唤醒一个校长就唤醒了几百个孩子，唤醒一个局长就唤醒了成千上万的孩子。新教育人所做的一切，每一个具体的孩子在乎，成千上万的家庭在乎。这也许就是新教育人的生命价值之所在吧。就像朱永新老师所说的那样，我们原本卑微，因为新教育，因为一份使命，我们的生命由渺小而庄严，我们的工作由稻粱谋扩充至千古事，我们的世界也由柴米油盐放大到家国天下。

尽管是微弱的萤火虫之光，但，

只要我们聚在一起，我们也一定会发出强大的光芒！

第十六章

为你读书点一盏灯

1

在江苏海门，爱读书的农村孩子许新海走上工作岗位之后，就定下一个教育目标："无论城乡、无论贫富，让阅读成为每个孩子腾飞的双翼。"

1992年，在一所只有两间平房的城郊小学里，校长许新海提出"兴趣识字，广泛阅读，自主作文"的主张，要求学校阅览室订阅全国所有的儿童报刊，便于老师随时选择文章向孩子推荐。在这所一穷二白的小学，他在学校开支中保证第一笔就用来落实此项目。1996年，他打造本校的"广泛阅读手册"，并每年都修订、更新。

1997年，许新海赴美国学习考察，他利用一切空余时间坚持把每一天的考察实录和心得体会翔实地整理记录下来。一个月的考察很快结束了，许新海竟然收获了十万多字的考察心得。于是回国后，便诞生了一本《美国小学教育考察》。"没想到还挺畅销的，几次重印。"许新海开心地说。

1998年许新海号召"让教室成为图书馆"，为教室配备图书，在绝大部分人都不知图画书为何物的当年，该校的图画书已经走进课堂……

2003年，江苏教育报刊社的"新世纪园丁奖"颁奖大会在海门举办，当时请朱永新过来作报告，那是他自从提出新教育理念后，第一次在外面讲新教育的六大行动。那时李镇西已经在随朱永新老师读博士，他帮朱永新做一个"教育在线"网站，很多人是"教育在线"网站的网民，许新海也是其中之一。

"那次晚上开一个座谈会，我和朱永新老师第一次相识，他对我的第一印象比较好。会后他给我一个任务，要我把他的报告整理一下。这是我第一次听说'新教育'这三个字，当时我就觉得新教育很简单，不复杂，很直白，一个普通的一线老师，哪怕是工作第一天的老师接触新教育，都会觉得可以去做。老师日常的教育生活都很单调，无非是备课上课作业考试，年复一年、日复一日地循环着。朱永新老师说这样不行，按照新教育实验操作就会不一样，可以过得很有意思。当时就是这样的一种感觉，这实际上跟我在东洲小学做的改革实践是完全契合的。那时候东洲小学也是搞儿童阅读，搞了大量的阅读活动。朱永新老师说这就是书香校园，称赞我搞得更生动。我拿了好多东西给朱永新老师看，他觉得我做的和他的理念很契合，事实证明我们两个在之后的教育思想、教育改革、教育实践中的契合度确实是高度一致的。"

2005年年初，他从澳洲访学回国后，在东洲小学开始全面启动新生活教育研究，他认为新生活教育要直面新生活，通过新生活来教育儿童。新生活教育不仅要关注现实中孩子的生存状态，关心他们的生活方式，关怀他们的生活质量，还要关怀孩子未来应该怎样活着，关怀其理想的可能生存状态、生活方式。要让每一个师生喜爱阅读，使读书成为生活方式。教师用阅读改变着自己的行走方式，点亮自己的精彩人生；同样，他们也用阅读改变着孩子们的生活状态，用纷呈的晨诵、午读、暮省方式开启孩子们的智慧人生。许新海说，我们坚信：阅读即生活，阅读即生命，阅读即探索，阅读即审美，阅读必定丰盈师生的精神家园。

2

1999年的秋天，怀着对教育的无限憧憬，二十岁的唐朝霞踏上了海门乡村小学的讲台，开始了追寻梦想的教师生涯。为了改变初为人师的懵懂无知，青涩琐碎，扩展自己的眼界和胸怀，她把每日读书当成必修的功课。

"当我们进入一个个作家的精神世界里，也就得到了心灵的滋养。读《离骚》，看到爱国诗人屈原一步一回头地望着家乡，那颗忧郁而滚烫的爱国心千年后依然跳跃；读《繁星·春水》，看到冰心孤舟羁旅的轻愁化为童真、母爱的哲学世界里最美的文字；……阅读，让我站在大师的肩膀上，向着心中的远方前行。"

读着读着，自然生长起记录自己教育生活的冲动。虽然一开始只敢向家乡的《海门日报》《海门教育研究》等投稿，刊登出来也只是豆腐块大小的文章，但同事们在她的故事中找到了自己或者某个学生，这使得每天平淡无奇的教育生活变得活色生香。渐渐地，她的文章陆续上了《教师博览》《班主任》《班主任之友》，并屡次获奖。专业写作，让她站在自己的肩膀上攀升，不断超越自我，不断地遇见更好的自己。

2010年9月，当她来到一个新的乡镇学校——四甲小学的时候，工作之余，站在办公室四楼的窗口眺望，彩色的原野伸展开去，金色的稻田，蜿蜒的河流，草和野花，天上的飞鸟，脑海中的田园诗突然碰撞出"田园作文"的灵光一闪。课题顺利通过。她带领学生观日落、逮蚂蚱、钓龙虾、赏梅……有时甚至放弃了节假日的休息。

惊蛰的那一天，她设计了"寻找新生命"习作实践活动。与学生一道凝视泥土里的新生命，看虫子从泥土中奋力往外爬，有的开始产卵，有的振翅欲飞。小草开始泛绿，柳树暴出的嫩芽跟鹅宝宝的毛一个颜色，黄茸茸的，桃花也开始打苞，粉粉的小嘴含着笑。家雀四处飞了觅食，黄鹂鸟熬了一个冬天，现在忍不住想试试歌喉。万物生长，春雷如约而至。孩子们也像地里的麦苗，开始拔节长高。天地间的生命就这样息息相通。孩子们写出的作文妙趣横生，童心童言描绘出童话世界。

"我和我的学生收获的何止是一篇篇文章，更收获着自然之美、生活之趣！"

2017年的冬至日开始，唐朝霞带领学生穿越"梅花"课程。她与学生一起诵读梅花诗、唱梅花歌、跳梅花舞、创作梅花的图画，还一起绘制九九消寒图。梅的精神，梅的品格就这样悄无声息地烙印在孩子们的心底。有个孩子这样写道：不知不觉中，竟然已经过了九九八十一天。我看到手中的九九消寒图，感叹时间过得真快。这张图记录了我十岁的一段时光，画着画着，冬去春来，我迎来了十岁生日，日子竟是这样美好！

正如朱永新所说，优秀的语文老师，应该能够让课堂重现这一切：万物得以命名时的冲动与喜悦；无数匹奔跑的马终于凝固于汉字"馬"，无数只飞翔的鸟儿终于凝固成汉字"鳥"和"鳥"……每一个汉字在凝固时的智慧与喜悦；能够从"慈母手中线，游子身上衣"中，体味着古典的亲情与人伦，从"独立小桥风满袖，平林新月人归后"这十四个汉字里，体味到人生失落与期待的复杂细腻的滋味；从反反复复的"平平仄仄平平仄"里，体味到汉语独特的悠长韵律……在新教育小学，唐朝霞等优秀的老师已经一再证明，只要用心体察，任何一个汉字，任何一个词语，任何一篇普通平凡的课文，都因为系前人匠心所运，所以，都并非是平淡无奇的一堆文字，而是心灵的一次次运筹，是思维的一次次锤炼，是漫长字词历史的又一次独特运用，如果课堂上能够重现这些，那么每一堂课，都将不可能是平淡、平庸的。

3

"其实新教育、朱永新老师最伟大的地方，不仅给了我们'过一种幸福完整的教育生活'这样一个核心价值，更重要的是给了具体路径。早期提出的六大行动就是六条路，现在完善了的十大行动就是十条路，这是教育行动可以借鉴和践行的路径。我认为变革的力量就是项目的力量，项目是非常重要的，新教育的变革是革命性的，因为通过项目可以撬动很多要素，可以把人融合进来，把重要的资源融合进来，包括大学的资源、社会的资源。比如新教育阅读，我们通过'萤火虫读书会'这个项目把大量的家长志愿者卷进来。这个读书会全国一共有500多个萤火虫工作站，每个工作站都有分站，有的线上线下达到5万多人，这些人全是家长，全是社会精英，他们为了孩子的成长自愿参与。大家聚在一起读书，呈现出一个文明社会应有的样态。"说起"萤火虫读书会"，许新海也是滔滔不绝。

2012年8月8日，随着"萤火虫之家"海门分站在麦穗书房的揭牌，这个社会公益性组织正式在海门市落户了。这个项目由著名儿童文学作家童喜喜主持，新教育发起人朱永新教授任名誉主席。

"我找到组织了！"萤火虫海门站义工梅子说，"自从2013年6月，在女儿的班主任刘老师、萤火虫义工'精彩如歌'的推荐下，加入了'萤火虫'这个旨在推广亲子阅读的纯公益组织后，收获真的很大！"

她说，以前呢，自己只是一个比较注重亲子阅读的家长，能够交流的渠道非常少，而现在，我们可以参与网上交流，在论坛中、QQ群里，与优秀的阅读推广人、众多著名儿童文学作家以及经验丰富的父母们共同探讨孩子阅读中的各种问题；还可以带着孩子从虚拟走向现实，参加最近分站的阅读活动，自己获得指导孩子阅读的经验，孩子也交到更多爱读书的好朋友。并且通过这些活动，我跟女儿还带动了班级里很多同学家长的加入，他们的共同感受是："萤火虫"真是个好组织！既可以让孩子们读到更多的好书，又可以让孩子们在玩儿中增长见识，寓学于玩儿。

"不知不觉，我自己成为萤火虫义工已经两年了，这两年里，我收获了很多！迄今为止，我带着自己的亲子阅读心得，以《培养书虫我有妙招》为主题去了八所小学及幼儿园进行了分享，还以《如何做好家校沟通》为主题去了一所学校做分享，并且以《如何让孩子爱上阅读》和《家有慢羊羊，父母该怎么办》为主题参与了两次萤火虫海门站QQ群线上分享会。通过这些活动，我体会到了从未有过的自信！"

2013年，梅子被评为"全国优秀义工"，去郑州参加了萤火虫年会暨夏令营，与喜喜、蓝玫老师她们面对面交流，更是收获多多。"成为萤火虫大家庭的一员，初衷是为了帮助孩子健康成长，原以为，我是为孩子付出，其实，是孩子在助我成长！能够与新教育新父母为伴，我备感荣幸。点亮自己，照亮他人！我相信尽管是微弱的萤火虫之光，但，只要我们聚在一起，我们也一定会发出强大的光芒！"

2016年9月28日是孔子诞辰日，也是全国新教育阅读节，由新教育萤火虫海门工作站"义工校园行"公益团队发起并组织。活动中，萤火虫义工和孩子们共读了绘本《我讨厌书》《我喜欢书》，同时以现场孩子的读书生活为素材，创编了属于孩子们自己的绘本故事，让孩子们在绘本故事和自己的读书故事中，享受着读书的快乐。接着，义工和孩子们共唱歌曲《宝贝爱读书》、共读儿歌《快看书》。然后举行了简短而又温馨的赠书仪式。整个活动以一起分享"书的味道"巨型书形蛋糕圆满落下帷幕。

校园读书节活动成了海门校园里最美的风景,"淘书乐"充盈了班级图书角;作家进校园,点燃了孩子们阅读、创作的激情;低年级的童谣大赛、中年级的书本剧展演、高年级的经典诗文联诵一浪高过一浪;个性读书卡、日记画、手抄报展板吸引着孩子们的眼球;各种阅读挑战行动后的颁奖典礼成了孩子们盼望自豪的节日。

六年来,许多个像梅子一样的萤火虫志愿者,不计个人得失,倾心尽力,深耕细作,为推广儿童阅读而努力。2000 多个日日夜夜,2000 余次资源分享,280 多期公益活动,49 名全国义工,10 个活动策划小组,8 个"萤火虫之家"……感动一颗心,动员一座城,聚萤火微光,传大爱能量!从校园到社区,从城市到乡村,家校共建、亲子共读、社区联动、机构联盟,海门"萤火虫"以专业的优势践行公益,以管理的高效链接资源,辐射影响数十万人次,成为黄海之滨、长江之畔一道美丽的风景线。

4

朱永新说:"我曾经在去海门时,专程看望倪颖娟。我非常想知道,她身上究竟蕴藏着怎样的能量?为什么能够把近百位义工、近千名父母凝聚在她的身旁?"

2009 年 7 月,新教育海门年会上,朱永新第一次见到倪颖娟。当时,她是江苏省海门市海门镇中心小学二(1)班的班主任老师。她所在的学校,是一所小到简陋的普通乡镇小学,条件所限,学校的操场与教学楼之间隔着一条马路,学生想进入操场,必须排着队由老师看护着穿过马路。

她那间教室里的孩子,一部分是当地土生土长的农民的孩子,另一部分是四处漂泊的打工者的子女。倪颖娟就带着这群孩子,通过阅读经典,与众多崇高的灵魂交流;通过主题探讨,与众多伟大的心灵对话;通过自省思考,让孩子们用不同方式创造。倪颖娟一直记得班上有个非常自卑的学生,就在这样的过程中脱胎换骨，从一个少言寡语、站到人前就脸红的孩子，变成了演讲比赛冠军、校合唱团小歌手……

2010年，新教育"缔造完美教室"项目在海门实验区全面展开，倪颖娟成为海门完美教室工作室的第一批核心成员，并且和班级里的其他科任老师迅速组建了团队，不仅班徽、班旗、班诗、班歌、班级公约、班级愿景、班级日历等一一出炉，更合作开发出许多颇具特色的班本课程：数学老师的"玩转魔世界"智力游戏课程、"走进数学王国"思维训练课程，英语老师的英语短剧表演课程、英语美文诵读课程，音乐老师的排笛课程，美术老师的风筝课程、泥塑课程、手工课程，体育老师的易拉罐体操课程，科学老师的气象课程、养蚕课程……当然，她自己也在娴熟驾驭儿童课程的基础上努力创新：围绕四季开展的"四季歌"诗歌课程、"天真的怪老头"谢尔·希尔弗斯坦诗歌课程、"热爱生命"汪国真诗歌课程。孩子们的生命，在这些丰富而美好的课程中日益舒展、成长、丰盈、茁壮……倪颖娟说："作为一名教师，希望自己能守住一间教室，和孩子们静静地穿越一首首诗歌，一本本童书，一个个课程，承诺岁月，承诺自己，无论身处何方，不让四季虚度，让每一季，世界看我时，枝头总有花开。"

2012年3月，儿童文学作家、新教育新父母研究所所长童喜喜和研究员时朝莉应邀前往海门，五天内为全市所有幼儿园开展二十五场亲子阅读讲座。

很快，倪颖娟就向童喜喜主动请缨，成立了新教育萤火虫亲子共读公益项目海门分站，并且顺理成章地担任了站长。因为她似乎是一夜之间突然发现：在自己的教室外，还有更多父母对阅读一无所知。而这样的父母们分布在不同的教室里，他们不仅不会协助孩子读书、老师教书，而且往往还可能成为先进教育理念的阻力，阻碍着教师的教学工作更加有效地开展，妨碍着孩子从优秀到卓越的学习和成长。

没有多少人知道，这个"站长"意味着什么：从最初的两位义工到现在60多人的义工团队，力量要一点点汇聚；从线上原创讲座到线下亲子读书会现场，理念在一点点渗透；一年多的时间，举行80多次活动，包括30期线下亲子读书会、30期线上原创公益讲座、18期校园小分站亲子阅读培训讲座、5次作家见面会等，作为一个纯公益团队，在没有资金来源的情况下，倪颖娟经常自己悄悄掏钱购买筹备活动所需物品，把活动细节一点点打磨；当然，还有萤火虫海门分站 QQ 群中近千名父母随时可能提出的阅读疑问，需要耐心而愉快地解答……

功夫不负有心人。在所有萤火虫义工的努力下，新教育萤火虫海门分站不仅组织了丰富的活动，而且锻造出有力的团队。他们从一个工作站变成海门城乡星罗棋布的许多站点，很多学校相继成立了"萤火虫之家"的校园小分站，南通、如东、启东、安徽、深圳、北京等地父母纷纷加盟，影响力在一点点扩大。今天的海门萤火虫义工，已经成为海门教育的满天星，成为海门教育的一张小巧但精美的名片。

一分耕耘一分收获。倪颖娟的故事也渐渐地从海门走向了全国。在连续两届荣获"全国新教育十佳教师"称号后，她又先后获得教育部评选的全国优秀教师、中国网评选的"中国好教师"、新教育萤火虫全国优秀义工、"感动南通人物（群体）提名奖"、萤火虫全国优秀分站、优秀儿童阅读推广人、海门市书香教师等。

性格内向的倪颖娟却只是笑着说，这都是团队的力量。反倒是说到她现在所教的"萤火虫教室"时，她不知不觉就打开了话匣子：利用"萤火虫教室童书漂流书包"，让每个家境普通的孩子用最少的开支，及时读到适龄的最好童书；全新探索的口头作文项目，促进孩子阅读后的思考，让父母们轻松愉悦地卷入……

就在倪颖娟全身心投入新教育萤火虫义工公益项目时，她的丈夫不幸病故，天就像塌了一般，老天爷啊，你为什么要这样对待一个如此善良、温婉、赢弱的女子呢？朱永新得知这不幸的消息，不禁为她洒下悲痛的热泪。

倪颖娟挺过来了，她用加倍的热情疯狂工作。

朱永新说："看着面前这个瘦小赢弱的老师，我想起了旁人说她的一些事：她自己掏钱数千元，不仅为学生们添置大量图画书，还购买了跳棋、拼图等智力玩具；她身为海门新教育讲师团成员，不仅远赴北京、上海、温州等地讲学，还走上了新教育国际高峰论坛向国际友人交流经验，更深入到海门乡间学校进行公益讲座推动阅读……我想起了她在文章中写过的一句话：'我用一个教师的良知，守住一间小小的教室，我用新教育理念，雕琢着一间不断长大的教室。'"

2018 年 3 月 18 日，窗外虽然还有一丝丝早春的寒意，可是海门图书馆的活动室内却早已温暖如春。全市三十多对亲子家庭如约而至，前来参加由海门市文广新局主办、海门市图书馆承办的亲子读书活动，每一个孩子亮亮的眼睛里洋溢着满满的春光，大家开始了一段与诗人金子美铃的美好约会。

金子美铃是日本著名的童谣诗人，被誉为"童谣诗人中的一颗巨星"，她的诗歌天真纯净，语言优美，情感细腻。她的童谣自然得像树上长出来的叶子，身边流动的风，空中飘浮的云，细细地品味，是那么纯净直白，又那么诗意美好。

本次活动邀请海门萤火虫资深义工"子夜星空"主讲，"子夜星空"是一位深耕新教育儿童课程十多年的老师，她的诗歌课堂智慧温润，充满哲思。活动伊始，"子夜星空"老师就以一首来自金子美铃《山樱花》的歌曲，带领大家走进诗歌的春天，制作精美的图片、悠扬空灵的配乐、充满深情的朗读，一下子就扣住了大家的心弦，让人怦然心动。紧接着一首又一首优美的诗歌展现在孩子眼前，《紫云英地》《不可思议》《春天和海》《天空的颜色》《女儿节》……"子夜星空"老师以其优美的语言带着大家步步深入，以齐诵、男女生诵读、亲子对诵等多种形式，领着大家用心用情地感悟诗歌的魅力。小小的诗里，蕴含着一个大大的哲理，那么清澈，那么透明。

在"子夜星空"老师的引领下，无论是孩子还是家长，都被清澈透明的语言陶冶渲染。伴随着金子美铃温暖、天真、浪漫的诗句，一次又一次与金子美铃的心灵对话，不仅让我们认识了很多美好的事物，而且也是在读一种又一种美丽的情绪，就像镜子，映出我们自己，也像太阳把我们自己照亮。听小萤火虫陈冠名的即兴创作："春天的操场亮闪闪，星星一样亮闪闪，为什么为什么亮闪闪，操场上的陈冠名，飞快奔跑亮闪闪。"看施念妈妈的即兴创作："春天的画室亮闪闪，眼睛一样亮闪闪，为什么为什么亮闪闪，画室里的施念，认真画画亮闪闪。"……诗歌和孩子们的当下产生了联结，在这生命在场的诗句编织中，我们看到了亮闪闪的童真，金灿灿的童心，看到了生命更美好的绽放。

一个半小时的相约，大家只觉得时间太短，意犹未尽。孩子们纷纷赞叹："我好喜欢读金子美铃的诗歌啊！""原来读诗这么开心好玩儿！"父母们也激动地感慨："金子美铃的诗是童心做的，她让我捡回了童心。""感谢今天的亲子读书活动，心中充满欢喜，内心的诗意一点点在苏醒。"……正如主持人所说："愿读到这些诗的孩子，能学会像金子美铃那样去思考，去温柔地看待我们的日常、我们的世界。"

许新海说，海门教育生态最好的是在小学和幼儿园，同时中学也正在悄然地发生变化，在江苏或者全国可以说是领先的。像江苏省海门中学的教育生态，就不是一般高中能做到的。海门中学每个周末、每个重大节日都把孩子生活搞得丰富多彩，每年北大、清华仍然都会考取十五名左右，这不是一般高中校长做得到的，但是他们敢做，而且越做越成功。究其原因，是海门中学把素质教育理念落到了实处，孕育出了它特有的文化灵魂。"我不希望每一所学校都一模一样，但需要有共同的理念和价值观。学校应该有它的个性，学校一定要在保持个性的前提下发展，校长、教师有一种自尊心，有一种自豪感，他们才会不断努力，有对学校的归属感，也有对海门教育的归属感。"

正如许新海所说，新教育是和而不同，新教育将来是遍地开花的。名师、名品、学科工作室的使命是要帮助每一所学校成为它自己，帮助每一个老师成为他自己。这样也就丰富了新教育的内涵，也拓展了新教育的外延。

朱永新一直也是坚持新教育和而不同的理念，要让全国所有的实验区各具特点，一百多个县区就是一百多个不同的新教育，而不是一个新教育。但它们又都是从新教育理念的根子上生长出来的，有一个总体的思想，有观念、价值追求的基本路径。大家都追求过一种幸福完整的教育生活，但在实施具体项目时每个学校就不一样，小学初中高中不一样，农村和城市不一样。

正因为目标一致，大家怀揣理想，用心动脑，探寻的路径各具特色，所以新教育的"新"真正百花齐放，万紫千红，美不胜收。

新教育实验以缔造"幸福完整的教育生活"为核心价值，同时竭力倡导每个地域、每所学校、每个教师根据自身的历史和现状，创造风格独特的学校文化，体现新教育学校文化的"具体的多样统一"。

一是主张"月映千川""一花一世界"式的多元创造。二是主张不主故常、推陈出新的自我超越。朱永新多次阐述："新教育本身绝不是一个封闭自足的体系，它以开放的胸襟悦纳所有先进的理念、模式和方法，进行整合创新，同时不断开拓未知的疆域，获得新的发现，新的领悟，新的建树。我们相信，只有这样，新教育的学校文化才能保持它绵延不绝、生生不息的活力。"

谁站在教室里，谁就决定着新教育的品质，

甚至决定了孩子的命运。

第十七章

完美教室，静等花开

1

"谁站在教室里，谁就决定着新教育的品质，甚至决定了孩子的命运。"
完美教室建设与营造书香校园一样，都是新教育基础行动。

对于一个孩子来说，他走进了一间怎样的教室，经历了一种怎样的课程，就意味着他遇到了怎样的教育，他的生命也将会因此被塑造成不同的样态。因而，在缔造完美教室的过程中，新教育实验推行晨诵、午读、暮省等生活方式。其中，阶梯课程、农历课程、四季课程、游学课程、种植课程、读写绘课程等应成为必不可少的要素，安全、丰富与成长构成一间完美教室的三重要素。

对于什么是完美教室，朱永新曾经做过这样的描述："生活于同一间教室里的人，应该是一群有着共同的梦想，遵守能够实现那个共同梦想的卓越标准的同志者。他们应该为彼此祝福，彼此作出承诺，共同创造一个完美的教室，共同书写一段生命的传奇。"

"完美教室指向的是幸福，指向的是生命。"李镇西说，"完美教室最根本的是带给学生和教师精彩的、富有诗意的生活……新教育能使我们的人生获得幸福，让我们更美丽。"

"我觉得一间完美教室，应该能够最大限度地实现孩子生命成长的可能性。"张硕果说，"我们新教育经常把一个孩子比作一粒种子，你说他是一朵花、一棵草、一棵树，都没有关系，最重要的是他能够成为最美的花，能够成为最绿的草，能够成为最伟岸的树。"

许新海说：一个完美的教室是图书馆，是阅览室；是实践场，是探究室；是操纵间，是展览室；是信息资源库，是教师的办公室；是习惯养成地，是人格成长室；是共同生活所，是生命栖居室。

而中国的很多教师，都把《第56号教室的奇迹》看作是世界上最完美的教室。

2

美国家喻户晓的名师雷夫·艾斯奎斯，二十五年来一直在美国洛杉矶的霍伯特小学的同一间教室教五年级，他的学生九成来自贫困且非英语系的移民家庭，可就是在这样的恶劣环境下，雷夫老师班里小学生成绩高居全美标准化测试前5%。他先后获得美国"总统国家艺术奖""英国 M.B.E 勋章"、1992 年"全美最佳教师奖"（每年全美国评选出一位）；他创造了轰动全美的教育奇迹，被《纽约时报》尊称为"天才与圣徒"。在中国的影响也很大。

就在 2012 年雷夫访华期间，在一次高端会议上，当大家热烈讨论雷夫的时候，朱永新突然神情激动地站起来，大声说："我们中国也有雷夫这样的优秀老师，甚至，我可以自豪地说，我们中国的雷夫，比美国雷夫毫不逊色！"会场上安静下来，所有目光都投向朱永新。

朱永新环视全场，一字一顿地说："我们中国的草根老师常丽华，在我的眼里，在某些方面，比雷夫更加卓越！"

那时，常丽华是山东省淄博市临淄区金茵小学语文教师。

常丽华说："2004 年 9 月，我又从一年级开始时，得遇新教育研究中心的干国祥老师、马玲老师，在他们的指导下，我的教室开始有了独特的气息：每天早晨，我们都在音乐和诗歌中开始一天的学习——这是我们的晨诵课程。低段，我们穿越了大量有趣的童谣和优美的儿童诗。中段，我们就要开始浩浩荡荡的古诗词课程：在农历的天空下。我们跟随着二十四节气，走进唐诗宋词，走进古老的中国文化中。而到了高段的儒家课程、泰戈尔课程，会让这间教室的孩子，习得世界上最经典的语言。每天二十分钟，日不间断，用声音唤醒诗歌，用诗歌唤醒生命，这是我们诗意生活的开始。

"每个学期，我们只用一个月左右的时间学习语文课本，大部分的时间，我们来阅读经典。低段大量的绘本和桥梁书，引发的是孩子对阅读的兴趣。中段，孩子们在大量的童话、小说的阅读中，完成阅读的自动化。高段，我们开始深度阅读，科学、历史、人物传记也成为我们的必读书。整个小学阶段，孩子们被书香浸润——我们从来不面向考试，却能轻轻松松赢得高分。我从来没有戴着镣铐跳舞的感觉，只是和孩子们一起自由地舞蹈——我知道孩子需要什么，素质教育和应试能力从来就不是矛盾的。"

3

2008 年 11 月，郭明晓到成都参加新教育举办的儿童阅读培训。特级教师常丽华展示的古诗课程"在农历的天空下"，几乎给了她"毁灭性打击"。

当全场听众一起朗诵诗歌时，郭明晓却因从未听闻这些诗歌而茫然无措。就在那一刻，她深深地意识到了自己学识的贫乏。

这次难忘的经历让郭明晓"由震撼而猛然觉醒"。从此，她"纵身一跃，跳进了新教育"，开始了一次异彩纷呈的全新旅程。

"成长从阅读开始。我知道要改变自己，要不断成长，唯有阅读。"郭明晓说，她的成长是从阅读开始的。

2009 年是最值得郭明晓骄傲的一年。那一年，她读了大量的儿歌和童话，以及童话理论与心理学著作，中断多年的阅读生活续接起来。"我希望用飓风一般的威力，扫除自己生命中所有陈旧的东西，让自己不断学习，追求幸福完整的教育生活。"

对于新教育，郭明晓充满了感激。通过阅读，新教育不仅改变了她的职业状态，更唤醒了她的生命激情。

郭明晓说，在过去几十年的职业生涯中，她对教育没有找到真正的感觉。参与新教育实验后，她才懂得什么是教育。

五年间，她坚持给家长每天发条短信，每周写一封信。仅 2013 年年末出版的著作《各就各位准备飞》中，就收录了写给三、四年级家长的 78 封信，共计 20 多万字。五年间她笔耕不辍，为自己和学生留下了近百万字的生命叙事。

2012 年，父亲的突然病危使郭明晓第一次感到生命的脆弱。一番纠结后，她选择了"忠孝两全"式的生命极限挑战，一边照顾父亲一边工作。最终，她在父亲的病榻前和医院的走廊里完成了全班 54 个孩子、74596 字的学期生命叙事，平均每个孩子 1380 余字，创历年之最。接下来的暑假，父亲的病情好转，她又迅速回到新教育课程的实践中，带领孩子们挑战 400 万字的阅读量和农历课程，并完成了 10 多万字的班级年度教育叙事。

正是经历了身心的折磨与痛楚，郭明晓才拥有了更加透彻的生命意识，并对学生的生命遭遇感同身受。例如，班里有个孩子极具诗人天赋，却因家长强制其考重点中学而放弃爱好、机械应试，最终名落孙山、备受打击，丧失了学习与生活的动力。"两次应试的失败折断了'白天鹅的翅膀'。考试回来后，她满眼茫然……看到她的迷失，我心痛得想掉泪。"面对学生的生命遭遇，郭明晓表现出了深刻的共情，她痛苦着学生的痛苦并重新思考学生的生命朝向。通过与学生的家长谈话、激励其参加童话剧以及鼓励其假期独自挑战《诗经》背诵等方式，鼓励学生重拾信心，唤醒其潜在的能量和沉睡的激情。最终，在郭明晓的期待和鼓励中，该学生重新绽放诗人的光芒，写下让郭明晓感慨万千的美丽诗歌：我用心地歌唱，每一个音符、一个字，我都倾注了全部精力。当声音从我口中发出时，我也震惊，在耀眼的神明面前，我不跪倒，只全心全意地歌唱，唱出生命……"当读到这首诗的时候，我高兴得流泪了，因为我知道一个折翅的天鹅伤愈开始飞翔了。"

2013 年她"退而不休"，领衔"郭明晓名师工作室"，扶持种子教师。2014 年 6 月，她出版了第二本个人专著《我是大西洋来的飓风：一个新教育教师的生命叙事》，被朱永新誉为"新教育的榜样教师，完美教室的缔造者"。

朱永新说过，教室与生命联系在一起，是为生命而存在的。对于郭明晓而言，教室就是她教育生命的全部。"我的天命在教室里，我的天命是把我的五十三个孩子带向卓越，我要去敬儿童课程之事，我要在教室里去立己达人。"

从 2005 年到 2018 年，在全国 1600 万名教师队伍里面每年选 10 个人，连续 13 年，每年都有 1—3 个是来自新教育团队一线的教师，这是非常值得关注的现象。你想一想，每年 1600 万名教师里面选 10 个人，总有新教育的教师，这说明新教育的教师在全国教师群体里面，是一群最优秀的人。河南省每年评选"最具成长性的教师和教师团队"，每年也都有新教育的教师和新教育的团队入选。所以无论是从小的区域，还是全国的范围来看，新教育教师的确非常具有影响力。

4

马国新讲述他的两个学生"卢旺达"和"布隆迪"的故事，好像让我们进入了《36 号教室的奇迹》。

布隆迪同学在小学就已经失去了学习的兴趣，进入初中依然不爱学习，并且各科成绩落后。每当面对学科知识，他总是力不从心，家长和老师更是着急。

上个周四，外文课上的布隆迪旁若无人地玩起了手机，老师在视而不见中又纠结了一番。当学校值班领导发现布隆迪课堂上玩手机时，自然是进行干预，并且收了他的手机。

已经习惯了不被管的布隆迪忽然挨批，情绪激动起来，到政教处后与老师吵闹，以致影响到附近办公室的老师，校长也出来看个究竟。

为了平息情绪，布隆迪被校长劝走了，进了隔壁的校长办公室，并在校长的劝导下，才坐到办公室的沙发上，哭个不停。纸巾被递上了，开水也被递上了，布隆迪就是不用，校长一言不发，只好等着。布隆迪二十分钟后才平静下来，开口就是要老师还他手机，而且语气坚定。

校长这时说话了，连问了布隆迪几个问题。学生上课玩手机是否对？中学生在校园里是否需要用手机？你需要怎样做才能拿回手机？面对校长的提问，布隆迪没有任何反应。校长只好帮助回答问题，以布隆迪的口吻说出不对的一、二、三点。

接下来又以校长的身份告诉自己的学生，上课玩手机违犯了班纪校规，你需要认识到错误，并向老师承认错误才能要回手机，而且以后要改正。事实上你面临的更大问题是如何改变你学习落后的状态，但提高成绩一定是从不玩手机开始，从改正不良行为习惯入手。

校长已经把道理讲尽，可布隆迪同学就是没有认错的勇气。一个小时后，马国新只好说：布隆迪，看来你一时半会儿思想不会通，我让老师把手机先给你，你也回教室上课，放学后安全回家，只当今天的事没有发生一样。布隆迪同意了，校长担心他进不了教室，就给王老师写了一个纸条，说今天布隆迪的事暂不处理，让他进教室学习，等他想通后主动找老师认错。

布隆迪同学向天上扔的一个石头，还没见到落地。这个周一，又遇到卢旺达同学犯错，并让校长逮了个正着。

刚到光谷实验中学担任校长时，马国新就为学生配备了五十个乒乓球桌，桌面是塑钢的，已经快三年了，目前有四个被损坏。他时常纳闷，如此坚硬的桌面，怎么会破呢？去吃午饭的途中，马国新看到卢旺达从地上跳到球桌上，又飞也似地跳了下来，他才明白是何故。

他自然要找卢旺达同学谈谈，但卢旺达是一个很有主见，也很固执的男生，他不同意进校长的办公室，马国新只好采取迂回的办法，"抓不了主犯抓从犯，然后让主犯自动投案自首"。他邀请另外两位同学到自己的办公室，结果卢旺达主动跟了进来。

校长把前几天教育布隆迪同学的类似的话给卢旺达讲了一通，卢旺达同学马上醒悟，并且态度诚恳，知错就改。

事实上，卢旺达此次并没有将球台弄坏。但学校里的四个球桌是谁弄坏的呢？校园中还有其他公物被损坏的现象，如桌椅、门窗、墙体、花草树木等，当一个卢旺达明白了道理，那其他有此行为的同学怎么办呢？校长希望卢旺达能站出来，帮助学校宣传教育全体同学，做到讲卫生、守纪律、懂礼貌、会学习。因为很多时候，教育需要用现实中的活生生的故事去打动和激励人。

校长把自己的期望和想法告诉了卢旺达同学，他很犹豫，也有担心。又经过校长的一番鼓动，他有了信心，也有了勇气，表示接受校长的建议，说明天早上上操时，登台演讲。

卢旺达同学的这块石头终于落了地，但布隆迪呢，校长还没见到他的人影，不知道他在想些什么。

一朵花儿，如果不是它自然地开放，我们人为地用手将其掰开，花儿会失去应有的模样和芬芳，如同你最爱五月的栀子花，等不及中摘回了花的蕾，过后你会有些许的失望。

花儿的开放总得靠自己。

校长一直等着布隆迪，静等花开。

"等待是一种帮，欣赏是一种帮，在你满眼的热望中，没有一朵花不努力，没有一朵花不美丽；最后盛开的那一朵，是一个季节最后的精彩和绚丽。"

5

"向日葵是一个符号，是一种精神的象征。"

"要把最美好的东西给最美丽的童年。人生其实没有多少个六年。小学阶段的六年是我们人生最重要的时光。你们已经学会了基本的学习方法，学会了基本的生活技能。这个时候，即使命运把你们抛到任何一座荒岛，你们也应该能够坚强地生存与生活。"新教育发起人朱永新对"向日葵班"的孩子们说。

这个班的学生圆满地完成了他们在小学的六年学业，六年来，全班学生共阅读各类书籍累计达 17 万字，撰写诗歌 5422 篇，撰写日记共 7603 篇，全班同学共计作文 6988 篇，他们就是首都师范大学附属小学的"向日葵班"学生。

"向日葵班"是北京市海淀区推进新教育实验的一个典型代表，新教育实验是一个以教师专业发展为起点，以通过"营造书香校园、师生共写随笔、聆听窗外声音、培养卓越口才、构建理想课堂、建设数码社区、推进每月一事、缔造完美教室、研发卓越课程、家校合作共建"十大行动为途径，以帮助新教育共同体成员过一种幸福完整的教育生活为目的的教育实验。

新教育十大行动以"营造书香校园"为首，因而"向日葵班"一直力推全学科阅读，老师们所做的工作或是以阅读为基础，或是紧密围绕着阅读，或是依靠阅读的形式，将阅读落实到每一门课程当中。

六年来，这个班里的很多孩子都撰写了小说与诗歌，其中不少发表在《中国青年报》《十月》等报纸杂志上，拥有自己的个人作品集。

庄子悦同学说："自一年级起，我们班就品诗、读诗，经过日复一日的积累，我在四年级的时候出了一本诗集《向日葵·爱》，这本书里，有思乡的情怀，有异想天开的梦境，有童年的欢笑，我相信，当我长大再翻阅这本诗集时，也一定觉得特别美好。"

李江浩同学同样喜欢文学，小学阶段，他已拥有二十五万字的习作，自三年级第一学期期末老师要求每个学生练写一篇小说开始，小说创作便成为李江浩最喜欢的课程，2017 年 12 月，他完成了自己的第七部小说《厨神》。

"向日葵班"的班诗也是自己创造的。班主任郭丽萍介绍，六年里，"向日葵班"总共经历了两次班诗创作活动，一年级时创作了《向日葵·爱》，从一年级读到三年级，四年级的时候继续创作班诗，42 名同学创作出 40 首班诗，庄子悦的《追梦》脱颖而出成为班诗。"向日葵班"的毕业典礼上，郭丽萍老师带领她的"向日葵班"的小葵花们以生命叙事的形式展示了他们六年的成长与收获。

童言至真，童心至美。

知心姐姐卢勤在观看完生命叙事后说道，幸福在哪里？在我们学生"太好了"的心态中、在"我能行"的自信中、在"你真棒"的悦纳中、在老师们"我帮你"的爱心中。

同样为人，人和人千差万别。同为课程，课程和课程也各不相同。好的课程是一双翅膀，能够让人以精神的力量腾飞，在现实的高空飞翔。

不好的课程就像一块石头，表面上是为生命奠基，其实耗费了时间，又浪费了精力，进行着无效的积累，甚至让生活变得沉甸甸的。

如果说一个好的课程是一双翅膀，那么，组成这个课程的各个部分，当然就是一根又一根羽毛。

《长翅膀的课程》一书，从一个特别的角度，从一群儿童的眼中，让人们看见了翅膀的力量。

童喜喜说，丽萍老师是一位普通又不普通的老师。说普通，是因为她起点普通，在开展新教育实验之初，在各方面的积累都和一般的一线老师差不多。说她不普通，是因为她的确具备许多老师并不具有的特质：她真诚地喜爱孩子，把孩子视为平等的伙伴；她踏实地践行理念，把越来越多的人深度吸引到课程之中；她温和又有韧性地坚持，让一个又一个日子积累成日复一日的水滴石穿……

童喜喜说，我还记得在丽萍老师的教室里听课，她把讲台留给了学生，自己坐在台下，笑得像个孩子。黑亮的眼睛，灿烂的笑容，朴素、真诚又热情的谈吐，这样的丽萍老师，就像一轮小小的太阳，和一群人齐心协力走过不平凡的六年，创造了"向日葵班"的故事。

毋庸讳言，在新教育种子计划里，郭丽萍老师的确是得到额外关注的老师。因为北京的新教育种子教师并不多，新教育种子计划项目总部又在北京，童喜喜说在丽萍老师一次又一次邀请下，我和种子计划导师团的导师伙伴们，如新教育种子计划首席培训师郭明晓、新家庭教育研究院常务副院长蓝玫、新阅读研究所执行所长李西西等，都成为"向日葵班"的常客，不仅参加庆典活动，更走进教室，深入课堂，从研讨已有课程到指导新的课程，一路同行。除了导师团成员，还有许多同为种子教师的伙伴，如"中国好教师"奖获得者西安种子教师胡盈、同在北京的种子教师杨海荣等人，也都走进了"向日葵班"，互相切磋，互相学习。

正是因为有这种源自儿童内心的"我要学""我想学"的力量，小向日葵们这六年中的拔节，才取得让所有人惊叹的结果。更重要的是，他们并不是其中某个或几个出类拔萃，而是整体获得了极其显著的成长。显而易见，这成长的养分，来自高品质的新教育课程。

这些年来，在全国、全市与海淀区的各类竞赛中，全班 40 名同学中涌现出30 名获奖者，荣获市级、国家级奖状及证书 56 张；丽萍老师的教学研究同样成绩斐然，她的教学论文荣获北京市基础教育科学研究论文一等奖。童喜喜说，最有趣的是一次海淀区诗歌朗诵比赛，从接到通知到参赛，准备时间一共只有四个多小时，丽萍老师抱着学习的心态，硬着头皮带着孩子们参加了这次比赛，没想到拿了全场朗诵类节目的最高分。回头再想，这次功夫在诗外的收获，恰恰是全班根据"擦亮每个日子，呵护每个生命"的新教育晨诵课程理念，每天开展新教育晨诵，聚沙成塔的结果。

一间小小的教室，一位执着、智慧的教师，一群童真、活泼的孩子，在激情昂扬、轰轰烈烈地创造着他们幸福完整的教育生活。如果有什么能够证明幸福的存在，那么"人人课程"必将是其中一个动人的凭证。对教育本质的探寻、对人生幸福的追求、对学生终身发展的期盼共同孕育了多彩缤纷的四十一门课程：主持、写作、机器人、围棋、茶道、舞蹈……每一个怀抱梦想、拥有童心的孩子都能够在课程中找到心中所爱，实现快乐生长。

从懵懂的种子萌发为稚嫩的幼苗，再到耀眼的绽放，小葵花的成长离不开郭老师的精心照料，也离不开"人人课程"的百般滋养。转眼，小葵花们已即将开始新的旅程。

宋校长说："在这群人中，最根本的力量，来自新教育实验发起人朱永新老师。"

新教育实验是一项特别的行动研究。以研究促进行动，又以行动推动研究，在致力于整体的理论体系架构之上，具体细微地深入各个课程之中。因此，朱永新老师在进行理论研究时，特别注重到一线了解最为原生态的教育实践，作为自己理论研究的源泉。

为了在繁忙的本职工作之余，能够更好地汲取这些更为复杂与鲜活的一手资料，朱老师做过很多努力，无论是参加各种新教育会议时的聆听和记录，还是走访新教育学校时的深入调查。还记得，在2016年6月，他邀请全国各地的优秀一线新教育老师到北京，围绕新教育做报告研究，组织开展了小型内部叙事会。虽然这个举措因故未能持续，但相关尝试却一直没有停止过。

向日葵班，则是朱永新深入一线的诸多尝试中一次成功的尝试。在他和宋继东校长的商议下，诞生了这间以新教育实验为特色的教室。借身在北京的地利，朱永新六年跟踪这间教室，参加了所有的学期庆典和重大活动。后来，他还和郭丽萍老师结为师徒，更为严格地督促她成长。

把经典名著中的那些生动的画面，呈现在孩子生活的校园里，

能够唤醒更多孩子的好奇之心，吸引他们走进经典，回味经典。

第十八章

书香校园：跟着名著看世界

1

自从 2004 年姜堰中学斩获首位省高考状元以来，姜堰的高考名次在全省一直名列前茅，北大清华的录取率也是羡煞周边的县市，但在泰州市的一个研讨活动中，一位省内知名专家毫不留情地追问道："你们除了高考，还有什么？"言外之意，姜堰的高升学率、省高考状元完全是以大量刷题、牺牲学生的休息时间获得的。教育同行的不屑，专家的质问，深深地刺痛了姜堰的教育人。

为什么我们能赢得高考却不能赢得尊重？姜堰区教育局在深刻反思中幡然醒悟，如果没有分数，我们过不了今天的关；如果只有分数，我们过不了明天的关。在现实的语境里办学校、办教育，总让人有一种撕裂感，一端是教育理想牵引着，另一端是世俗功利在拖拽着。在理想与现实之间找到一个平衡点，这是明智之举。

于是，姜堰教育人在苦心寻觅着一盏既能温暖现实又能照亮未来的灯。正是这个时间节点上，姜堰有幸成为全国第一个新教育实验区。新教育所倡导的"营造书香校园"行动，正是他们渴求不得的不二法宝。加入新教育实验，把"营造书香校园"作为第一要务来抓，牵住阅读的手，完全可以优雅地跳一场"戴着镣

铐的舞蹈"。

只要看过曹文轩的《草房子》这本书的孩子，心中都刻印着一个草房子的意象，都会期盼着看到草房子的样子。

姜堰实小城南校区还真的为孩子们建起了一座草房子，一共花费了五千元。与那些豪华的雕塑比，这个草房子也实在是太土了，但孩子们在乎。如果让城南孩子向别人炫耀学校有什么好玩的"景点"，他们一定会首先想到草房子。

在姜堰实小城南校区的校园里，《夏洛的网》中的那张网被编织在了一个走廊的拐角处，与《绿野仙踪》关联的稻草人站立在小农场里，还有一棵树被装扮成了"过错树"，上面挂满了孩子们的过错瓶。如果，学校在成长礼、毕业礼把这些过错瓶埋藏起来，并与孩子们约定，二十年、三十年后再来开启，那么这些孩子对学校的依恋感、归属感该有多强。

在罗塘校区的校园里也有不少与经典名著相关的校园景点，比如藏着七个小矮人的"童话森林"，用来做优秀作品推荐导读的"转经筒"等，这些都成了孩子们的最爱。

教育就是唤醒。把经典名著中的那些生动的画面，呈现在孩子生活的校园里，能够唤醒更多孩子的好奇之心，吸引他们走进经典，回味经典。文化景观要有"故事"，让学习内容在校园成"象"、成"形"，成为课文掌故、历史经典的再现、延续和创生。

当校园的景观成了孩子们的心心念念，儿童也就真正站在了学校的正中央。

2

"构筑理想课堂"，是新教育人的孜孜追求。但是，在眼花缭乱的各种教学模式中，不少人迷失了方向。欲找到课堂革命的出路，得从静心来读书开始，尤其要通过教育经典的阅读，回到教育的原点思考、追问。

当更多的教师能够沉心静气地捧读经典、对话大师、聆听心灵的时候，教育就有了超越功利、回归本原、趋向完美的可能。

可惜的是，当下有太多的教师不读书。如果教师的手中只剩下可怜的教科书、教辅用书，课堂怎能不索然无味。不读书的教师，带着一群"不爱学习"的孩子，教师职业怠倦在所难免。于是，姜堰区不少学校借助"大阅读"行动，开始了教师阅读行动。东桥小学校长定期给教师读写班荐书，全校共读美学系列经典，开启了审美课堂的探索。桥头小学的教师"第九小时"，让教师在共读共写中彼此映照，寻找共同的语言密码。

在读什么书的问题上，很多学校的做法就是让学生多读甚至背诵大量作文选以应对考试，这是典型的功利主义的阅读行为。其实，与其让学生看同龄人写的作文，不如看经典作家的名著。南怀瑾曾经讲过一句话，他说我们以前读的书一辈子都管用，现在教材上教的东西，小学读的到初中就不管用了。以前学的东西为什么会管用呢？比如说，我们教孩子《论语》，第一节就是："学而时习之，不亦说乎？有朋自远方来，不亦乐乎？人不知而不愠，不亦君子乎？"背诵并默写。现在是"小公鸡咕咕叫"，"西瓜大，蚂蚁小"背诵并默写。前一个小孩子到了八十岁，有老朋友来访，把门一开，看到老朋友来了，很高兴，说："有朋自远方来，不亦乐乎？"后一个小朋友，一看老朋友来了，说："小公鸡咕咕叫！"这是什么？——老年痴呆。

"跟着名著看世界"，看过世界品名著。大阅读与聆听窗外勾连在一起，孩子们的生活、学习世界就变得立体了、斑斓了。

3

课程，是学校实现教育目的最基本的载体，也是学校提供的最重要的产品。没有课程支撑，"大阅读"之路无法行稳致远。这些年来，姜堰区不少学校聚焦"大阅读"，研发了形式多样的"卓越课程"。城南校区的"手指上的阅读"，让孩子们用生活中的废旧材料，将文学作品中的生动画面，制作成手工作品，实现了从浅阅读向深度阅读的掘进，《人民教育》专题作了介绍。东桥小学集团"三请曹文轩"，终于感动了"上帝"。他们不满足于名作家进校园签名售书、做个讲座这样的低层次活动，而是以课程开发的方式，组织全校孩子共读曹文轩唯美系列作品，请作者和孩子一起在课堂上分享体验、沙龙研讨，放大名作家进校园的效应。二实小康华校园，开发了"一本书的微课程"，在整本书阅读策略上有了系统的研究。

在专注"大阅读"校本化课程创生的同时，很多有改革意愿的老师还在国家课程上动起刀子，让国家课程这道主餐不但有营养而且有味道。如"小古文实验班""经典诵读实验班""快乐诗教实验班"等，都不再满足于把教材中的十几篇课文作反复的肢解，而是把海量阅读、趣味阅读带进语文课堂，追求"教材无非是个例子"的意境。课程的创生，让姜堰"大阅读"从无序走向了规范，从浅水湾迈向了广阔无垠的深蓝。

2016年新教育年会上，白米小学的潘兆良凭借"童画融合课程"，被评为新教育年度十佳卓越课程；2017年10月，他获评南怀瑾乡村教师奖（全国仅十五人）；2017年11月，他又被中国网教育频道评为"中国好教师"，并赴钓鱼台国宾馆参加授奖仪式。

据潘老师说，这个课程的创生缘于一个偶然的机会。一次作文课上，面对那些怕写作文的农村孩子，潘老师说："不会写作文，画画应当会吧，那么就请你们把要说的话用画画的形式表现出来。"于是孩子们就被潘老师"哄"上了先画画再用一段话写个说明的作文之路。

如此边画边写的作文教学探索，让这些农村的孩子不仅迷上了画画，也爱上了读书与作文。后来，潘老师又带着孩子"童画名著""童画古诗""童画中华传统美德""童画核心价值观"等，实现了语文教学与多个学科的跨界融合。

2015年到2017年，姜堰中学又连续三年夺得省高考状元，但成功的不仅是高考成绩拔头筹的学生，姜堰"营造书香校园"以阅读为重要基石的教育理想和行走方式，带给全体学生与以往不一样的生命体验。过一种幸福完整的教育生活，除了状元，成功的学生有许许多多，因为他们懂得了，状元只有一个，但享受成功享受快乐的方式却有千千万万种。

"渤海之滨，白河之津，巍巍我南开精神，汲汲骎骎，月异日新，发煌我前途无垠。美哉大仁，智勇真纯，以铸以陶，文质彬彬。渤海之滨，白河之津，巍巍我南开精神。"（南开校歌）

"碧梧何荫郁，绿满庭宇。羽毛犹未丰，飞向何处？！乘车戴笠，求无愧于

生。清歌一曲，行色匆匆。"（春晖中学毕业歌）

这是20世纪初，当时两所著名的基础教育界的名校——北南开、南春晖的校歌和毕业歌。

我们已经无从领略当年的大师们，当年的学子们在那样的歌声中，在那样的校园里是如何孜孜于学习、汲汲于真理的。但是，我们依然可以从歌词里感受到对历史和民族的虔诚，感受到超越于小我、现世的大气磅礴。

有那样的大师存在，有那样的人生导师和莘莘学子共读经典，指点江山，激扬文字，那么一所小学、一所中学就是真正的大学。而反之，今天大楼耸立的大学校园，如果没有操守高尚的大师，那就仅仅是面积大、人数多，而无大学之大。

4

课程的丰富决定着生命的丰富，课程的卓越决定着生命的卓越。

这是山西绛县教科局王丽娟老师开发的《生如夏花——小毛虫班"夏天诗词"主题晨诵课程》。

课程分为"夏之光，夏之灵，夏之魅，夏之语，夏之歌"五个部分，诵读经典有《后羿射日》《夸父追日》和杜牧、虞世南、周敦颐、苏轼、李清照、毛泽东、叶圣陶、泰戈尔等的诗词古文。

以第二部分"夏之灵"晨诵课程为例。

第二部分　夏之灵

【诵读目录】

《蝉》（古诗　虞世南）

《黄昏的蝉》（现代文　节选）

《知了的外衣》（童诗　金子美铃）

《西江月·夜行黄沙道中》（宋词　辛弃疾）

《咏蛙》（七言诗　毛泽东）

《萤火虫》（现代诗 卜聪）

《蓝萤火》（现代诗 金波）

【课例二】蝉

沐浴过夏日的阳光与风雨，我和孩子们一同走进夏天那虫儿们的世界。

提起夏虫，童年的记忆莅临心头。小时候，每个中午，身居农村的小小的我总能听到鸣蝉在院中的小杨树林里尽情歌唱，搅扰了美梦。

这蝉声也从唐朝的诗歌中传来——你看，梧桐之上，那蝉儿低饮清露；你听，蝉声清脆响亮，回荡树林之间。

【大屏幕显示】

蝉

（唐）虞世南

垂緌饮清露，流响出疏桐。

居高声自远，非是藉秋风。

诗歌中有两三个难读的字，通过注音的办法帮孩子们解决拦路虎。和以往的古诗文学习一样，采用了师生对读的形式进行诗歌的理解。不过，这次采用的问答式。

师：蝉垂下像帽带一样的触角吮吸着什么？

生：垂緌饮清露。

师：蝉儿的叫声从哪里传出来？

生：流响出疏桐。

师：蝉声远传的原因是什么？

生：居高声自远。

师：蝉声远传是依靠秋风吗？

生：非是藉秋风。

这首咏物诗，从形状、习性、声音等三个方面写出了蝉的特点，也清晰地勾勒出了一幅画面。女孩笑语将画面进行描述："一只蝉落在高拔疏朗的梧桐树上，垂下像帽带一样的触角吸吮着清澈甘甜的露水，不时自在地长鸣，声音悦耳动听，传出很远。"

诗中的"高"显然是一个很值得揣摩的词，在诗中有哪些含义？孩子们开始了议论纷纷。

"指蝉所居的梧桐树高！"泽坤快言快语。

"还指'饮清露'的品格之高。"晓鸣读过很多书，理解力和洞察力总是超越其他孩子。

借物言志是古人抒怀的一个常用方法。蝉声远传，是由于"居高"而致远，这告诉我们一个道理：品格高尚的人，并不需要某种外在的凭借，像地位、权势、吹捧等，他本身自然会有很强的昭示力，能够声名远扬。

诗人正是这样的一个人！品格高洁者，不需借助外力，自能声名远播。这哪里是说蝉呢？带着对诗人的敬佩，孩子们诵读中不自觉把情感融了进去。

对一个事物的喜好，不能仅凭直觉，还需要用心去品味。这时我适时引入了这样一段文字：

【大屏幕显示】

蝉的一生，绝大部分时间以幼虫的形态在地下度过。美国有一种蝉，叫"十七年蝉"，幼虫要在地下生活十七年之久。中国常见的蝉，也要在地下生活三五年。

原来蝉有一个漫长的"童年"，而且是在"暗无天日"的地下度过的！难怪它一旦走出"地狱"，就要面向太阳放声高唱。

法国昆虫学家法布尔称蝉是"心灵手巧，乐于与受苦者分享利益的工匠"。他还这样描绘蝉：蝉作为"歌唱家尽情欢乐只有五六个星期。这段不算短的日子过去后，它从树上跌落下来，耗尽了生命"。这就是法布尔笔下真实又感人的蝉——《黄昏的蝉》。

"哇！"惊愕写满了孩子的面孔，"蝉在地下生活那么长时间，却只能放声歌唱几个星期！"

我也被深深感染了："这就叫生命的歌唱，也是在歌唱生命的美好！让我们再来齐声吟诵虞世南的《蝉》!"

孩子们的声音也传了很高很远,如同一只只夏日的蝉儿鸣叫。

一只小生灵,给夏天的孩子们带来了无限的乐趣。孩子们最喜欢的就是小动物了,有种天生的亲近,在一首经典诗文的诵读中,孩子们汲取着智慧和力量。因为一节诵读课,蝉成为孩子们夏日世界里的一个震撼。

认知心理学认为,学习只有与孩子熟悉的生活经验发生关联,学生才有更深刻的体悟,学习才是主动的行为。

"对待经典我们绝不仅仅只是背诵、考证、研究,而是需要在对经典的阅读中,与文本实现一种超越时空的共同存在,让思想凭借着我们的重新言说与书写而复活,让隐蔽的真理重新显现,获得新生! 这才是阅读对文化传承与创新的真正意义。"王丽娟老师的"生如夏花"主题晨诵课程,正是融入了朱永新对阅读经典的精辟阐释的深层理解和自我创生。

回望我们走过的诵读旅程,

——生如夏花,是莲花的无瑕高洁、向日葵的灿烂绽放!

——生如夏花,是蝉鸣蛙叫,是萤火不息!

——生如夏花,是后羿、夸父、屈原、项羽、毛泽东等人不朽的精神!

——生如夏花,更是我们二十多个中华少年面向未来,永不止息的脚步!

这样的实践带给王丽娟欣喜不断:

一是激发了孩子们对夏天的热爱与思考。自始至终孩子们兴味盎然,总是对下一节课充满期待。众多夏天味十足的元素让学生多元化地理解夏天的蓬勃与旺盛、奔放与独特。

二是增强了学生的文学积累。我们诵读的目的不在于背诵,而在于一种精神滋养,或是成为一种生活方式,但我们不排斥熟能成诵。对于课程中出现的三十二篇各种类型的文章,几乎每个孩子都能背诵。这样的"主题式诵读积累"就以这种愉悦轻松的方式实现了。

三是激发了学生的写作兴趣。在每个诵读后,我都安排了学生进行适当的拓展延伸练笔,如《雷雨》《向日葵》《夏日捕蝉》《我看项羽之死》等题目,或学习写法,或辨析内容,十三篇文章的书写促进了读写结合,促进了思考理解。印象深刻的是要求学生自习观察向日葵的图片，模仿《荷》写一篇小古文时，学生表现活跃出彩，有一名女生竟在课程后的日记中还运用文言文写了自己看到的天鹅。

"少讲解多阅读、少课文多活动"，采用"一篇带多篇、篇章带整本"的阅读策略，创设更多的表达机会、更丰富的表达内容、更实用的表达方式。

孩子们读经典，从经典中体味生活，滋养精神，探索世界，格局变大，品性变雅，意志铸强，是"过一种幸福完整的教育生活"的新教育核心价值的经典再现。

5

和常丽华搭班的老师叫赵秀秀，一个刚刚毕业的年轻人，有很强的思考力。她在日记中这样来描述课堂改革的艰难：

常老师试着开始新的挑战，放弃设计精美的课件，自己把话语权给孩子，倾听孩子。每天常老师会跟我聊两句，也会说佐藤学的改革好难啊！也会埋怨孩子怎么不会说呢，也会因为有一点进步欣喜不已，也会想不出办法而着急……常老师跟我们这些刚从教的老师一样，真实地经历着一天天的改变。有一天，一个老师在班级里听课说："上学期，常老师不是这样上课的呀，变化好大啊！我一直是来看常老师上课的，今天看的是孩子们不一样了。"是的，课堂是孩子的，要看的就应该是孩子的思考……

课堂就是孩子和文本、同伴、自己的三重对话。走向对话，这是常丽华2014年课堂的追求。

秋天课程中，有一篇小古文《秋虫》：

明月将出，虫声四起，时高时低，时近时远，其声不一。

这堂课，我只有两个话题，孩子却给了我太多的惊喜。

第一个问题："自己读读，先在小组说说你明白了什么。"

小组讨论之后，孩子们的发言是如此精彩——

"明月将出就是明月出来了。"

"我反对她的说法，我觉得是明月快要出来了。"

"我赞同他的观点，因为有个'将'字。"

"时高时低是有的在高处，有的在低处叫。"

"我觉得他说得不对，我觉得可能是有的声音高，有的声音低。"另一组的孩子起身反驳。

"我觉得他们两个说得都对。我们可以理解成有的在高处叫，有的在低处叫；也可以理解成有的声音高，有的声音低。"一个小女孩立马起来发表意见。而整个过程，我并没有多少话，只是偶尔串联一下他们的发言。

在第二个话题"说说你能想到一幅怎样的画"时，孩子们的发言同样把课堂点亮了：

"我仿佛看到在一片竹林里，明月出来了……"

"我回忆起去年的事情，我到乡下奶奶家，晚上的时候，真是这种场景啊。"

"我也有这种回忆！"

……

这就是我期望的课堂：上着上着，老师就不见了。

好的教育也是如此。

正如朱永新所说，课堂，是真理呈现之处；教学，是知识散发出魅力之时。在静态的教材下面，蕴藏着人类最伟大的奥秘：发现宇宙与人类，书写宇宙与人类的整个过程。课堂教学，是这一发现与书写的重温，是这一发现与书写的延续。而如果没有将"问题—知识—真理"作为课堂教学的核心，那么教师的精彩表演是浅薄的，学生的小手如林是肤浅的，教育与教学的真谛，将没有被师生在课堂上把握，课堂用表面化的热烈，替代了紧张的脑力劳动——而紧张的脑力劳动，有针对性的思维训练，正是课堂教学的本质所在。

从某种意义上说，一个没有阅读的城市，是一个没有"人"的城市。

一个书香充盈的城市必然是一个美丽的城市。

第十九章

阅读，一座城市最美的风景

1

前不久，一篇红遍网络的文章让中国人深感忧虑，文章的题目是：《令人忧虑：不阅读的中国人》，这是一名旅居上海的印度工程师孟莎美写的——我在飞往上海的飞机上。正是长途飞行中的睡眠时间，机舱已熄灯，我吃惊地发现，不睡觉玩 iPad 的，基本上都是中国人，而且他们基本上都是在打游戏或看电影，没见有人读电子书。这一幕情景一直停留在我的脑海里。其实早在法兰克福机场候机时，我就注意到，德国乘客大部分是在安静地阅读或工作。中国乘客大部分人要么在穿梭购物，要么在大声谈笑和比较价格。

在中国各地中小城镇最繁荣的娱乐业就算麻将馆和网吧了，一个万多人的小镇，有几十个麻将馆五六家网吧是常事。

中老年人参与麻将，青年人上网，少年儿童看电视。中国人的娱乐生活几乎就浓缩为麻将、上网和看电视。

不管是在网吧，还是在大学的电脑室，我们可以看到，大多数都在玩游戏，少部分在聊天。在网上和图书馆查阅资料或读书的学生少之又少。

他说，或许我们对于一个经济还在迅速发展的发展中国家不应过分苛责。但我只是忧虑，如果就此疏远了灵魂，未来的中国可能会为此付出代价。

该文还引用了一组数据：

"据媒体报道，中国人年均读书0.7本，与韩国的人均7本、日本的40本、俄罗斯的55本、以色列的64本相比，中国人的阅读量少得可怜。"

不管这几个数字是否准确无误，但无论有着怎样的"出入"，都不影响"中国人的阅读量少得可怜"这个结论。

日本管理大师大前研一的著作《低智商社会》中说：在中国旅行时发现，城市遍街都是按摩店，而书店却寥寥无几，中国人均每天读书不足十五分钟，人均阅读量只有日本的几十分之一，中国是典型的"低智商国家"，未来毫无希望成为发达国家！

当然，我们可以说外国人的观察和描摹有失之偏颇的地方，甚至别有用心，打击中国人的民族自信心。

新教育研究院新生命教育研究所执行所长袁卫星也有这样的经历：有一次我坐高铁去省城，我的外侧坐的是一位上了年纪的法国女士。在一个多小时的旅程，这位女士一直都在安静地看一本法文小说，仿佛车厢里此起彼伏的电话铃声、喧闹声与她无涉。

新教育发起人、国家阅读形象大使朱永新也说，他一次出差在外住宾馆，用早餐时，看到隔壁餐桌的德国人边用餐边看一本书。他与这位先生打招呼，并问他怎么吃饭时还看书。德国人说，这是习惯，几十年养成的习惯，从小在家就是这样，身体要营养，头脑也要营养。

朱永新说，他从北京回苏州，特地在高铁上走了五节车厢观察，发现商务车厢的人都在睡觉，其他车厢的人在看手机。

有人总结中国人不爱读书有四个方面的原因：

一是国民文化素质偏低；二是从小没有养成阅读的良好习惯；三是"应试教育"，让孩子们没有时间和精力去读课外书；四是好书越来越少。除了第四个，其他三个方面都直接与教育有关。第四个方面严格说来也与教育相关，因为出版人都是由学校培养的，他们的阅读欣赏能力和审美趣味，也是昔日的教育造就的。

正是在这个"令人忧虑"的大背景下，作为国家阅读推广形象代言人，朱永新一直面向全国大声疾呼："从某种意义上说，一个没有阅读的城市，是一个没有'人'的城市。一个书香充盈的城市必然是一个美丽的城市。城市的美丽需要建筑、规划、绿化这样一个外在的气质，但是一个城市同样需要内在的魅力，内在的魅力就是人的品位。人的品位、气质从哪里来？阅读而来。"

朱永新始终认为：一个人的精神发育史就是一个人的阅读史，一个优秀的城市就应该拥有最善于阅读的市民。就拿苏州来说，苏州的经济奇迹很大程度上得力于苏州深厚的文化底蕴，没有高素质的苏州市民，苏州市的经济就不可能这样持续快速地发展。苏州的文化底蕴不仅体现在古典园林上，更多地体现在苏州的读书人身上，反映在图书馆的馆藏典籍中，反映在书声琅琅的校园里，反映在书香充盈的社区阅览室里，反映在书香满屋的市民住宅楼里。

2

"我们新开的山塘街，这是白居易在苏州做市长的时候，开设的去虎丘的通道。"那时候朱永新也在苏州做副市长，主管文教卫，正在抓苏州"国家卫生城市"的创建工作。那时他风华正茂，只有三十九岁，比白居易来苏州当一把手整整年轻十四岁。朱永新说自己很喜欢白居易，那个把诗歌读给老婆婆听的诗人。因为从《琵琶行》到《长恨歌》，白居易不仅体察了下层的苦难，为歌伎的遭遇而湿了青衫，也还给了帝王"人"的角色，同情作为一个帝王内心的痛苦与无助。"一个伟大的人道主义者，他用佛家的无差别心洞见人生，他避免了人们常用的那种等级偏见。"朱永新很赞同官员中最会读书的李书磊对白居易的这一评说。

山塘东挽"最是红尘中一二等富贵风流之地"的阊门，西携"吴中第一名胜"虎丘。"自开山寺路，水陆往来频。银勒牵骄马，花船载丽人。"这是大诗人白居易的杰作。

公元825年（唐宝历元年），时年五十三岁的白居易从杭州转任苏州刺史。他一上任，马上进行实地调查和走访民众，发现虎丘与古城之间的交通几近隔断，同时，由于河道不畅，附近水灾频发，许多居民房屋被淹，流离失所。白居易急民之所急，立即与属下研究制定了苏州交通和环境整治的目标规划。组织百姓开凿水道，由阊门城河直达虎丘，并与运河贯通。这条水道就是山塘河，开凿水道的淤泥堆积河边形成了一条长堤，堤上种桃柳，堤内栽荷藕。后人为纪念白居易称之为"白公堤"。时间长久，"堤"演变成"街"，即为山塘街。白居易对自己的这一民生工程很是得意，"好住河堤上，长留一道春"。临河而居，春暖花开，是百姓永远的梦想。

苏州这个城市太幸运了，唐朝三位有名的大诗人韦应物、白居易和刘禹锡都曾做过苏州刺史，"苏州刺史例能诗"。苏州的美景、美食、美人、美俗，成了唐诗宋词里全体中国人的乡愁。不仅如此，还走出国门，圈得粉丝无数。白居易的诗在日本最受天皇追捧，只要"白诗"一出，他立马月下花前苦苦思索，不和一首，则心无宁日。世界上第一部写实长篇小说《源氏物语》中引用白居易诗达八十三首，可见作者对其喜爱的程度。

白居易开挖山塘河，连接阊门和虎丘，这是一个具有远见卓识的大手笔，开苏州千年繁华之先河。

唐时，苏州是"人稠过扬府，坊闹半长安"。两宋，"风物雄丽为东南冠"，俗谚"上有天堂，下有苏杭"。元代，商肆林立，手工业特别发达。明时，苏州东北半城"比户皆工织作，转贸四方，工人万余"，"苏州织造"是金字招牌，苏州货成为全国甚至全世界的抢手货。清雍正年间，阊门至枫桥，"烟火百万户"，"列市二十里"，"堪称当时全世界最大城市之一"。

如今的苏州依然是中国发展最快、经济最发达的城市之一。2017年苏州全市完成地区生产总值1.7万亿元，紧随上海、北京、深圳、广州、重庆、天津之后，位居全国第七位，经济实力为全国地级市之首。平江、山塘历史街区分别被评为中国历史文化名街和中国最受欢迎的旅游历史文化名街。拙政园、留园等九座园林和大运河苏州段被列入世界文化遗产，昆曲、缂丝等六个项目入选人类非物质文化遗产代表作名录，近现代中国苏州丝绸档案入选世界记忆遗产，是世界遗产城市组织中国唯一正式会员城市。

有人不免疑惑，历史悠久的城市不是很多吗？为什么有的却没有产生出新生活力和生命力呢？除了大家可见的历史机遇，朱永新道破了另一层玄机："光有文化底蕴也是不够的，必须用现代意识去激活古老的文化元素，这样古韵与今风才能和鸣。"

问题是如何去"激活"。

朱永新直言不讳，文化本身并不直接影响竞争力，当一个城市的领导阶层以及民间都有了强烈的"文化自觉"之后，文化价值才能得以"激活"，在此根基上生长起来的人文精神才成为竞争力的重要组成部分。而打开"激活"的最好方式就是阅读。不会阅读的城市是没有生命的城市。一座城市因阅读而精彩非凡，一座城市因阅读而令人尊重。书香洋溢的城市必然是美丽动人的城市。

3

正如文化的欧洲，并不只是存在于雨果的小说、黑格尔的哲学、莫扎特的音乐之中，它也活在被列入世界遗产名录的塞纳河、吕贝克、萨尔斯堡等地的风景和街道里，活在内部不断现代化而外观亘古不变的民宅、咖啡馆、画廊、博物馆所构成的城市生活里。

文化的苏州，也不仅仅存在于白居易等历代名家的唐诗宋词里，文徵明、徐扬等大画家的画轴里，此音只应天上有的昆曲、评弹里，它还活在苏州园林里，活在平江路、山塘街的小巷人家里，活在苏州人一个个云淡风轻的平常日子里。

1997 年 12 月 4 日，以拙政园、留园、网师园、环秀山庄为典型例证的苏州古典园林正式列入世界遗产名录。两年后的 11 月 30 日，在澳大利亚凯恩斯召开的联合国教科文组织第二十四届世界遗产委员会全体会议上，另一组苏州古典园林沧浪亭、狮子林、艺圃、耦园及退思园等，又作为世界文化遗产扩展项目被正式批准通过。一个城市有九处古典园林进入世界文化遗产名录，在中国独此一家，在世界上也是稀有。朱永新恰在此时上任苏州市分管文化教育的副市长，既心情激动又心事重重。"我一直在想，如果没有他（谢孝思）在中华人民共和国成立之初的文化自觉，苏州的园林、苏州的文化，会不会是另外的模样？"

从改革开放至今的四十多年里，在现代化和城市化的借口下，中国的六百多

父母的书架决定孩子的未来

座城市都经历了旧城改造和重建，结果是每个城市的样貌都变成了一个样。

"我担心将来中国人会在自己的城市里迷路，不论哪个城市，满眼全是现代建筑。所有文化旧址、胡同、街道，都被房地产开发商的推土机铲平，造起来的楼盘，基本上都是一个样，原有的城市个性和特点都消失了。"中国城市面貌的千篇一律，冯骥才每每说起就痛心疾首。

在当今"千城一面"的大规模城市建设中，苏州能够独树一帜，个性鲜明，被世界认为是"最能代表中国的城市""最具中国味道的城市"，原因何在？

有人说，那是因为苏州城的风水好，从城市规划学与建筑学意义看，苏州是世界上最早将城市规划学（相土尝水）、城市设计学（相天法地）、风景园林学（虽由人工，宛若天开）与建筑学融成一个体系，凝聚在一个城市中的代表卓越的中华文明的杰作。苏州"水陆相邻，河街并行"的"双棋盘"格局世上绝无仅有，这是江南水乡作为"城"，最利攻防和管理；作为"市"，最利物流和交易的最佳城市规划。苏州城的建造者伍子胥功莫大焉。

有人说，苏州两千五百年城址不变，繁华依旧，是因为苏州很幸运，有白居易、范仲淹、张国维等一批文化名流、贤臣能吏主政苏州，治理苏州。

有人说，天堂苏州富贵风流千年传承，这与苏州有着自己的发展模式和生活方式有关系，像四大才子唐伯虎、文徵明等人，虽然放浪形骸纵情山水，却醉心艺术、毕生探求。又如东林党人，敢于抨击时弊痛陈国运、高风亮节罔顾生死。

还有人说，苏州城千年不衰且越来越精彩，是因为苏州市民素质高。别处的时尚，是想着把一元钱变成十元钱；苏州的时尚，是"造个园子过日子"，是将柴米油盐变成风花雪月。

朱永新说，没有谢孝思，就没有苏州的今天。

苏州的老百姓也是众口一词：苏州古城保护能有今天，寒山寺、留园、拙政园能有今天，苏州博物馆能有今天，谢孝思先生功不可没！

谢孝思对苏州古城有两项历史性的杰出贡献。一是新中国成立伊始，他以苏州市文化局长身份，提出并主持苏州园林的修复工作，使当时已破败殆尽的多处重点园林获得再生，为后来苏州园林荣获联合国人类文化遗产称号立下不二功勋。二是在改革开放中，他担着极大的风险，一再上书中央，力陈保护苏州古城的历史意义和文化价值，并为此四处奔波，寻找契机，最终得以实现。

对于两千五百多年的苏州来说，许多人都只是一个匆匆过客。你来了，你走了，你甚至都不如一棵树、一块石头那样，能在这里留下点痕迹。他来了，他走了，却被媒体称之为两千多年来对苏州贡献最大的两位杰出人物之一，他就是贵州人谢孝思，另一位是楚人伍子胥。一个"相土尝水""象天法地"建造了苏州城，一个为苏州城还了"魂"，把濒临圮废的苏州园林修建如旧，还魂新生。没有他，苏州的园林也许就像古巴比伦的空中花园，只剩下美好的传说，或者荒草瓦砾一片，任后人在夕阳西下时凭吊叹息。苏州两千五百多年的历史与文化固然深厚与博大，但如果没有一代又一代文化名人的挚爱与培植，没有他们将源源不断的聪明与才智投入并营造，其辉煌恐怕也难逃出日薄西山的命运。苏州城如果没了苏州园林，也许就像古罗马城、埃及古城卡宏、中国商代都城安阳殷墟、周朝都城丰镐那样湮没废弃。苏州园林就是苏州城的魂，失魂落魄，造再多的高楼大厦，也是一具空的躯壳。

现在接力棒交到了朱永新的手上，如何进一步保护苏州园林，成了苏州城市管理者心头的一件大事。然而，不管采取怎样的保护方案，有一点是肯定的，即随着城市建设步伐的加快、城市人口的增加、城市商业经济的活跃，苏州园林已经不可能像过去那样隐于古巷、"独善其身"。那种关起门来，只埋头整理园林内部小环境，不顾外部环境变化的保护模式显然已经行不通，对苏州园林的保护必须与城市整体规划发展融为一体。

朱永新1997年年底上任伊始，就挑起了创建国家卫生城市的重任，离国家考核仅剩四个多月的时间。虽然他的前任们打下了坚实的基础，城市面貌已经有了很大改观，但春节前后的回潮现象非常严重，一些居民区和城乡接合部的暴露垃圾成堆成片，"白色污染"、河道漂浮物随处可见，垃圾箱房一片狼藉，违章建筑"日新月异"，媒介的曝光、群众的怨声，使他寝食难安。他明察暗访做调研，了解实情制订方案，天天"现场办公"，抓重点、攻难点，很快就遏制了回潮的势头。

四个多月的时间里，朱永新走遍了苏州的大街小巷。还是那个"拼命三郎"，"从政一样要追求卓越！"他不畏艰难、不辞辛劳，"一百多天走的路，超过了我在苏州二十年所走的路。走破了两双皮鞋……"说起过往，他母亲则心疼不已，"人瘦了整整一圈哪！起码掉了二三十斤肉……"功夫不负有心人。1998 年 5 月，苏州市被正式命名为国家卫生城市。他没给自己喘息的机会，更没有居功自傲，立马组织相关人士研究制定了城乡联动、整体推进、扩大创建成果的工作思路和措施。经过几年的不懈努力，苏州所辖的六个县级市也都全面建成国家卫生城市，苏州因此成为全国第一个国家卫生城市群，得到了国家爱卫会的通报表扬。

在分管的领域里，他几乎都提出了若干积极的改革措施，其中成绩最大的，当数教育。他提出了扶贫帮困助学行动计划、改造相对薄弱学校行动计划、培养名师名校长行动计划、素质教育行动计划和教育信息化行动计划五项教育行动计划，为苏州地区的教育夯下了扎扎实实的基础。

从 1997 年到 2007 年，他在苏州市副市长的任上整整十年，他分管的工作方方面面均卓有成效。市中心血站新大楼、市卫生监督所、苏州图书馆新馆、市体育中心……一座座拔地而起的现代化建筑，都默默地在向人们诉说着他曾呕心沥血的付出。

4

一个城市，经济腾飞，物质财富增长固然重要，但这并不是社会发展的终极目标，文脉留香才是一个城市历久弥新的强大力量。一个国家，只有文化的强大才是真正的强大，只有文化的复兴才是真正的民族复兴。一座城市的气质，往往是由它的文化特质所决定的。"文化自信是一个国家、一个民族发展中更基本、更深沉、更持久的力量。"可以说，改革开放四十年来，尤其是党的"十八大"以来，苏州以高度文化自信打造了一座古韵今风的现代化国际化城市，成为中国全面建成小康社会并开启探索基本实现现代化道路的一个成功范例。

1998 年苏州"两会"期间，部分人大代表和政协委员建议建设苏州博物馆新馆。1999 年 6 月 20 日苏州市文化局向市委、市政府提交苏州博物馆新馆建设报告，市委、市政府决定建设苏州博物馆。1999 年 6 月选址开始，选址、论证工作历时四年。

"苏州博物馆新馆选址在哪里，由谁来设计？是苏州市政府当时首先考虑的问题。显然，不管从苏州还是从世界的角度来考虑，贝老是我们的不二人选，然而，当时的贝老年事已高，要想请动谈何容易！"朱永新谈起当年筹建时的情形仍历历在目。

　　朱永新笑称，当时为了打动贝老，他和苏州市文广局局长高福民多次赶赴美国，带去了家乡的昆曲、评弹等，希望能勾起贝老的思乡之情，并劝说贝老："您为世界各地设计了很多知名的博物馆，但在家乡苏州还没有留下一件作品，这是苏州的遗憾，也是您的遗憾。"终于，贝老被家乡人民的真情所感动，决定担纲博物馆新馆的设计。贝聿铭在一次访谈中曾经说道："我企图探索一条新的道路：在一个现代化的建筑上，体现出中国民族建筑艺术的精华。"他希望："能尽我的微薄之力报答生育我的那种文化；我希望能尽量帮她找到新的方式……"

　　在整体布局上，新馆巧妙地借助水面，与紧邻的拙政园、忠王府融会贯通，成为其建筑风格的延伸。

　　北墙之下独创的片石假山，这种"以壁为纸，以石为绘"，别具一格的山水景观，呈现出清晰的轮廓和剪影效果。使人看起来仿佛与旁边的拙政园相连，新旧园景笔断意连，巧妙地融为了一体。

　　"因为我们一直认为建筑也是一种文化，现在很多地方都把建筑看成建筑，实际上建筑如果没有文化品位的话，建筑往往可能就没有存在的价值，或者说过若干年以后就会被撤掉，所以我们现在摩天大楼十年被撤的故事已经很多……贝聿铭先生在苏州做了一个苏州博物馆，既是中国的，又是苏州的，同时也是现代的，是世界的，我觉得它就是一个文化建筑的典范。"

　　而朱永新为选址论证、为聘请贝大师所花费的心血，远比跑破两双鞋创建国家卫生城市付出的多。但他一直很淡然，觉得这都是他这个分管副市长的分内事，做好做优是一种责任，是对子孙后代负责，是为两千五百年古城文脉的延续和传承，做了自己应该做的。

　　"建筑是可阅读的"，无论是白居易的"七里山塘到虎丘"，还是文徵明参与修筑的拙政园，抑或贝聿铭的苏州新博物馆，都是文化苏州留给后人阅读的一个最珍贵的版本。

习近平总书记说："历史文化是城市的灵魂，要像爱惜自己的生命一样保护好城市历史文化遗产。"

"作为一个苏州人，我一直为这个城市的独特魅力而自豪。为这个城市的每一口古井、每一条古巷、每一个古镇古村落、每一座古典园林而自豪；为这个城市拥有80%太湖水域的湖光山色而自豪；为这个城市美轮美奂的昆曲评弹和精彩缤纷的吴门书画、双面刺绣而自豪；为这个城市拥有伍子胥、孙武子、范仲淹、顾炎武、李政道、贝聿铭、吴健雄等文化名人而自豪。"而朱永新自己，也在这个美丽的城市留下了一串串坚实的脚印。

对于学校的建筑，朱永新认为："有时候，最好的教育，往往发生在某棵大树之下，某间临时帐篷之中，或者在几间最朴素的土房里。在学校发展的历程中，我们应该尽可能保留这些记忆。"在朱永新主持苏州教育工作的期间，曾经面对苏州中学的扩建问题。这是一个千年府学的遗址，也是百年新学的见证。那些遗址是文物，当然不会轻易拆除。但是那些红色的 20 世纪四五十年代建设的小楼，要不要保存？朱永新坚持，学校应该保留这些建筑——尽管拆除它们建设更加现代更加宽敞的教学楼，无论从视觉效果还是从经济效益都会更好，但是从学校的历史记忆，从学校的文化自觉来看，保存可能更有意义。因为，钱穆、钱伟长、胡绳、叶圣陶、孙起孟、陆文夫、吕叔湘等文化名家以及三十多位院士，曾经在这些教室里学习、工作过。

苏州十中、平江实验学校、草桥小学等，都是名实相副的"最中国的学校"，不仅园林式景观令人感喟震撼，校园"守旧如旧"的文化传统，也是朱永新主政苏州教育期间的有功之举。

5

"自解放初期来到苏州，在移居苏州六十年的时光里，谢孝思和我们的城市一起，经历了这个时代中最为复杂和痛苦的变化，毁坏和建设均超出了历史的想象。沧桑吾城，几多磨难。今天，历史早已经对那些往事做出了结论，并给予了必要的纠正。然而，无论是在最困难的日子里，还是在文化建设如火如荼的日子里，作为文化名人，作为著名书画家、美术教育家和社会活动家，六十年来谢孝思始终为苏州的文化保护与建设呕心沥血，付出了所有，做出了卓越贡献。谢孝思所思所想和所做的一切，就是让苏州的文化后继有物、后继有人，他为此奔走呼吁，创造条件。成之，他欣喜若儿童，欢欣鼓舞；挫之，他忧心若焚，寝食不安。"朱永新说起前辈敬仰不已。

谢孝思不是苏州人，却以苏州为家，为苏州殚精竭虑，为苏州添薪续火。这是苏州的骄傲，更是苏州的幸运与福分，也是苏州美丽延续之所在。六十二年的苏州岁月里，谢孝思的名字与苏州园林、书画、评弹、彩绘、道教音乐等"最苏州"的元素紧密相连。从文物保护到园林修复，从文艺创作到人才培养，没有人会怀疑他作为"苏州功臣"的评价。

2014 年 5 月，由中国科学院紫金山天文台发现的、国际编号为 204836 号小行星，经国际小行星中心和国际小行星命名委员会批准，正式命名为"谢孝思星"。国际小行星中心在向世界各国天文台发布的"谢孝思星"命名公报中指出，"谢孝思（1905—2008），是一位著名的'世界文化遗产守护人'、中国园林艺术家和书画家，他在苏州古城保护、古典园林修复和文物抢救等方面做出了许多重要贡献"。

小行星命名是一项崇高的荣誉，获此殊荣的多是流名千古、享誉世界的伟人和科学家，文化名人并不多。朱永新说"谢孝思星"和文化遗产守护名人的命名，是对这位世纪老人的生平业绩，他高尚的人品与不倦的敬业精神，他富有远见的对文化遗产担当与坚守的最大嘉奖，最高荣誉！这位老人铁肩担道义，充满信念与追求，积极谋事，不断有所作为的百年人生，必将常存于我们的记忆中，成为我们追忆与感恩的光辉典范。

"认识谢老的时候，我还是个不到三十岁的小伙子，刚刚参加民进不久。"贵州人谢孝思对年轻的苏北人朱永新关爱有加，"他对国家的情感，对党的忠诚，对民进的热爱，对年轻人的关心，溢于言表。每次开会时听到他那带有浓厚贵州口音的普通话，总感觉特别亲切。"后来朱永新也做了民进苏州主委，当了副市长，分管文教卫这一块，在苏州新博物馆建设、苏州图书馆建设等大型城建规划建设项目中，他都秉承了谢孝思的以人为本、文化为魂的城市建设理念，既兼听则明，也无惧反对派的众声喧哗，关键时刻能坚持正确的决策方向，能拍板，勇于承担责任。苏州新博物馆在众多的非议声中历经四年才定下方案，即使聘请到了贝聿铭这样的世界顶级大师担纲设计，开工建设后仍有向国务院、向联合国教科文组织申诉告状的。苏州人民太热爱自己的园林了，生怕弄个"狗尾续貂"，"一粒老鼠屎坏了一锅汤"，把"中国园林之母"拙政园毁了，把全国重点文物保护单位、太平天国唯一幸存的王府"忠王府"也毁了，报刊上的文章连篇累牍，赞成的反对的，各执一词，莫衷一是。

在一片质疑声中，苏州新博物馆终于完工了，赞美声中，朱永新心中的一块石头终于落地了。

苏州图书馆的建设，也绝非一帆风顺。此处原是苏州市政府所在地，往上追溯，是东山望族席氏家族在苏州城的一处花园私宅。古城中心，寸土寸金，市府迁往新区后，许多垂涎三尺的人都盯上了这块风水宝地。苏州的主政者，也不都是意见统一，对此处的规划，有种种盘算。最终，在朱永新的坚持和说服下，大家达成共识，最好的地块建最美的建筑，让文化苏州再添一处精神家园，让市民拥有一处"城市书房"，让读书人在此处饕餮大餐，汲取精神养料，过上幸福人生。作为民进老前辈，作为引路人，作为精神导师，谢孝思每每在关键时刻给予朱永新贴心点拨和坚守的定力。

保持原貌，修旧如旧。这是谢孝思为苏州园林修复定下的既定方针。

纵观苏州园林的发展史，她的最最辉煌期应该定格在 1949 年以后。无论是园林自身的规模，还是园林的精致程度，都是前无古人，很可能也是后无来者的。因为在新中国成立初期的修复中，苏州老宅中最好的构件，大都用在苏州园林上了。

苏州古城的古建筑精华，几乎都集中在苏州古典园林中了。如若不然，"文革"浩劫，它们很可能在劫难逃，早灰飞烟灭了。

谢孝思是新中国苏州首任文化局长，他与懂园林的周瘦鹃、范烟桥、陈涓隐、蒋吟秋、汪星伯等，以及上海、南京的园林专家陈从周、刘敦桢一起组成了苏州市园林修整委员会，共同商议如何整修。苏州园林的文化基因，从白居易、刘禹锡、韦应物到倪瓒、文徵明以及贝聿铭，一脉相承。

谢孝思是苏州古典园林保护和修复的不二功臣，朱永新为苏州博物馆和苏州图书馆选址建造殚精竭虑，同样留下值得历史铭记的浓墨重彩。

6

文人造园是苏州园林的一个主要特色，这就是苏州园林的核心竞争力，或称之为"软实力"。拙政园为什么成为中国园林之母，四大古典园林之首？皆因其布局的山岛、竹坞、松岗、曲水之趣，被胜誉为"天下园林之典范"。而拙政园的设计者正是明四家的文徵明。

观赏园林就是在读诗文，园林美景是作诗的母体，而诗文又是景色的注解，正所谓景情交融。走在园中举目望去，步移景异，无处不是一首首、一篇篇耐读而又隽永的诗文。如梧竹幽居（拙政园）、月到风来（网师园）、看松读画（网师园）、雪香云蔚（拙政园）、涵碧山房（留园）、林泉耆硕（留园）、菰雨生凉（退思园）、水殿风来（狮子林），如果头脑里有点古诗旧存，便可添加许多咀嚼回味。还有园林中的廊道、门额，一些砖刻、石枋，如"网师小筑""枕波双隐""长留天地间"以至"曲溪""印月""听香""读画"无不内涵丰富，意境高雅，这些匾额起了点睛作用。

这些园林原是文人兴之所至，诗文兴情以造园，园中必然有读书的书斋，有吟诗品文之吟馆，有挥毫涂墨之画轩，所谓"诗中有画，画中有诗"，处处皆有景，无处不入画。

"南石皮记"也是一座园子，园主也是一位画家，叫叶放。2001 年，他在苏州繁华的十全街支路上，与四位朋友一起买下了南石皮弄五幢连体别墅。再把五家的院墙打通，用了三年时间，把五百平方米左右的空间设计成"麻雀虽小五脏俱全"的现代私家园林——南石皮记。水榭、半亭、假山、石室、半栏桥、荷花池、美人靠、活水源等各种古典园林建筑元素都一应俱全。所有见到的人都觉得叶放太牛了！但叶放却谦虚地说："我之前画水墨，是纸上的灵泉，现在建造园林是地上的灵泉，它跟一件作品是一样的，只是意识形态上的转变。"

离"南石皮记"不远，就是世界文化遗产网师园，所以也可以说"南石皮记"和网师园是街坊。在园林这个立体形态的生活空间里，叶放的爱好成为园林生活展示的一部分。他坚信，每个人的心中都有一个士大夫，于是帮忙朋友做一些寿宴或者一些主题聚会，称作"花市雅集"。品茶饮酒自不必说，好玩的是聚会间，有的客人用宋朝官话唱一首苏州评弹，2005年的一次家宴上，叶放甚至把白先勇的班子请来，在园子里演出了袖珍版的实景昆曲《牡丹亭》。

2008年的大年初二，刚调到北京工作的朱永新邀请我们几个作家去叶放的"南石皮记"。下过雪，园林景致很清幽，感觉有意境。我们坐在木凳上，别致的茶具，别样风味的茶叶，大家随意喝茶聊天。聊着聊着，叶放讲起了狐仙的故事，并指着旁边椅子上的垫子说，有爪印，还带血。我感觉我们几个就像《聊斋》中的人物，而周边的环境也像，曲桥幽洞，老梅枯藤，还有檐瓦上覆盖的白皑皑的雪，加上叶放和朱文颖的复古装扮，让人有一种穿越时空的感觉。

这是作者的一段日记。作家是不太好说话的一群人，特别苏州这样地方的作家，骨子里还是有几分傲气的，小日子有的过，不求大富大贵，也不奢望飞黄腾达，有点无欲则刚的古风流韵。朱永新在大家的心目中，还是官员里靠谱的人，所以也愿意跟他交朋友。他刚上任副市长不久，有一次特地请几位作家吃饭，其中一位酒喝多了，对他出言不逊，他当时仍笑脸相对，过后这位作家有事请他帮忙，他在政策许可的范围内给他办了。有学问，肚量大，给人办事真帮忙，这是作家对他的评价。

像叶放的"南石皮记"这样的园子，在苏州新造了许多处。盛世造园，乱世毁园。美国社会哲学家芒福德在《城市发展：起源、演变和前进》中写道："人类发展史上创造了两个工具：一个是文字，另一个就是城市。"人类正是通过这两大工具，一步步提高自己，创造出无限丰富而美丽的物质文化和精神文化，实现了人类社会的一次次飞跃。文字（阅读）和城市这两件人类史上极其重要的事，在很早以前就联系在一起。一个城市可以千姿百态，但是从它的内在来说它必须拥有自己的精神力量，才能唤起这个城市的人们的归属感。

朱永新说："这个精神力量从哪里来？我认为应该是从人而来，从一个城市的人的气质、品位、精神境界而来。城市是人的城市，是人的群体活动创造的成果。"

一个美丽的城市，一定有满城飘溢的书香。

平江路作为苏州的一条历史老街，北接拙政园，南眺双塔，自宋代以来，这块宝地上就出了十七位状元，为苏州第一，是名副其实的"状元之乡"。

如果说一个地方出现一个学霸还可能是偶然，但一条街上总出学霸，就绝对和环境的影响有密切关系。

宋景祐年间，范仲淹在苏州做知州，他设立了当地第一家义庄。除了提供粮食和住所给穷苦人家外，还开办义学，给底层百姓"书包翻身"改变命运的希望。从那之后，老街上有了书香的浸润。

明万历年间，平江老街走出的状元申时行回到故乡办义庄，带动了当地义学的兴盛。

走在平江路上，小巷深处不仅有浓浓的人间烟火味，还有从粉墙黛瓦老房子里逸出的历久弥新的一阵阵书香。

平江路的北端就是拙政园，与拙政园相连的苏州新博物馆，为书香苏州更添一笔最美风采。

"从某种意义上说，一个没有阅读的城市，是一个没有'人'的城市。阅读的过程，是人的社会意识、价值观念、文化素质等不断提升和发展的过程，是一个不断赋予城市生命活力的过程，是城市发展的核心。人的发展过程，也是城市不断实现其本质、找回其存在意义的过程。一个书香充盈的城市必然是一个美丽的城市。当我们在一个城市的地铁上、公交车上，看到的是人们在大声喧哗、打扑克、聊天、嗑瓜子，和在一个城市看到的是很多人都在静静地读书，你的感受是不一样的。所以，最优秀的城市应该拥有最善于阅读的市民。"

朱永新对城市的解读，让我们感受到他当年之所以坚持选址拙政园旁建造苏州博物馆，坚持在人民路上的黄金地段建造苏州图书馆，坚持保留苏州中学20世纪四五十年代的红砖教学楼建筑，坚持保存一大批苏州中小学校园里最具苏州元素的园林和古旧建筑物，都是从城市的本质出发，从阅读——城市才有灵魂才有生命活力才能延续历史文化基因的现实意义出发。我们在感谢伍子胥和谢孝思的同时，是不是也要感谢一下朱永新呢？

是的，美丽的城市，让人类诗意地栖居在大地上，除了山水园林，她必定书香四溢，只有书香浓郁之处，精神的家园才会美好，故乡才是真正的故乡，才能真正给予人们以慰藉和鼓舞。

蹉跎莫遣韶光老，人生唯有读书好。

如果有天堂，那应是图书馆的模样。

第二十章

读书之乐乐无穷

1

在 2003 年的全国"两会"上，朱永新曾经提出过一个关于建立国家阅读节的提案。"我在提案中说，一个人的精神发育史就是他的阅读史，一个民族的精神境界取决于这个民族的阅读水平，一座书香充盈的城市才会是美丽的城市。虽然提案由于种种原因没有被采纳，但是许多开展新教育实验的学校从此开始了书香校园的实践，他们把 9 月 28 日孔子的诞辰日作为校园阅读节，读书活动开展得如火如荼。这给我很大的启发，苏州是不是也可以拥有自己的阅读节呢？"

在国外考察期间，朱永新曾经无数次感叹，为什么美国和法国的地铁里，人们普遍在捧读一本随身口袋书？在国外的公园和城市公共空间，为什么有那么多的人在沉静地阅读？德国人躺在家门口的花园里晒太阳，手里读着一本书，旁边卧着一只黑背。多么美的生活图画。反观我们中国，老百姓在公共场所大声喧哗，随地吐痰，随处抽烟，到处是麻将馆、游戏室、足浴房，节假日亲朋好友聚会，也是凑一桌打牌搓麻将，除了刷题做作业的中小学生，很少看见有人把读书作为休闲乐事的。在我们的国家，这个有着五千年悠久历史、传统文化底蕴丰厚的国度里，国人为何这么多年来一直对于阅读有着不可思议的漠视和冷落？

父母的书架决定孩子的未来

"相对于世界的其他民族来说，我一直认为中国的读书人口实在太少了，太少了。你说在日常生活中，我们有多少人在读书？无论是在机场，在公共的场所，还是在每个人的家里，我们有多少人在读书。但是我们看到他们老外的时候，无论是在机场，无论是在公共场所，无论是在他们的家里，大家都在读书。我经常很感动。"

　　他说有一次出差，在一个比较高档的饭店用早餐，看到一个老外，一边喝牛奶、吃早餐，一边翻看一本书。我想吃早餐看什么书，我就跟那人开玩笑。我说："你怎么一边用餐、一边看书？"他说："我们经常这样。进早餐的时候，在吸取躯体养料的同时也就吸取精神养料。"我想，他不是为了作秀，他是把这段时间留给了自己，是他的生活方式。所以，我一直说，阅读应当成为我们最日常的生活方式。有人曾统计过：俄罗斯人每20个家庭，就拥有一套《普希金文集》；韩国的家庭是把书柜代替酒柜。韩国家庭96％以上识字人口的家庭都拥有书柜，拥有超过500本藏书。也就是说，韩国的家庭基本上家庭藏书已经非常普及了。但是，我们的家庭、我们苏州的农村家庭呢？《苏州日报》做过调查，我们苏州的农村家庭65％以上的家庭没有藏书。有的企业家，办公室装潢豪华考究，但书橱里放的书很少，甚至没有，也有放着装帧设计考究漂亮的书籍的，但仔细翻翻，纯属摆设，那书不是用来读的，是装面子的，有的压根就不是书，只是个书壳。老百姓呢，热衷于打麻将，跳广场舞，看电视，真正能静下心来读书的，几乎凤毛麟角。苏州如此，全国也是一样。

　　他说想到这些，我真的忧心似焚，经济上去了，生活水平提高了，但道德和文化修养止步不前，我们国家的发展还能持续吗？

　　高尔基说"书是人类进步的阶梯"；苏霍姆林斯基说"无限地相信书籍的力量"；罗曼·罗兰说"在书中发现自己，检查自己，提升自己，超越自己"；莎士比亚说"生活中没书籍就如没阳光，没书籍支撑的智慧，就如鸟儿没翅膀"……宋朝诗人翁森说"蹉跎莫遣韶光老，人生唯有读书好"；范仲淹呢，不仅自己"划粥断齑"苦读，事业有成后，还在家乡创办府学，让苏州成为"东南学宫之首"。

　　朱永新说古人云，一日不读书，即面目可憎。我自己的体会是：一日不读书，心里没着没落的。创办苏州阅读节，一直是他心中的梦想。

"我把这个想法与苏州市委宣传部的同志们一说，立刻得到赞同。他们说，苏州是一座有着丰厚历史文化底蕴的城市，有着崇文重教的传统，如何让这个传统薪火相传，是一个非常重要的问题。他们也一直在想着如何推进市民阅读这件事情，有这样一个节日作为载体，非常有必要。而与新闻出版局的同志们一商量，他们也非常兴奋，认为这是一个推动工作的好抓手。于是，大家开始紧锣密鼓地准备起来，从阅读节图案标志的征集（一个幻为水影的'阅'字），到阅读节口号的讨论（'阅读，让苏州更美丽'），再到阅读节具体活动的设计，苏州市委宣传部与新闻出版局都做了大量的工作。最后，阅读节的方案在市政府的办公会和市委常委会上都顺利通过了。"

朱永新说，作为当时分管文化、出版的副市长，我只是在市委、市政府的总体部署下，在新闻出版局等部门具体工作的基础上，做了应该做的事情。这些事情主要是事前的谋划，帮助领导做好参谋；过程的推进，做好工作的细节；事后的总结，研究得失成败，为今后的工作提供经验与教训。

2005年，苏州第一届"阅读节"拉开了序幕，至今已举办了十三届。"他们说我给苏州做了一件'功德无量'的大好事。我连连推却，不是谦虚客气，事实上苏州阅读节的出台，的确不是因为某一个人的智慧和力量。"朱永新一如既往，从不"贪天功为己有"，而是把成绩归功于市委、市政府的决策，广大人民群众的自觉参与。

朱永新说："当然，阅读节的提出，我也是出了一些主意的，但这是我作为副市长的本职工作，也是我一直在推动的事业，更是我发起的新教育实验的重要理想。如果没有市委、市政府主要领导和市委宣传部的鼎力支持，阅读节可能就会止于'提出'而难以'推出'了。"所以，他说苏州是一个能放飞梦想的地方，他的新教育实验起步于苏州，"阅读节"的推广，也从苏州开始。

"苏州阅读节"，对倡导阅读理念、营造书香城市、创建学习型社会，起到了积极、巨大的作用。

就像农村义务教育首先在苏州实施那样（1982年时，农村适龄儿童入学率2.6%，2002年还有8000多万名青少年文盲，但是到了2007年开始实施农村免

费义务教育，2008 年全国实施免费义务教育，在中国具有划时代的意义），2006
年 9 月，首届"苏州阅读节"以"阅读，让苏州更美丽"为主题拉开帷幕，开展
了 100 多项活动；2007 年 9 月，第二届苏州阅读节以同样的主题，在更加高昂的
热潮中举办。大中小学师生都有参加，民众踊跃，各类活动丰富多彩，竟达 200
多项之多。这是他与市委、市政府的共识，他们步调一致，敢为人先。

2012 年年底，《中国新闻出版报》评选了四个推动阅读的年度机构和年度人
物。朱永新担任名誉所长的新阅读研究所和他本人都榜上有名。其中，给他的致
敬词这样写道："从央视全民阅读晚会现场到全民阅读形象代言人，到以一己之
力推动新阅读的朱永新怀着激情、循着理想行走在新教育实验和阅读推广的道路
上。通过倡导'晨诵、午读、暮省'的阅读生活方式，他使中国教育充满活力。
毋庸置疑的是，在过去的十年里，朱永新一直站立在中国阅读推广的精神之巅。"

"阅读对于增强文化认同、凝聚国家民心、振奋民族精神，对于提高公民素
质、淳化社会风气、构建核心价值体系具有十分重要的价值。"

朱永新说，一个人的自我教育靠什么？靠你阅读习惯的养成。你读书习惯养
成了，你就会自我教育；你没养成读书的习惯，你就不会养成自我教育的好习
惯。只有当读书成为我们的生活方式的时候，读书才会伴随着我们的一生，否则
很多人离开学校以后，他再也不会读书了。因此，真正的阅读必须要从中小学开
始，必须培养我们孩子的精神饥饿感。如果真正地让我们每个学生在中小学期间
认真地去读一些书，我觉得这是我们苏州教育对中国教育做的一个最大的贡献。
如果我们从整体上，我们教育局、我们教科院真正把苏州阅读做好了，那教育就
成功了。

2

博尔赫斯说："如果有天堂，那应是图书馆的模样。"

1998 年 9 月 5 日苏州市委、市政府正式决定建设图书馆新馆，地址选在人
民路原市人大、市政府大院。该地块占地面积 1.6 万平方米，交通便捷，闹中取
静，院内有近代园林建筑"天香小筑"，粉墙碧瓦，古树葱茏，鸟语花香，是一

处建造园林式图书馆的理想场所。新馆总建筑面积 2.5 万平方米左右，建设总投资为 1.12 亿元。于 1999 年 6 月 18 日奠基，2001 年 6 月竣工，正式对外开放。新馆建设充分体现出现代化图书馆智能化的设施管理系统、浓郁的文化氛围和与古城风貌相协调的建筑风格。建筑造型简洁、明快、庄重，楼宇错落有致、布局合理，使原有"天香小筑"的庭园布局与新馆建筑融为一体，成为古城区内具有鲜明地方特色和园林风格的文化标志性工程。

现在，每天读者盈门。按照市委、市政府的要求，以苏州图书馆为中心馆，着力构建覆盖全市的公共图书馆网络，目标是在全城区设立 100 个分馆，把图书馆建到老百姓身边，成为家家户户的"书房"和"第二起居室"，实现便捷均衡的服务。

走在苏州图书馆总部，白色是这里的主色调，倾斜的房檐、幽静的长廊、作为重点文物保护建筑的"天香小筑"，为这里添了些古朴和厚重。行至一楼的少儿分馆，仿佛走进了一个为孩子们创造的童话世界，小朋友们在这里席地而坐，看书，或听故事。据现场一位孩子的妈妈说："这里不只是一个借书看书的地方，还是一个活泼、有趣的亲子活动乐园。"古典苏式园林建筑风格与现代化图书馆浓郁的文化氛围在苏州图书馆里巧妙融合，相得益彰。

想当年，这块风水宝地令多少人垂涎三尺，这是寸土寸金的地方，如做商业开发，其经济价值不言而喻，在朱永新的坚持和说服下，苏州古城才留下了这一方让市民尽情阅读的天堂。

"以色列这个国家虽然很小，但在创新方面一直走在世界前列。为什么呢？因为以色列平均几千人就有一个公共图书馆。"李克强说，"我们虽然已是世界第二大经济体，但在公共图书馆建设方面仍然任重道远。"

可见图书馆的拥有量，与国民素质有着直接的关联。

2012 年，苏州市委、市政府在全国率先组织编制了《"书香苏州"建设指标体系》，将"书香城市"建设列为十大文化工程之一，明确了从 2015 年到 2020 年"书香苏州"建设的具体规划和目标要求。全市各级财政累计投入 40 多亿元，用于改善公共图书馆软硬件设施，创造条件满足群众日益增长的阅读需求。充分发挥公共图书馆在全民阅读活动中的主阵地作用，加快建设公共阅读服务体系。

从 2014 年起，苏州市民拥有了一项把图书馆搬到家门口的福利。这项便捷的服务被称作"网上借阅社区投递"活动。市民只要打开手机，点开"书香苏州"App，在苏州图书馆选择的图书，在家附近的服务点就可以拿到。苏州图书馆为了打造市民"十分钟阅读圈"，在政府机关、科研院所、企事业单位、创业园区、社区等都设置了投递服务点，结合图书馆总分馆体系，初步形成了较为广泛的公共图书馆 O2O 投递服务网络。

这种以全力为读者服务的理念而打造的新型 O2O 图书馆模式，提供了一个全天候、零距离、多样化的公共阅读服务平台。苏州市图书馆副馆长许晓霞介绍："'网上借阅社区投递'让图书馆不再受开放时间的限制。由于是读者提出借阅在先，物流投递在后，这就使得每一次找书、投递等服务都有目的指向，大大提高了图书馆资源和服务的利用效率。"据统计，2018 年，苏州图书馆共借出图书 500 多万册，阅读人次 1200 多万。

3

以"阅读，让苏州更美丽"为主题的苏州阅读节至今也已举办十三届，被评为全国全民阅读有影响的品牌活动。苏州市民在大型书展、讲座论坛、新书发布与签售、"互联网 +"体验等组成的盛大读书节日里享受精神滋养。

2014 年 9 月，"初见书房"礼耕堂店开业。这间书店位于"中国首批十大历史名街"之称的苏州平江路。平江路是苏州一条历史悠久的经典水街。早在南宋的苏州城图《平江图》上，平江路即清晰可辨，是当时苏州东半城的主干道。八百多年来，平江路依然在原址保留了它河路并行的格局、建筑群落肌理和原本的长度，小桥流水、粉墙黛瓦，房屋的体量、街道的宽度和河道，比例恰当，显示出疏朗淡雅的风格；平江路两边的小巷，特别是东侧，还较好地保留了多条水巷，是今天苏州古城最有水城原味的一处古街区。老房子白墙青瓦，木栅花窗，外墙多已斑驳，墙面剥落处又攀生了许多的藤萝蔓草。最是烟雨三月，垂柳轻拂河面，斜斜地一双燕子从柳丝间穿过，石桥上，三三两两的人群来来往往，石桥下，边唱山歌边摇橹的船娘，给这幅气韵生动的水墨画配上了吴侬软语的背景音乐。

"初见书房"取名于纳兰性德"人生若只如初见"的诗句，礼耕堂原本是清代富商潘麟兆的祖宅，经过修复重建后对公众开放。书店布置典雅简洁，书柜摆放在正中，四周围着舒服的座椅，地上铺着古朴的金砖石，细微处透露着雅韵。

在充满历史气息的古建老宅里面泡一杯茶，捧一本书，身心也仿佛回到旧日时光。

"初见书房"在苏州有四家店，第一家开在木渎古镇香溪岸，占地115平方米；第二家就是平江路礼耕堂；第三家位于金鸡湖畔百货新光天地七层；第四家位于穹窿山拈花寺。不同于寻常书店的现代化装潢，"初见书房"的一切都散发着古典的味道。

"拙政园里新开了一间图书馆！"2018年4月，苏州市首家园林主题特色图书馆——"园林书房"在拙政园正式揭牌。

闷热的午后，踏入苏州园林博物馆一楼，指示牌边上的木质楼梯细细窄窄，曲径通幽，随着上楼时层层台阶发出的吱呀声响，仿佛穿越回古时园林主人在藏书阁中伏案品读的时光，窗外竹影摇曳，鸟语伴着花香，待进入苏州园林图书馆，内心已少了浮躁。阳光透过花窗洒落在周围的书架上，三三两两的读者或是拿着书专心阅读，或是坐在书房中间的多媒体厅内欣赏园林纪录片，幽静的氛围让人内心一片安宁。

游客杭先生说，伴着书香，徜徉在小巧精致的古典园林中，更能领略苏州园林"令居之者忘老，寓之者忘归，游之者忘倦"的独特魅力。

苏州园林博物馆意在通过这样的公益项目，让更多的人了解、喜爱苏州园林，发挥古典园林的价值，同时也是建设"书香苏州"、推广全民阅读的重要组成部分。而在手机等移动客户端"书香苏州"上，读者只需轻点屏幕，工作人员就会通过苏州图书馆"网上借阅社区投递"服务，把书送到离读者最近的取书点。

清晨，绕过苏州百年商业老街观前街，拐进青石板小巷，行至蔡汇河头4号，会看到一扇映衬在一片绿荫之后的玻璃门窗，推门而入，一派生机盎然，这里便是慢书房。从店主到店员都自称"慢师傅"，他们和读者一起，在这喧闹市中心的静谧一角，放慢脚步、享受阅读。用书房创始人之一刘颖的话说，就是"通过这个空间，让时间慢下来"，因为"慢下来，才能对生活有更深感悟，才能找到真实快乐的自己"。

慢书房每周都会组织读书会或文化沙龙，这些活动开展到今天已经聚集了上千位志同道合的会员，这也成为慢书房最大的"卖点"。"我们只为等待相同频率的爱书人。"店主羊毛曾写道，"书店不应仅仅是卖书的平台，更是坐下来阅读的空间。没有阅读，书就没有意义，我们想做的正是建立人与书之间的关系。"这大概是慢书房的标语"繁华静处遇知音"的最好注解。

苏州市首家公益性地方书院德善书院，是苏州推进"书香城市"、全民阅读的重要基地之一。在那里，孩子们穿上汉服，朗诵《论语》、吟诗作画、研究汉字，兼具趣味性和知识性的艺术形式让看上去门槛高、难以深入学习的传统文化一下子变得生动活泼起来。

雨果书店，曾经被认为是苏州"最文艺"的书店。

创建于2003年的它，以浓郁的人文气息、优雅的艺术陈设，一度备受读者好评，成为十全街一景。

"从阳春白雪、交相赞誉，到半死不活、毁誉参半，我一直关注着雨果书店。不仅因为这家书店是中国民营书店的一个标本，在阅读式微的今天，它遭遇的命运，正是阅读现状出现急剧改变的一个缩影，还因为它的老板，是我大学的同窗同桌刘晓东（刘泰特）。"

刘晓东是一个读书人，更是一个爱书人。在大学期间，他经常"逃课"在图书馆读书，每遇好书，同桌朱永新都是第一位分享者。"海斯的《世界史》，汤因比的《历史研究》，《西方名著提要》，福泽谕吉的《文明论概略》，《第三帝国的兴亡》《林肯传》《拿破仑传》《光荣与梦想》等许多名著，都是他推荐给我读的。"

股市出现以后，刘晓东终于找到了一个真正的"自由职业"，经济上实现了自由独立。手里有了钱，赢得了物质上的自由以后，他开始圆梦年轻时的纯粹性的读书兴趣。这才有了雨果书店的诞生，十年来，书店每年亏损。"如若晓东把书店的房子租出去，则一年至少可以赚几十万房租，但他一直不愿意这么做。他说，其实自己是把书店当作书房的，书店是与大家分享的大书房。许多好书，他都会买上几十本送给朋友，而他自己为了方便阅读，则是住宅和书店同时有复本若干。"

但阅读绝不仅仅是个人的事情，书店，是城市的精神客厅。随着时代经济意识的急剧膨胀，拜金主义、拜物主义俨然已成潮流，精神的纯粹性逐渐边缘化，唯经济意识带来的弊端越来越伤害着人性，应对之最主要的良方，就是高品位的书籍阅读。因此阅读越来越强烈地凸显出它无可替代的崇高精神文化价值与效用。

"拥有一家书店的读书人，是幸福的。我希望，有一天我也能开一家书店。那时，我要为每一个哪怕仅仅是愿意翻一翻书的人，热诚地斟上一杯茶，鼓励人们把书一页一页地翻下去，把一本本好书介绍给他们，把天下人变成爱书人——这似乎只是一个梦。"但朱永新的梦想，已成了又一个传奇。

4

来到全国文明城市张家港，随处可见各式各样的免费阅读空间，如自助图书馆、漂流书屋、森林图书馆等。

步行街上，每隔十多米便有一个像鸟巢一样的"漂流书屋"。市民用手机扫描、注册、扫码，箱子会自动打开，市民可以选书免费借阅，归还到任何一个漂流书屋即可。

"图书漂流亭"则选址社区、人流密集的商业街区和休闲景区，通过"以书换书"的方式实现知识分享、书香传递。

张家港购物公园附近，有一家没有工作人员、没有门锁、无需押金的二十四小时自助图书馆驿站，环境可媲美星巴克咖啡店。读者在门口刷市民卡，门自动打开。进入后，这间 35 平方米的图书馆自动通电，开启空调、灯光等设施。里面还有电子书扫描阅览、还书机、消毒机等，凭市民卡还可以使用电脑。全市这样的二十四小时图书馆驿站已达 32 家，一年接待读者 80 多万人次。

2018 年 2 月，张家港向市民征集"最美悦读空间"创意，在自然风景区、历史文化名胜区等选址，全面提升市民阅读体验。在梁丰生态园便有一座"生长"在森林里的图书馆。透明的大玻璃房，里外都是绿色植物。馆里有长桌、蛋壳椅、咖啡屋，刷市民卡即可进入免费借阅区，或躺，或坐，可以用最舒服的姿势阅读。这个占地 600 平方米的书屋创新性地将观赏植物与阅读相结合，突出了人和自然和谐相处的理念，让市民在阅读中感受自然，在自然中感受阅读。

李先生坐在图书馆的草坪上，旁边放着一摞书，四岁的儿子坐在蛋壳椅里翻绘本看。李先生是乡镇农技员，休息日喜欢带儿子来这里，"从小培养孩子对阅读的兴趣"。

张家港在全国最早出台《书香城市建设指标》评价体系，包括阅读设施、资源、组织、活动、环境、成效及保障条件等指标。目前，张家港已建立市、镇（街）、村（社区）三级图书馆体系。闲暇时进各种图书馆阅读休闲，成为一种文化新风尚。

不只在张家港，苏州图书馆 2011 年便针对 0—3 岁婴幼儿开展"悦读宝贝"计划，每年向新生儿发放阅读大礼包，并开展"听故事姐姐讲故事""家长沙龙""悦读妈妈"志愿者培训等活动，还针对盲人读者开展了"我是你的眼"系列活动，包括盲人读书会、盲人爱心电影、出外参观、邀请文化名人讲座等；常熟图书馆"图书馆＋"服务模式实现了城乡全覆盖，并与社会机构联合发展，实践"图书馆＋组织"的新模式，比如"图书馆＋教育""图书馆＋企业"等，这些类别丰富、自由方便的阅读载体，满足了广大群众差异化的阅读服务需求，与图书馆总分馆体系形成补充，使阅读融入了老百姓的日常生活。

亚马逊中国发布 2015 年度图书排行榜，苏州就荣登阅读城市榜首。成年人爱读书的习惯，继续影响着下一代。2018 年 5 月 22 日，亚马逊中国发布了 2017 年少儿阅读城市排行榜，苏州再次入榜排名第六。诚品书店、茑屋书店、钟书阁、大众书局等陆续选址苏州，无疑是看中了这个城市未来发展的潜力。

5

在苏州有个热心做阅读推广的小学教师叫顾舟群，也是新教育的榜样教师。

她潜心研究低年级"读写绘"实验，培养学生具有良好的阅读习惯，并且几年如一日，坚持每周都给家长写一封信，促进家庭教育和学校教育的齐头并进。新教育实验发起人朱永新曾这样评价顾舟群："她是新教育的名片，是一位影响了周边以及网络上一大批老师的苏州老师。"

作为苏州工业园区斜塘学校一位普普通通的小学教师，2006年，顾舟群参加了"毛虫与蝴蝶"阶梯阅读高级研修班，这次培训让她真正认识到作为一名小学语文教师，有责任、有义务把孩子引上阅读之路。于是，她开始在班上开展"毛虫与蝴蝶"的实验，一年后，这个班级发生了惊人的变化，在"姑苏晚报杯"小荷现场作文竞赛中，参赛的十几个孩子几乎个个获奖。

2011年，旨在推动亲子共读的公益项目"新教育萤火虫"成立，顾舟群成为苏州分站站长。六年来，萤火虫苏州分站从最初的十几个人发展到了两千一百多人，影响力遍布苏州各大区域，甚至已经辐射到了邻近的江浙沪其他省市。活动内容也从最初的每两周一次的亲子读书会，到现在除读书会外，还有各种主题的分享会、各种形式的亲子活动、不定期举行的户外拓展。"让每一个与我相遇的孩子因我而优秀"是顾舟群的诺言，一批批"毛毛虫"在她的精心培育下"破茧成蝶"。

在苏州，像顾舟群这样的公益阅读推广人还有很多，比如"安娜妈咪教育公益电台"创建人安娜、畅销书作家端木向宇等。

三十一岁的安娜在网络上知名度非常高，她用四年的业余时间，一手创立起"安娜妈咪早教公益播读"音频库，如今网络点击量已过千万，粉丝六万余人。她还从线上走到线下，举办"安娜妈咪故事会""安娜妈咪亲子阅读讲座"等数十场活动，发放"安娜妈咪爱心故事卡"四万余张，赠送故事机给盲童和福利院的孩子们，做到了"全领域"的阅读推广。

孩子们都很喜欢听安娜讲故事。于是她萌生了将故事录成录音，让爷爷奶奶们放给孩子们听的想法。她购置录音设备，先后录制了《宝宝睡前故事》《三字经》《唐诗精选》《童话》《中国寓言故事》《名人故事》等多个专辑。

为了让更多孩子听故事，安娜创建了"安娜妈咪早教公益播读"公益品牌，用爱心打造儿童免费故事音频库。不少志愿者主动跟她联系，要求加入她的团队，共同打造"安娜妈咪"公益品牌。

在苏州，像"安娜妈咪"这样的公益阅读推广人还有很多。全市创建了阅读推广志愿服务机制，建立了一支专业化、高素质、有活力的民间阅读推广人队伍。各类民间阅读组织二百二十多家，"蝴蝶妈妈"读书会、涵舍国学会、萤火之光公益阅读会、平江路邻里读报组等，成为推进全民阅读的重要力量。民营书店经营者也以时尚理念参与公众诗意阅读空间的创造："钟书阁""苏州慢书房""猫的天空之城概念书店""坐忘书店"等，丰富了城市文化地标。

苏州全民阅读模式实现了由"行政主导"向"民间自发"的转变，全民阅读活动实现了由"浅层设置"向"科学规划"的转变，全民阅读对象实现了由"被动阅读"向"阅读自觉"的转变。

有位作家说过，人这一辈子，无论怎样辛劳、勤勉，实际上只能在极小的范围内经验生活，经验人生。个人之经验，九牛一毛、沧海一粟……一个识字人，只需坐在家中，或案前，或榻上，或瓜棚豆架之下，便可走出可怜的生活圈栏，而进入一个无边疆域。明明就是身居斗室，却从别人的文字里看到了沙漠驼影、雪山马迹、深宫秘事、坊间情趣。读书渐久，经验渐丰，你会一日又一日地发现，读书使你的心灵宛如秋天雨中的池塘，逐渐丰盈。

确实，阅读是一种心灵上的交流，阅读就是与智者在文化殿堂相遇，优秀的读物往往是杰出的灵魂发出的某种召唤，是读者与人类的宝贵精神财富在进行对话。阅读的这种深层次的交流和心灵产生的共鸣，又常常能给人们带来内心的抚慰和感动，让你对这个世界、这个社会和这座城市的和谐心存感激和敬仰。阅读可以改变人生，阅读使人充满希望，一个人的成长历程往往伴随着他的就是阅读历程，一个民族的精神境界往往就取决于其人民的阅读水平。

"让我们携手努力，一起把中华民族重塑成一个书香民族！"这是朱永新发自内心的呼喊，也是他不折不挠坚持了十六年而且必将继续坚持下去的行动。

人的资源是第一资源，人的素质是第一品质，把全民阅读作为国家战略，
提升国民素质，是中国当下和未来最重要的事情。

第二十一章

全民阅读，是一项重要的国家战略

1

2003 年朱永新当选全国政协委员，从那年起，他连续十六年呼吁建立国家
阅读节，同时提出把全民阅读作为国家战略，建设国家阅读基金，建设国家阅读
委员会，建设社区图书馆等建议。十六年锲而不舍。也有人不这样看，说他一根
筋，是"固执己见"。建不建立国家阅读节，该读书的还是会读书，不喜欢读书
的照样不会读，不会因为设立个什么节就改变。再说了，中国的这个节那个节，
什么桃花节油菜花节郁金香节太多了，不缺这一个。他说，这不是简单的"锲
而不舍"，更不是"固执己见"，而是基于长期以来对于阅读与教育问题的思考。
"我一直认为，相对于环境、资源等国家战略而言，阅读显得有点'软'，但它却
是影响更为深远、持久的大问题。人的资源是第一资源，人的素质是第一品质，
把全民阅读作为国家战略，提升国民素质，是中国当下和未来最重要的事情。"

从根本上说，一个民族、一个国家的竞争力不是取决于它的物质力量，而是
取决于它的精神力量；而一个国家、一个民族的精神力量，不是取决于这个民族
的人口数量，而是取决于它的阅读力量。

"从我的个人成长来说，我的精神生命得益于阅读的不断滋养。从我发起的

父母的书架决定孩子的未来

新教育实验来说，阅读是所有实验项目的基石，是重中之重。你既是你自己故事的主人公，也是你自己故事的作者。你把你的生命故事写成什么样，往往取决于你自己怎么样书写。"在书写自己生命故事时，往往都会有原型。这些原型从哪里来？朱永新说，一个很重要的来源就是书籍。"那些伟大人物的传记，那些伟大的思想形成的历史，其实都是给我们生命提供一个一个的原型，一个一个自我的镜像，一个一个人生的榜样。"

新教育诞生的直接起因，也是一颗心被阅读点燃的过程。1999 年年底，朱永新在阅读《管理大师德鲁克》一书时，书中的那句"仅仅凭自己的著作流芳百世是不够的，除非你能够改变和影响人们的生活"，深深震撼了他。从那之后，他开始走出书斋。结果，他不仅很快走到了基础教育第一线，也更加执着地走到了阅读推广的第一线。

"对人类，阅读是一种生命本体的互相映照，是人类文化精神的集体守望；对教育，阅读是一种最为基础的教学手段，是授之以渔的最终目的；对社会，阅读是一种消弭不公的改良工具，是对人类崇高'价值'和应有'秩序'的坚持；对个体，阅读是一种弥补差距的向上之力，是终身受益的个体福利，是开阔眼界、豁达胸怀、陶冶情操、启迪心灵、修身养性的最好方式；对生命，阅读是一条通向幸福的重要通道，是构建幸福的精神世界的根本途径。"这就是阅读的力量！这就是朱永新为什么十六年如一日砥砺前行的精神支撑。

2

2006 年 3 月，朱永新有机会和总书记胡锦涛面对面。他在博客上记道："在总书记到民主党派联组会议上和委员座谈时，我特别提到读书对于中小学学生的成长非常重要。我在总书记面前打了一个'小报告'。建议要推广我们'营造书香校园'的经验，大兴读书之风，构建学习型社会。"特别令他开心的是，总书记在讲话的时候，两次提到他发言中讲的代课教师问题和读书问题。

2007 年全国"两会"期间，朱永新在他的博客中写道：

今天（3月8日）的北京，风和日丽。灿烂的阳光，春天的暖意，在走进大会堂的时候，心里也是暖洋洋的。

在大会堂的北门，遇到了著名的作家梁晓声先生。我与他是老朋友，他曾经为朱墨的小书《背起行囊走天下》写过序言，我们也在民盟中央的一次文化座谈会上见面交流过。拿出关于阅读节和昆曲的提案请他联名，他非常爽快地答应了。

在等候开会的时候，好友赵丽宏打电话给我，说张抗抗等一批作家正与他一起喝茶，希望我去找他们签名。赵丽宏、张抗抗与王安忆是2003年与我们一起呼吁建立阅读节的著名作家。一见面，抗抗就说：永新，我们为你的精神感动，支持你！我们都是你的"啦啦队"！说着，就带头在提案上签了名。接着，著名军旅作家贺捷生、复旦大学的驻校作家王安忆、中国市长协会副会长陶斯亮、著名指挥家陈燮阳等纷纷签名支持。然后张抗抗又带我去找青海省的吉狄马加副省长，他同时是著名的诗人、全国青年联合会副主席，听说了我们的想法，也热情地附议。

离开幕式还有一些时间，我干脆一不做二不休，找了清华大学副校长谢维和、北京大学教授叶朗、中国科技大学校长朱清时、江苏省副省长张桃林、九三中央秘书长徐国权等一批学者与官员签名附议。看着签满名的提案纸，我非常感动。我想，我们对于阅读的呼吁，迟早也会感动"上帝"的。

朱永新办新教育，有人说他是个疯子，朱永新呼吁成立国家阅读节，这种在"两会"上见谁黏谁，求签名附议的疯劲，不仅没减，反而更痴狂了。

朱永新为什么要处心积虑地这样做呢？

他说要无限相信阅读的力量！

因为一本书可以改变一个人的命运，也可以改变一个国家的命运，一个世界的命运，甚至改写人类的历史。

马克思写的《共产党宣言》和《资本论》改变了世界，这是谁也不能否认的。

据统计，《共产党宣言》共出版过70多种文字的1000多个版本，它传到中国是 1920 年，由陈望道先生译出第一个中文本。从此开始改变中国的命运。

毛泽东 1920 年第一次读《共产党宣言》。这一年，他二十七岁，风华正茂。同一年，他回湖南创建中国共产党早期组织，第二年在上海参加中国共产党第一次全国代表大会。

《共产党宣言》是毛泽东常读、精读、细读的一本书。读了多少遍？无法统计。1939 年，他对党内同志说："《共产党宣言》，我看了不下一百遍，遇到问题，我就翻阅马克思的《共产党宣言》，有时只阅读一两段，有时全篇都读，每阅读一次，我都有新的启发。我写《新民主主义论》时，《共产党宣言》就翻阅过多次。"

邓小平第一次读《共产党宣言》，还不满二十岁。那是 1920 年 10 月抵达法国勤工俭学，他开始接触马克思主义书籍。1923 年 6 月，邓小平加入旅欧中国共产主义青年团，1924 年 7 月转为中国共产党党员。邓小平说："我的入门老师是《共产党宣言》。"

习近平总书记在纪念马克思诞辰二百周年大会上指出："共产党人要把读马克思主义经典、悟马克思主义原理当作一种生活习惯、当作一种精神追求，用经典涵养正气、淬炼思想、升华境界、指导实践。"

作为马克思主义中国化的最新理论成果，习近平新时代中国特色社会主义思想与《共产党宣言》是一脉相承的。"为中国人民谋幸福，为中华民族谋复兴"的根本和思想源头，正是《共产党宣言》。

《认识中国——丝绸之路与共产党宣言》一书作者、英国剑桥大学发展研究中心主任彼得·诺兰曾指出，中国找到自己的发展道路，同时也是在为全球性的可持续发展找到一条道路。这条道路，从中华文明的精华传承中走来，从《共产党宣言》的精髓要义中走来，从马克思主义中国化的开拓创新中走来，正无比自信地为世界现代化开辟着新路径，为人类和平与发展提供着新方案。

一本书改变世界的例子还有许许多多，比如哥白尼的《天体运行论》，不仅改变了世界，应该说改变了宇宙。它成了一块里程碑，它 1543 年出版，文艺复兴的开始，近代科学的开始就从这一年算起。世界进入一个新时期。

1905 年，被史家定为现代物理学开端年，就是因为这年《物理学纪事》发表了爱因斯坦的几篇重要论文。爱因斯坦提出了质能互变公式 $E=mc^2$，1945 年第一颗原子弹爆炸，才证实了爱氏超前了四十年。

1852 年，斯佗夫人写了一本《汤姆叔叔的小屋》，导致了美国南北战争爆发，林肯说是一个小妇人引发了一场解放黑奴的大革命。

1952 年，李四光完成了《中国地质学》一书，论证了地壳运动与矿产分布的规律，提出"构造体系"这一地质力学新概念。当时只发行了两千册，但地质队员在这本书的理论指导下，于十年后相继发现了大庆、胜利、大港等油田，使中国甩掉了贫油国的帽子。

2000 年，朱永新《我的教育理想》出版，标志新教育实验的开始，从昆山玉峰实验学校挂牌新教育第一所学校，发展到现在的 4200 多所学校，以星火燎原之势，燃遍中华大地。《我的教育理想》这本书，改变了无数个第一线的教育者，面对教育中的问题和困境，特别是应试教育给校园中的每位教师和学生带来的生存和竞争的压力，朱永新强调新教育人所要做的是改变，而不是抱怨，要做一个"擦星星的人"。这种改变，将越来越被证明具有非凡的历史意义。

3

既然书本有如此的魔力，阅读的力量谁敢轻视？

国际阅读学会在总结阅读对于人类最大益处的时候，曾经做过一份报告，报告指出，阅读能力的高低，直接影响到一个国家和民族的未来。因此，世界很多国家把阅读作为重要的国家战略，用尽各种办法推动全民阅读。

在世界上有"最爱阅读的国家"美誉的俄罗斯，1.4 亿俄罗斯人的私人藏书多达 200 亿册，每个家庭平均藏书近 300 册。即使如此，俄罗斯政府仍痛感国民阅读量下降，2012 年，俄罗斯政府在国家范围内采取紧急措施，制定《民族阅读大纲》，保证俄罗斯读书人数量的快速增长。

俄罗斯总统普京曾经表示，他喜欢读两类书，一类是经典名著，如契诃夫、托尔斯泰、果戈理等人的作品，另一类是传记和历史著作，如彼得大帝、叶卡捷琳娜二世等人的生平传记。他甚至在上班的路上也听读瓦西里·柳切夫斯基的

《俄国史教程》。

作为俄罗斯总统，普京也推荐读书单，他推荐了100本书籍。还在俄罗斯《独立报》上亲自撰写了一篇4500字的文章。他写道："在20世纪20年代，美国的一些顶级大学就提倡阅读西方文化经典，那是一些被认为对西方文化的形成最为重要和最有影响力的书籍。""俄罗斯一直是一个阅读的国度，每个中学生都应多读经典，以传承俄罗斯文化。"因此，他建议汇编出中学生必读的100本推荐书目，这张书单也就因此得名"普京100书"。

美国历届总统都力争使自己成为美国全民阅读的第一推广人，在职时身体力行，离职后还建立"总统图书馆"，而他们的夫人则成为全民阅读的形象代言人。林肯总统虽然接受正规教育的时间不足一年，但他广泛阅读哲学、科技、宗教、文学、法律和政治等方面的书籍，不断增强自身力量，最终成为美国历史上最伟大总统之一。杜鲁门总统也没有上过大学，但他多次通读《圣经》，还一卷一卷地读了《大英百科全书》，以及所有查理斯·狄更斯和维克多·雨果的小说、莎士比亚戏剧和十四行诗等，广泛的阅读、科学的决策，让他能够带领美国实现战后的繁荣。2009年2月，刚上任不久的美国总统奥巴马就与妻子来到华盛顿的一所小学，为孩子们朗读儿童读物。2011年9月，一家书店专门列出了一个"奥巴马最新书单"，其中既有历史和传记作品，也包括很多文学作品。

4

对于一个国家和民族来说，犹太人的故事是典型的能够阐述阅读力量的案例。公元70年，当罗马大军攻陷了耶路撒冷城池，放火焚毁了第二圣殿时，没有多少人对犹太民族及其文化的留存抱有太大的希望，因为当时中东地区的历史已经清楚地表明：没有一个民族能在失去地域联系和流亡状态下将自身的文化传统延续下去。经过近两千年的流浪，犹太人非但没有消失，反而产生很多世界级杰出人物。20世纪最伟大的思想家马克思、最伟大的科学家爱因斯坦、精神分析学派创始人弗洛伊德，都是犹太人。全球1600万名犹太人，占世界人口的3‰，却取得了27%的诺贝尔奖。杰出的犹太人分布在文明的各个领域：毕加索、卡夫卡、卓别林、门德尔松、普鲁斯特、茨威格、基辛格、比尔·盖茨……简直灿如星汉。全球最有钱的企业家，犹太人占一半，控制欧洲金融命脉的罗斯柴尔德家族，华尔街的超级富豪摩根，第一个亿万巨富洛克菲勒、股神巴菲特、钢铁大王卡耐基。美国人讲："全世界的钱在我们美国人的口袋里，我们美国人的口袋在他们犹太人的脑袋里。"

犹太人为什么能如此强大？在犹太人家庭中，可以没有高档家具，但不能没有书橱书架，犹太人还有一个世代相传的习俗，就是书橱一定要放在床头，而不是放在床尾。他们视书为高洁之物，若放错了位置，就被认为对书不敬而受到指责。在以色列，人均占有的图书量，每年读书的时间和数量，都超过世界上任何一个国家，居世界之最。犹太人的求知欲，是从小接受的家庭教育养成的。当小孩子稍懂事时，母亲会在《圣经》上滴一点蜂蜜，叫孩子去吻，让孩子在心灵上知道书本是甜蜜的。当孩子稍大一点，几乎都要回答这样一个问题：假如有一天房子被烧，财产全部被抢光，你将带着什么东西去逃命？要是孩子回答不出来或者回答得不对，母亲会告诉孩子：是生命。因为智慧是任何人都抢不走的，你只要活着，智慧就永远跟着你。犹太人重视知识，所以十分尊敬有知识的学者和传授知识的教师，在犹太人中流传着这样一句名言：教师比父亲重要。犹太人有一句格言也反映了这种观念："为使女儿嫁给学者，即使变卖一切家当也值得；为娶学者的女儿为妻，纵然付出所有的财产也在所不惜。"以色列国土面积2万多平方公里，比北京（1.68万平方公里）略大，有100多个建筑精美的博物馆，1000多家设备齐全的图书馆。

阿摩司·奥兹，当今以色列文坛的最杰出作家，也是最富有国际影响的希伯来语作家，他的作品被翻译成三十多种文字，曾获多种文学奖，包括诺贝尔文学奖提名。奥兹除了写小说，还是大学教授和社会政治活动家。一次他收到总理府的来电，说总理读了他的文章，邀请他一起喝咖啡，交流意见。"我去了，和奥尔默特总理喝咖啡，聊了一个半小时，结果呢，我们谁也没有说服谁。"还有一次他打车，一上车，出租车司机就认出了这位经常上电视发表见解的学者，对他说："我读过你的书，但是我不同意你的观点。"然后，这位司机先生滔滔不绝地陈述自己的观点，奥兹先生只有听的份儿。学者见总理，激辩一番扬长而去；出租车司机见到学者，不是崇拜，而是亮出自己的观点。从司机、学者到总理，以平等的态度讨论、交流，这就是发生在以色列的真实故事。用奥兹先生自己的话说就是："我来告诉你吧，以色列强大的秘密就是怀疑和辩论。"

犹太人平均每人每年的阅读量是 65 本书，我们才 8 本书，一个读 8 本书的民族和一个读 65 本书的民族，他们的精神力量怎么会没有区别呢？朱永新说，当我们了解到犹太民族是这样一个嗜书如命的民族，我们就不难理解曾经饱受苦难的犹太民族，之所以能传奇般地崛起，做出杰出的物质精神贡献，屹立于世界民族之林的原因了。

5

世界已进入知识世纪，一切的竞争与价值都以知识为主，而一切知识的基础都自阅读开始。鉴于阅读与国家未来的深刻认识，世界上很多国家都把阅读作为重要的国家战略，用尽各种办法推动全民阅读。

1987 年，里根总统就签署法律，规定当年为美国"读书年"。作为凸显城市认同的读书节，在美国比较著名的就是纽约读书节。美国图书馆学会在 2000 年 5 月推出"从出生就阅读"（Born to Read）计划，鼓励父母教养出热爱阅读的小孩。1997 年年末，美国政府掀起一场"阅读挑战行动"，克林顿总统亲自作了"美国阅读挑战行动报告"，在《为美国的教育，行动起来！》的演说中，他提出了教育发展的三大目标和应遵循的十大原则，其中之一就是开展阅读运动。2001 年初，布什政府发布了《不让一个孩子落后》（No Child Left Behind Act）的教育改革议案，其中指出，美国存在两个民族：一个能阅读，另一个不能。该法案中关于阅读改革的力度之大令全球瞩目，仅仅 2001 年就为"阅读领先"行动投资了 9 亿美元。2009 年 2 月，刚上任不久的奥巴马总统与妻子米歇尔来到首都华盛顿一所小学，一起为孩子们朗读介绍美国登月宇航员阿姆斯特朗的儿童读物片段，与全班师生合影、握手、拥抱，还送上满满两个牛皮纸袋的书。

1998 年 9 月到 1999 年 8 月是英国阅读年，教育部长布朗奇宣示要借着阅读年的推动，改变英国人对于阅读的态度，重拾阅读的乐趣，"打造一个举国皆是读书人的国度"（Build a Nation of Readers）。

法国读书节始于 1989 年，自诞生起就秉承"为每人提供一条合适的阅读路径"的信念，法国读书节每年一届，团结了作家、译者、出版社、书商、图书管理机构和读书协会等众多机构，共同发起组织数千场盛大的活动。倾国家全力去推动的阅读节庆在世界上还是比较罕见的。

1999 年 8 月，日本参众两院就通过决议把 2000 年定为"学生读书年"。2001 年 11 月，日本制定了《关于推进中小学生读书活动的法律》，指定每年的 4 月 23 日为日本儿童阅读日，政府更是投入 650 亿日元，敦促各级学校、社会和地方政府加紧脚步，改善下一代的读书环境。

从 2001 年 11 月开始，新加坡婴儿出生时，医院的护士叮嘱产妇的事项中，竟然有"如何读书给婴儿听"一项。这就是新加坡政府提出的"天生读书种，读书天伦乐"（Born to Read，Read to Bond）。

"阅读作为一项精神工程，必须常抓不懈，在人均阅读水平远远低于世界主要发达国家这样一个现实背景下，把全民阅读作为国家战略，设立国家阅读节具有不可忽视的重要意义和价值。"朱永新说。

在他看来，自从 2006 年中宣部、新闻出版总署等十一个部门联合发出《关于开展全民阅读活动的倡议书》以来，全民阅读有了长足进展。全民阅读被写入了党的"十八大"报告和 2014 年政府工作报告，《全民阅读促进条例》也正在起草之中。但是，全国各地的全民阅读还很不平衡，存在着越是经济发达地区越是着力推动阅读，越是经济欠发达地区越是忽视阅读的两极分化现象，经济与精神的同时失衡让人忧心忡忡。因此，把全民阅读上升为国家战略，对于进一步形成共识，推进全民阅读具有重要意义。

2015 年全国"两会"记者会上，李克强说："我希望全民阅读能够形成一种氛围，无处不在。"事实上，在总理坚持下，自 2014 年起，"全民阅读"已经连续四年写入政府工作报告。在 2017 年的政府工作报告中，"倡导全民阅读"的提法更是升级为"大力推动全民阅读"。

朱永新建议将每年的 9 月 28 日设立为国家阅读节。从活动时间上看，这天正值学生这个特别需要阅读的群体上学，接下去的国庆假期又为活动的后续开展、成年人的节后阅读提供了更多时间。更主要的是从文化价值上，9月28日有着孔子诞辰的特殊意义。"孔子已是民族文化的标杆性人物，以孔子诞辰切入，能够更好地激发人们对优秀中华传统文化的阅读与认识，激发人们进一步发展与创造中华文明的决心。"

"同时应发挥全国各级图书馆、城乡图书室、学校或教育机构等场所的作用，作为全民阅读基地和阅读节的主要活动场所。"朱永新认为，现在全国阅读率仍然低迷，一方面是国家财政对相关工作支持力度不够，另一方面是全民的阅读意识淡薄，现有场馆及各类机构并没有真正发挥实效。"以阅读节为契机，更好地规划和实施各种阅读推广活动，提高图书推介、读者交流等活动的品质，不仅可以为现有场馆及各类机构的工作保驾护航，更能调动人们阅读的积极性。"

朱永新说，一个人的精神发育史就是他的阅读史，一个民族的精神境界取决于这个民族的阅读水平。多年来，他倡导力行的新教育在阅读理论上进行了不懈探索："新教育认为，阅读应该成为一个国家和民族的重要文化战略。一个民族的思想基础和核心价值体系的建设离不开阅读，中华民族共同的精神家园建设更离不开阅读。共同的阅读，是促使我们这个民族形成共同语言和共同精神密码的关键，是构建我们这个民族核心价值体系的重要途径。"朱永新是行动的理想主义者，他会一直锲而不舍地为建立国家阅读节而呼吁，而行动！

"阅读是最根本的教育手段。让阅读成为国家的节日，借助这个表达个体心灵体验的仪式，搭建起全国范围内的沟通交流平台，有助于推动共读活动的落实，从而更快更好地传承优秀中华文明。对于我们这个多民族国家来说，通过共读、共写，促进精神交流，就能实现真正的共同生活。进而言之，我们才能在传统文化远去、外来文化冲击的不利局面下，强化文化认同，凝聚国家民心，振奋民族精神，提高公民素质，淳化社会风气，建构核心价值，建设和谐社会。"

建设书香社会绝非一朝一夕之功，需要全社会共同积极参与和努力，真正意识到精神的力量才是一切竞争力的基础，真正认识到阅读对于个人、社会、民族的价值，真正地把全民阅读作为一件大事来做。如此，我们的中华优秀传统文化才可能真正在日常生活中得以绵延，我们的精神家园才会随着物质的丰富而同时得到丰盈，我们才会在书香中从此拥有"此心安处是吾乡"的幸福。

不是所有读者都能成为领袖，

但所有领袖一定都是读者。

第二十二章

所有领袖一定都是读者

1

美国前总统杜鲁门说过，不是所有读者都能成为领袖，但所有领袖一定都是读者。

美国著名学者詹姆斯·伯恩斯在《领袖论》中，分析过阅读与世界各国政要之间的关系：一是阅读欧洲一些政治思想家（如柏拉图、西塞罗、洛克等）的名著，对政要的影响非常大；二是那些爱读书的政治家总是能闪烁出不一般的气质。

普京是读经典著作厚皮书的那种人，这说明他拥有深度思考的能力，他拥有消化和吸收经典思想并且转化为自身文化素养的能力。普京喜欢读两类书，一类是俄罗斯和世界经典名著，契诃夫、托尔斯泰、果戈理等人的作品；另一类是一些比较实用的书籍和人物传记。他认为，要多学一些与自己的工作有关的知识，俄罗斯历史上很多伟大的人物值得人们去品味。

美国总统也有不少爱读书、酷爱深度思考的。传说在竞选总统前，布什曾反复研读、反思20世纪60年代的《美梦与噩梦：60年代留给社会下层的遗产》，他著名的"有同情心的保守主义"这一施政纲领即来源于此书。还有传记作家埃德蒙·莫里斯的著作《罗斯福王》，布什喜欢这本书，因为该书生动地再现了他与这位已故总统之间的"再生缘"。1901年老罗斯福当选美国总统，离2001年布什当选总统正好一百年。这两位开创新世纪的总统都面临艰巨的任务和挑战。"罗斯福王"时代是美国走向"美利坚帝国"的开始，通过这本书，可以想象布什的政治雄心。

1996年，克林顿接受一家杂志的邀请，列出了他正在读的十二本书，包括三位前总统林肯、罗斯福和安德鲁·杰克逊的传记。他曾经对人夸口说，在牛津大学上学时，他一年读三百本书。这意味着几乎每天读一本书。克林顿在欧洲受的教育，而欧洲人的传统之一就是酷爱读书，据说保罗·萨特终身坚持着一年读三百本书的数量。

奥巴马不仅是美国版的"书包翻身"的典型，2009年9月开学时，作为总统，还到学校去给中小学生上开学第一课："我们为什么要上学？"他说："……我知道有些时候，电视上播放的节目会让你产生这样那样的错觉，似乎你不需要付出多大的努力就能腰缠万贯、功成名就——你会认为只要会唱Rap、会打篮球或参加个什么真人秀节目就能坐享其成，但现实是，你几乎没有可能走上其中任何一条道路。因为，成功是件难事。因为在这个世界上，最最成功的人们往往也经历过最多的失败。J.K.罗琳的第一本《哈利·波特》被出版商拒绝了十二次才最终出版；迈克尔·乔丹上高中时被学校的篮球队刷了下来，在他的职业生涯里，他输了几百场比赛，投失过几千次篮，知道他是怎么说的吗？'我一生不停地失败、失败再失败，这就是我现在成功的原因。'他们的成功，源于他们明白人不能让失败左右自己——而是要从中汲取经验……假如你考了个低分，那并不说明你就比别人笨，而是在告诉你，自己得在学习上花更多的时间。没有哪一个人一生出来就擅长做什么事情的，只有努力才能培养出技能。"

奥巴马还拿自己和第一夫人做例子，说明出身并不重要，重要的是刻苦学习，他说："这世上不存在不把书念完就能拿到好工作的美梦，任何工作，都需要你的汗水、训练与学习。不仅仅对于你们个人的未来有重要意义，你们的教育如何也会对这个国家乃至世界的未来产生重要影响。今天你们在学校中学习的内容，将会决定我们整个国家在未来迎接重大挑战时的表现。"

中国的家长看了这段视频感叹不已："这才是真正的开学第一课。"总统循循善诱，现身说法，有温度，有高度，是位称职的好老师。

常伴法国前总统希拉克的书籍中，就有不少关于中国青铜器的专著。此外，中国文学也深深地吸引着希拉克。中法文化年期间，希拉克曾表示，非常喜欢中国古代诗人李白和杜甫，尤其对浪漫主义诗人李白有着特殊的感情。他还表示，自己最大的心愿，就是完成一部关于李白的电影剧本。

丘吉尔不光以历史的创造者闻名，被认为是20世纪最重要的政治领袖之一，带领英国获得第二次世界大战的胜利，也以历史的写作者闻名，他是1953年诺贝尔文学奖得主。当丘吉尔获得诺贝尔文学奖时，《第二次世界大战回忆录》第一卷至第五卷的英文版，已经卖出令人难以置信的600万册，全世界40个国家的50家报社都做过连载。他非常成功地实践了他著名的格言："创造历史的最好方法是写历史。"而且，他也是唯一在首相任上获得诺贝尔文学奖的领袖人物，可以说是空前绝后。

戈登·布朗是公认的继丘吉尔后最爱读书的英国首相，他列出的阅读书单中，排名前两位的是美国前副总统阿尔·戈尔关于美国政府怎样决策的《虐杀理性》和美联储前主席艾伦·格林斯潘的《混乱时代》。

当然，世界最牛的文化人领袖是已经去世的捷克总统哈维尔，他本身就是作家和剧作家，一生的作品获奖无数，曾与米兰·昆德拉、伊凡·克里玛并称捷克文坛"三驾马车"。这是一般政治家没法比的。

读书是为了提升文化素养，对任何人都是如此，政治领袖也不例外。对他们来说，唯一的例外在于深度思考的能力，凡是拥有这种深度思考能力的政治人物，都会有非凡的表现。

不管是领袖还是普通民众，一个精神世界丰富的人一定是大量阅读的人。人的阅读兴趣、阅读习惯是从小培养的。当一个人把阅读作为一种生活方式时，那他就有了一种精神饥饿感。有精神饥饿感的孩子，每天都会主动地自觉自愿地阅读。就像高尔基说的，一个喜欢读书的人看到书就像一个饥饿的人扑在面包上一样。虽然高尔基没有进过正规的大学，但是他在《我的大学》里面就是把阅读作为他的大学。阅读的重要意义，对领袖人物来说，更甚于普通民众。

作为商界领袖，亚马逊创始人兼 CEO 贝佐斯、特斯拉与太空技术公司 SpaceX 创始人埃隆·马斯克、比尔·盖茨、Facebook（脸书）创始人扎克伯格，更是堪称热爱读书的典范。

贝佐斯因为酷爱读书开了家全球最大书店，他用全世界最大的一条河流来命名自己的公司，是希望它能成为图书公司中名副其实的"亚马逊"。经过二十多年的打拼，2017 年 7 月 27 日，贝佐斯的个人财富达到了 913 亿美元，第一次坐上了全球首富的宝座。2019 年 3 月 5 日，福布斯发布第三十三期年度全球亿万富豪榜，列出了全球最富有的人士，贝佐斯再次蝉联榜首。

贝佐斯是一个绝对的阅读狂，每个月至少会买十本书。他说对他影响最大的一本书是《基业长青》，最喜欢的一部小说叫《长日将尽》。在亚马逊，高管会议一开始并不是电话会议或 PowerPoint 文稿演示，而是阅读，大量阅读。贝佐斯说集体阅读有助于保证团队的注意力不会被分散。对于高管来说，更关键的则是写作备忘录的技能。他说："写出完整句子的难度更大。它们有动词。段落又有主题句。如果没有清晰的思路，你根本无法写出一篇长达六页、叙事结构的备忘录。"能读才能写，能写才能具备非凡的管理能力，团队共读，才能让"基业长青"。

贝佐斯从小受到良好的家庭教育，他的外祖父曾就职于美国机密武器研发部门"国防高级研究计划局"（DARPA），让他自幼得到不少"科技与太空"话题的熏陶；他五岁时在电视上目睹阿波罗 11 号登月，飞往太空的梦想，从那时就深深扎根于他幼稚的心田。为了实现这一梦想，贝佐斯拼命读书，成为名副其实的"学霸"。初中时担任班长，高中毕业时，获得了美国高中毕业生的最高荣誉"美国优秀学生奖学金"。他考上普林斯顿大学，并跟随物理学家、太空梦想家杰瑞德·欧尼尔学习，还在学生社团"宇宙探索及开发学生联盟"（SEDS）担任主席——他甚至承认："也可以说，创立亚马逊挣钱，就是为了能够让少年时候的太空梦想继续前进。"

和贝佐斯一样具有太空梦的，还有特斯拉与太空技术公司 SpaceX 创始人马斯克。

有人说，世界上掌握了航天器发射回收技术的只有四个：美国、俄罗斯、中国，还有埃隆·马斯克。

人家问马斯克是怎么学会造火箭的，他的回答是"我读书"。火箭研发中需要攻克很多知识上的难关，他都通过读书做到了。"所有的信息都写出来了，只要你愿意读书，你可以学得很快。"

2012 年 5 月 31 日，马斯克旗下公司 SpaceX 的"龙"太空舱成功与国际空间站对接后返回地球，开启了太空运载的私人运营时代。

作为一个学商科和物理学博士，他被称为 21 世纪的爱迪生，他让历史快进了一百年。

从很小的时候，马斯克就几乎书不离手，每天至少阅读十个小时以上。马斯克童年所在的比勒内斯堡是南非东北的小城市，藏书有限，以他的阅读速度，小学阶段几乎读完了图书馆的书，曾用三天时间学完了其他人六个月的课程《BASIC 汇编语言教学手册》，十二岁就设计出游戏软件 Blastar（炸弹），当时南非《个人计算机和办公技术》杂志给了这个十二岁孩子五百美金，他全部用来购买自己喜爱的书，他的设计灵感就源于书里的太空场景。

马斯克不仅喜欢阅读，还常常沉浸于深度思考中不能自拔。这时的他，就像进入了另外一个世界，当人们跟他说话，他没有任何反应，眼神呆滞，一副灵魂出窍的模样，被同学视为"怪孩子"。为此，父母甚至带他去看过医生。医生为他摘除了扁桃体，其他没查出有啥毛病。马斯克的"怪病"就是对读书的狂热爱好，跟家人一起去购物，经常发现他中途不见了，妈妈说一定会在附近的书店找到他。

在科幻剧《星际迷航：发现号》中，马斯克被人类当作太空先驱来描绘。他说他做 SpaceX 的初衷，并不是某些人想当然的童年情结，也不是因为它投资回报率高，而是对于人类的未来深有裨益。为了拯救人类，他研发火箭和飞船、研发火箭回收以大幅度节约成本，让人们未来"卖掉一栋房子就能走出地球"。

2018 年 2 月 6 日，"猎鹰重型"火箭试飞时，把他的一辆红色特斯拉跑车送入太空，"用自家的火箭向太空发射自家的跑车"，这科幻般的奇迹，皆源于马斯克的"我读书"。

微软前首席执行官比尔·盖茨接受《纽约时报》采访时说自己每年阅读 50 本书，而且只读纸质版。忙于工作的时候，他每周读 1—2 本书，如果与家人度假，每周要读 4—5 本。他从童年开始就爱阅读，"我以阅读百科全书为乐，幸运的是，父母愿意买任何我想读的书"。

比尔·盖茨不仅到处做慈善散财，还专门开了一个名为"盖茨笔记"的博客分享知识，经常撰写书评。

"我现在的速率基本上是一目千行，之后再发展下去甚至可以一目万行了。我觉得读书要比谈话更好，有时间跟人家闲聊的话还不如读读书，突破人生局限的最好办法是读书。"

"读书让我明智，让我深入地探讨身边的事儿，而且书中的见解比当下多数的媒体报道都要深刻。平时我要多花时间看书，而不是只看新闻。"Facebook 创始人扎克伯格说。

扎克伯格不仅自己读书，还鼓励网友和他一同读书，在脸书上建立了一个名叫"年度书单"（A Year of Books）的主页，定期更新自己在读的书目，希望与同样读过此书且有感想的网友分享交流，有时还会邀请作者线上讨论。

而扎克伯格推荐的第一本书——莫伊塞斯·纳伊姆的《权力的终结》，立马造成世界范围内的抢购，这本书在亚马逊上一度脱销。

扎克伯格的第八本书是一本与中国相关的书——美国前财政部长亨利·保尔森的《应对中国：揭开新经济超级大国的面纱》。扎克伯格说："过去三十五年（截至 2015 年——作者注），中国经历了人类历史上最大的经济与社会转型之一，使数亿人脱离了贫困。从很多指标来看，中国为脱贫做出的努力要比全世界剩下所有国家加起来还多。"

"我在读刘慈欣的《三体》。"2015 年 10 月 21 日，扎克伯格在自己的个人主页上更新了一条阅读状态获得近三万个点赞，《三体》英文译者刘宇昆也给他留言，"你一定会想看续篇"。

扎克伯格说这部中国科幻小说"太受欢迎"，读这本书可以让他从最近读的经济社科类书籍中"放松一下"。

根据记录日期来看，扎克伯格的读书习惯很严苛自律，基本保证能在十五天左右读完一本书，没有长时间的间隔。

所有领袖一定都是读者，商界领袖也不例外。

3

任正非是中国商界最具影响力的领袖人物之一，他不仅自己热爱阅读，还要求华为员工勤奋读书。华为员工中有一个"3+1"计划："3"是爱上一项运动、交一个朋友、有一项爱好，"1"是周末读一本好书。

在一次写给员工家属的信中，任正非在信中说："不要以为过了学生的时代，就不用读书了，要让读书成为生活的一部分。很多人都说自己没有时间读书，那要看我们如何挤出读书的时间。"

"我从小就没有什么兴趣爱好，主要是因为家庭贫穷，唯有的兴趣爱好就是看书、做作业，或者找一些报纸的边角纸来解解方程。这种兴趣爱好在'文化大革命'时期，我也通过数学的推演设计了一种仪器，这种仪器后来又被国家高度肯定。""今天看来这个仪器不算是什么技术创新，但在那个时代算是一个小小的不错的发明。"今年4月13日任正非接受美国CNBC独家专访时说。

这种从小养成的读书爱好，任正非一直保持到现在。他每次出差上飞机，都是一个人拖一个拉杆箱，手上抱本书。在四个小时的飞机上可以读完一本三百页的书。有人采访任正非问为什么读书这么快，他的回答：熟能生巧而已，看多了就很快，越快就越喜欢看书。

冯仑说，第一次和任正非聊天，印象就一个字，大。第一个，块挺大，他个子高，身形比较大。第二个，格局大。我们做房地产那会儿，只盯着一块地，一件事，他说的是全世界的事。第三个，视野大。他讲事情横着讲、纵着讲，讲了很多历史，也讲了很多国外见闻。

"他讲的事，跟别人聊天不一样。很多时候碰到企业家也好，商人也好，做买卖的也好，聊的事都小，比如说说自己怎么赚了钱，怎么牛。任正非讲得很宽，喜欢谈一些辽远、空旷的事，或者说纵向垂直很深的事。"

"段子冯"很少这么夸赞一位商界大佬的——

"今天，'任正非'这三个字之所以赢得这么多尊重，华为之所以做到今天的市场地位，跟任正非的这些理念、这些特质是分不开的。正是这样一个独特的品质，使华为在通信、消费电子还有 5G 这些领域，站到了行业的前端，进入全球竞争的制高点。"

而冯仑本人，就连看《金瓶梅》，他也能得出这样的结论："西门庆就是个民营企业家。"松本清张的侦探推理小说《点与线》，他看了不下二十遍，可他完全是把这本小说当成另类生存手册看的。

冯仑还喜欢看法医学和犯罪心理学。"这里头很有意思，我做生意这么多年，碰到疑难的时候，这些知识都有用，都救过我……其实，做生意非常需要广泛的人生经验和知识，才能处理这些事情。"

冯仑几乎把所有的书当成生存指南来看。

"我特别喜欢历史、哲学，我的视野很大，心很大，所以有很多事就觉得，就这么着吧。另外我处理任何事，参照非常多。我有五千年、六十亿人的参照，世界观是管横的，历史是管纵的。因为这些事我都知道，所以没有太多事能让我生气了，我有处理的方法。"

冯仑认为年轻人要读三种书：

第一，古今中外的经典著作。这个毋庸置疑，是古今中外的智慧典籍，都是能够增人阅历和智商的。

第二，好书，是对现在有用的书。比如在创业初期，你就需要看别人惨烈的故事，越惨越好。从别人的失败中，读懂人性和人心，看别人的故事，最主要的是看别人在那种特定的情况下，是如何处理的，加上自己的思考，比如你会怎么思考、处理。了解得越多，越能帮助自己处世，增加处世的智慧，少走一些弯路。

第三，拓展思维，活跃大脑的书。这类书能够启发你的"小"聪明，快速抓住问题本质，解决麻烦。脑子平时活络些对临场处理问题有很大帮助。

冯仑认为读书是生存的必需。"成功需要一种精神，这种精神大多需要通过对社会的认识和了解去获得，而阅读是必经之路。"

马云曾被财经作家吴晓波批评为看书较少的商界领袖，与有家国情怀的老一辈企业家任正非、柳传志等人不一样。其实，大家都知道马云是有名的"金庸迷"，他为每个阿里巴巴办公室起的名字都出自金庸的小说："光明顶""达摩院""桃花岛""罗汉堂""聚贤庄"等，在外人看来，到了阿里巴巴，就像是到了武林圣地。

"金庸的每部武侠书我都不止看过一遍，我的梦想就是成为武林高手。"马云最喜欢的武侠人物是《笑傲江湖》中的风清扬。他喜欢以风清扬自居，甚至淘宝ID就是"风清扬"。然而，金庸送给马云的别号却是另外三个字——马天行，取意为"天马行空，从不踏空"。对此，马云也很高兴地"笑纳"了。

其实，马云并非只读武侠小说，据助理陈伟透露，马云有在工作包里随身带几本书的习惯，"别的书换得很快，而其中一本书一直没换过，是一本最薄的《道德经》。薄是因为没有注解，马云不希望看到别人对《道德经》的理解而影响自己的感悟。"马云有一次看《道德经》时突然很兴奋地说："哎呀！这哪是我在读老子，明明是老子在读我，而且他读到了我内心的最深处。"

最爱读书的商界领袖还有任志强，这个眉头紧锁、表情严肃的"老愤青"，曾被评为"中国人最想揍的人"第三名。除了爱"口出狂言"，他还是中国读书最多的商人之一，他说话时，各种数据信手拈来，历史文件如数家珍。

从 1985 年开始，他就坚持每天读书 6 万字。"我每天晚上一般坚持一小时以上读书，一分钟看两页书。如果不是涉及经济上比较难懂的那些书，一分钟阅读800—1000 字是没有问题的。"任志强说。

任志强将自己存放在办公室和临时住所中的上千本书拿到公司，开了个图书馆对员工开放，让他在员工心中增添了许多崇拜。

任志强自己的读书会，是中国商界影响力最大的读书会之一。"我们已经完全不需要为个人名利做事了，就是认为这个社会需要通过我们的努力让它变得更好。"

"我们这一代人非常盲从，直到'文化大革命'才突然开始怀疑，反省，随之茫然，改革开放以后重新认识这个世界和社会，确立自己的信念，我们希望现在的年轻人不要再走这些路，一开始就不要盲从。"

他更看重独立思考能力，不愿向大家推荐书目。"同样一本书可能对我有用，对你就没有用。"

读书对企业家关键时刻的瞬间决策起什么作用，李彦宏最有体会。李彦宏出生在一个普通的工人家庭，家里虽不富裕显赫，却洋溢着一股浓浓的墨香。从小，他便喜欢阅读那些许多成年人都看不下去的古诗词文集，可以说，是丰富的阅读，塑造了如今儒雅的李彦宏。

2014年，李彦宏参加某次读书会活动时，在现场推荐了包括《眨眼之间：不假思索的判断力》《信息简史》《奇点临近》等五本书。其中，他着重介绍了《眨眼之间：不假思索的判断力》一书。

李彦宏谈道："这本书里讲了很多业界的专家，很多特别重要的决策就是在眨眼之间做出的。而之所以能做到这一点，离不开他平时长期的专业积累。所以人们遇到一个重要决策的时候，并不需要想三天三夜，即使你想三天三夜和想一秒钟的结果可能是一样的。"

功夫真的是在平时，你平时有了积累，当重大事情来了之后，你一秒钟做出的决策可能就是对的，没准想的时间长了反而是错的。所以，平时的广读，深读，精读，对于一个商界领袖来说，就等于胸中屯兵百万，眨眼之间的决策，就相当于"养兵千日，用在一时"。

4

领导干部为什么要阅读？朱永新说，习近平总书记在中央党校开学典礼上特别讲了领导干部读书、学习的问题，他提出领导干部只有通过读书、学习，才能增强工作的科学性、预见性、主动性，使决策体现时代性、把握规律性、富于创造性。现在我们的领导干部大都是受过正规的高等教育的，很多是从基层一步步成长起来的，经验相当丰富，但是理论素养是相对不够的。同时，我们的领导干部跨行业、跨专业的现象相当普遍。一纸调令就从这个部门调到了另一个部门，领导干部不是万能的，而且，我们没有国外的技术官僚体系，领导干部跨行业跨专业的情况比较普遍，许多人对自己分管的专业领域是比较陌生的。外行领导内行，不仅是决策风险增加，而且容易导致领导团队之间的矛盾与冲突。这个时候，读书学习就显得非常重要。

朱永新现身说法：我就曾经遇到过这样的"知识恐慌"。当年我的工作从苏州大学转到苏州市政府，从分管大学教务变成分管文化、教育、新闻出版、妇女儿童、计划生育、科技、城市管理等工作。每个领域都有许多事情需要"拍板"。这个时候，不说外行话已经不容易，要做出正确、有前瞻性的决策就更不容易。此时我明显感到阅读的重要性。我一方面订阅了分管领域的报刊，及时了解行情动态，一方面依靠专家咨询的力量，读"专家"、借"外脑"，同时注意专业经典书籍的阅读积累，因为中国作为后发国家，许多发达国家治理的理论和实践，有不少是可以借鉴的。我认为，只要善于阅读，积极学习，作为领导干部，哪怕是更换到陌生的工作领域，也能游刃有余地完成工作任务，如果长期坚持不懈地阅读和探究，还完全有可能成为该领域的专家。

2007 年年底，朱永新调民进中央担任专职副主席。角色的变化要求他的读书生活也要随之调整，因此，他说自己先后阅读了《大国的悲剧》《世界是平的——21 世纪简史》《美国精神的封闭》《娱乐至死》《大趋势——2020 年的世界》《货币战争》《大国的崛起》《六个为什么》《灵魂不能下跪》《人类的敦煌》等一大批政治理论书籍。

"当然，领导干部读书不仅仅是为了胜任工作，也是为了使自己的人生更加丰富多彩。在历史的长河中，我们每个人的人生都非常短暂。我们来到这个世界上，不是为了赚多少钱，也不是为了当多大官，因为这些东西你是带不走的。那么，我们是为什么而来？陶行知先生说，人生为一大事来。我经常把这件大事理解为'看风景'。人类有两种风景，自然的风景和精神的风景。行万里路，是为了看自然的风景；读万卷书，是为了看精神的风景。腿不能够到达的地方，眼可以到达，眼不能到达的地方，心可以抵达。自然的风景是有限的，精神的风景是没有边际的，这才是无限风光的顶峰。其实，我们静心稍微想想就能发现，在温饱的基础上，人们所追求的一切幸福，哪怕表面上看来是物质的奢华，归根结底都是为了精神上的幸福。因此，人生真正的财富，是精神的财富。领导干部读书，可以帮助他们拥有宁静的心态，从容的心情，理智的头脑，开放的胸怀，拥有这些无限的精神财富，自然也就拥有了更为丰富和幸福的人生。"

5

李书磊酷爱读书，也是一位有很强学术功底和很高政治素养的领导干部。"可以说李书磊校长是读好书，好读书，并且读书好的一个人。"

2008年12月，年仅四十四岁的李书磊出任中央党校副校长，辅助时任中央党校校长习近平，被认为是习近平的文胆。李书磊十四岁考上北大，从本科读到博士。20世纪90年代，是李书磊作品的高产期。他在《光明日报》《北京青年报》等多家报刊上撰写专栏，关注文艺思潮和文化现象，针砭时弊，成为文学界著名的"第五代批评家"。而在1993年到1999年间，他一共出版了九本书，《1942：走向民间》《都市的迁徙——现代小说与城市文化》等著作都引发了一定反响，其中最受读者好评的是《重读古典》。至今，豆瓣读书上关于《重读古典》一书的讨论中，仍然可以看见有年轻读者评价："读一下他的文章，我们就会知道李书磊的判断是多么深刻。"

李书磊认为读书是文化建设的基础，是更为长远的国家战略。读书关系国运。

"相对于物质满足，文化是一种精神力量，相对于当下问题，文化是一种诉诸长远、诉诸千秋万代的视野和情怀。"

"当一个地方的干部不再推杯换盏、麻将声声，而是办公室里书香四溢、研究问题'书声鼎沸'时，建设'学习型社会、创新型城市'才大有希望！"

李书磊曾经说过，一次在一家大宾馆参观总统套间，可谓宝气珠光、豪华备至。但看完之后我仍然难生敬意，只是因为一个简单的理由：这里没有书。不管做多大的官，不读书便不过是一介俗吏。相反，只要永怀读书和思索的慧根，又何计其官职大小有无。我所向往的乃是向学的人不坠其阅历实践之志，实践的人不失其向学求道之心，众生都能在尘世修炼中得证菩提，达到人的圆满与完善。

李书磊认为不论多大的官，不读书都是一介俗吏，俗吏自然面目可憎，精神委顿。做了官读书才是一种雅兴，一种大性情，一种真修炼。

李书磊在《宦读人生》中说："古代的官员千里宦游、两袖清风，满墙书卷，白天升堂处理俗务，晚来在灯下读书咀嚼真谛，庶几近于人生的最高境界。"

"古时候学而优则仕，做官的都是读诗书的人，这很好，很值得欣赏。但我真正欣赏的不是读了书做官，而是做了官读书。读了书做官总有点把读书当敲门砖的意思，既贬低了读书也贬低了做官；做了官读书才是一种雅兴，一种大性情，一种真修炼。做官大概是入世最深、阅人最多的职业了，既从此业而又能够博览古今中外的经史子集，该会有怎样的慧心和觉悟啊。"

1989 年到 1991 年这两年间，李书磊曾在北京西郊赁屋而居，不问世事，只在窗下苦读古书。

"读到感动之处，就特别想找人聊一聊，但没有人，我就把心得写成札记。有一天傍晚，我走出家门，门外正纷纷扬扬地飘着大雪。我一下子就想起了艾青的诗《雪落在中国的土地上》，站在雪地里，不知为什么，我竟泪流满面。"李书磊说。

读名著，需有登山者的勇气、毅力和耐心，抛开众声喧哗，熬过寂寞独行，攀登险峻高峰，绚丽风景和灿烂瑰宝才会在你眼前展开，最美好的事物总是在人迹罕至处。

李书磊是这样来看待读书与做官的：实际上越是置身于官场是非之中越是需要读书来涤虑养心。读书致用倒还在其次，读书的至境在于养心，在于悟道，在于达到对人性的了悟与同情，达到对宇宙的洞察与皈依，达成个人人格的丰富、威猛与从容。

做官是一种大俗，读书是一种大雅。从俗的、做官的立场上来看，这大雅对大俗是一种拯救；而从雅的、读书的立场上来看，这大俗对大雅又是一种成就。

关于读书与做官，吉狄马加也有自己的观点。许多记者在采访他时，都曾提到他"诗人省长"这个称号。他不仅在中国作协任副主席，还有整整九年的时间任青海省副省长和省委常委、宣传部长等职务。马加说："许多诗人的'诗人角色'和他的别的社会角色，其实也是在不断地转化着的，李白是这样，杜甫是这样，苏东坡是这样，他们都或长或短地担任过朝廷的命官，这样的例子太多。德国诗人歌德，俄罗斯诗人普希金，奥地利诗人里尔克等，他们除了诗人的身份之外，也还承担过别的社会角色，像歌德那样最后成为宫廷诗人的，在后来的西方社会中是不多见的。在现在的英国，还保留着对桂冠诗人任命的传统，美国国会图书馆每几年也要任命它的桂冠诗人，但这些并不能说明诗人的社会角色只能是一个……在现代的伟大诗人中，许多人的身上都兼有双重的角色，法国现代派大诗人阿拉贡作为一个政治活动家，长期担任法国共产党的总书记；智利诺贝尔文学奖获得者、诗人巴勃罗·聂鲁达，就曾经参加竞选过智利总统，后来又长期担任驻外大使；塞内加尔大诗人桑戈尔，是塞内加尔开国之父，曾长期担任塞内加尔总统；马提尼克伟大诗人埃梅·塞泽尔，作为政治家也曾长期担任政府要职。我举例说这些，很重要的一点，是想说明一个许多人都很关心的问题，就是诗人的社会角色绝不是单一的，特别是在今天的现代社会……不是所有的杰出诗人都能从事政治，同样也不是所有的政治人物都能成为杰出的诗人，但在一部分人身上是可以结合在一起的，这一点没有什么奇怪。"

只要你足够坚守，只要你无论做了多大的官，还能静下心来读书，你澎湃的诗情永不会枯竭。你生命的宽度，也不断地被自己超越。

习总书记在不同场合多次说过，我的最大爱好是读书。读书最可贵的是终身坚持，无论处于哪个年龄段都孜孜不倦地读书。

他特别指出，"领导干部多读优秀传统文化书籍，经常接受优秀传统文化熏陶"，"吸收前人在修身处世、治国理政等方面的智慧和经验，养浩然之气，塑高尚人格，不断提高人文素养和精神境界"。

读书就像交朋友，要交就交最值得交的好朋友，

要读就读最值得读的好书。

第二十三章

我们为什么要读经典？

1

在文化产品匮乏的古代，古人认为"开卷有益"，现在，我国每年出版的图书多达四十万种，不可能所有书都看，许多书也不值得看。如何把有限的时间用来读最值得读的书？

朱永新说，选择什么书来读，的确需要有睿智的眼光，需要我们结合各自的情况，在实践中慢慢磨炼。

"从图书的品质上，我们特别强调要读经典。读书就像交朋友，要交就交最值得交的好朋友，要读就读最值得读的好书。那些经过时间大浪淘沙积淀下来的经典，是最值得交往的朋友，它们是文化的源头，同时阐述着人生的哲理，能帮助领导干部树立正确的人生观和价值观。真正把经典读进去，经典读多了，阅读审美能力就加强了，阅读的口味和习惯也就养成了，阅读的鉴别力也会提高，再读其他好书就势如破竹。"

新教育实验一直提倡青少年阅读"经典名著"，用人类文明和民族文明最好的精神食粮来滋养我们的孩子，为他们终身精神成长和学习打底，这就使孩子从生命发展的起点上，占据了一个精神的高地，即所谓"站在巨人的肩膀上"，登

高而远望，视野和境界都大不一样，这对孩子一生的发展，所产生的深远影响，是怎么估计都不会过分的。

还要特别指出的是，孩子在学习语言的起始阶段，就接受语言大师、名家的典范作品的熏陶，这对培养其纯正的语言趣味、感觉、习惯，都是至关重要的，而且是受益终身的。

什么是经典？经典是经过历史淘汰、经得起历史检验的、具有指导意义的权威著作。《文心雕龙》中称经典为恒久之至道。所谓"经典"，"经"就是经常、恒常，"典"就是典范、模范，经典也就是"恒久的模范"。如我国传统图书中的经、史、子、集，如我们常读常新、百读不厌的《论语》《中庸》《道德经》，如唐诗、宋词、元曲、明清优秀小说，等等。传统经典有大量原创性著作，这是一般书籍所无法企及的。古代的《孙子兵法》至今仍然是高科技战争的指导原则。古代的《学记》《大学》等文献仍然是当代创新教育、潜能开发的理论依据。马克思盛赞古希腊神话具有永恒的魅力，就在于它们是激发人类创造力不断迸发、永不枯竭的源泉。

每一个民族，每一个时代精神的精华，人类最美好的创造都汇集在"名著"之中，其中一部分经过历史的筛选，渐渐成为民族和人类的"经典"。人类精神文明的成果，就是通过这些名著、经典的阅读代代相传。

有些时髦的东西，你读完了以后，过十年以后，可能就没有人知道了，被信息爆炸的时代给湮没掉了，但经典不同，往下一百年、一千年它依然永不褪色。

意大利作家卡尔维诺给"什么是经典"作了如下的定义：

1. 经典作品是那些你经常听人家说"我正在重读……"而不是"正在读……"的书。

2. 经典作品是这样一些书，它们对读过并喜爱它们的人构成一种宝贵的经验；但是对那些保留这个机会，等到享受它们的最佳状态来临时才阅读它们的人，它们也仍然是一种丰富的经验。

3. 经典作品是一些产生某种特殊影响的书，它们要么自己以遗忘的方式给我们的想象力打下印记，要么乔装成个人或集体的无意识隐藏在深层记忆中。

4. 一部经典作品是一本每次重读都好像初读那样带来发现的书。

5. 一部经典作品是一本即使我们初读也好像是在重温我们以前读过的东西的书。

6. 一部经典作品是一本从不会耗尽它要向读者说的一切东西的书。

7. 经典作品是这样一些书，它们带着以前的解释的特殊气氛走向我们，背后拖着它们经过文化或多种文化（或只是多种语言和风俗习惯）时留下的足迹。

8. 一部经典作品是这样一部作品，它会不断让周围制造一团批评话语的尘雾，却总是把那些微粒抖掉。

9. 一部经典作品是这样一个名称，它用于形容任何一本表现整个宇宙的书，一本与古代护身符不相上下的书。

10. "你的"经典作品是这样一本书，它使你不能对它保持不闻不问，它帮助你在与它的关系中甚至在反对它的过程中确立你自己。

11. 一部经典作品是一部早于其他经典作品的作品；但是那些先读过其他经典作品的人，一下子就认出它在众多经典作品的系谱图中的位置。

12. 经典作品是一些产生某种特殊影响的书，它们要么自己以遗忘的方式给我们的想象力打下印记，要么乔装成个人或集体的无意识隐藏在深层记忆中。

在全世界范围内，每个国家都有几部家喻户晓的经典，渗透到一个民族每一个人的心灵深处。就文学经典而言，英国的莎士比亚，俄国的普希金、托尔斯泰，德国的歌德，等等，都是进入国民基础教育，扎根在青少年心上，成为他们民族年青一代的精神的"底子"的。

具体到我们中国，究竟哪些是我们民族"精神源泉的经典"？

习近平总书记指出："在每一个历史时期，中华民族都留下了无数不朽作品。从诗经、楚辞、汉赋，到唐诗、宋词、元曲、明清小说等，共同铸就了灿烂的中国文艺历史星河。中华民族文艺创造力是如此强大、创造的成就是如此辉煌，中华民族素有文化自信的气度，我们应该为此感到无比自豪，也应该为此感到无比自信。"

有媒体曾经汇总过习近平在文章、讲话与著作中的用典情况，他多次引用《史记》《诗经》《礼记》《尚书》等书中的故事、名句，"四书""五经"典故运用娴熟，诸子百家文史笔记尽入文彀。习近平深刻指出，中华优秀传统文化是人们进行道德教育修养的"好教材"，人们通过学习把握"中华民族传统美德"，有助于"正确处理义与利、己与他、权与民、物质享受与精神享受等重要关系"，"历史上，中华民族之所以有地位有影响，不是穷兵黩武，不是对外扩张，而是中华文化具有强大感召力"。

2

我们为什么要读经典？

朱永新说我们的民族文化自信，必须靠阅读经典来重铸和传承，靠阅读经典来激发新的创造力。一个国家，一个民族，如果没有对他自己经典文化的阅读，尤其是没有一个民族共同阅读的活动，那么他就没有自己的精神支柱，就很难实现自己的文化认同。

我们五千年文明所沉淀下的丰富的优秀传统文化，在当今多元化的格局中，并没有真正得到进一步的发扬，许多精神财富仍然处于被边缘化的境地，大量的阅读仍然被商业物质主义引导下的阅读所占据，人们缺乏优秀传统文化的滋养，缺乏独立思考的盲目崇洋行为仍然屡见不鲜。

没有共同价值、共同愿景的一群人严格来说称不上是一个真正的社会，更谈不上是一个共同体，只能是一群乌合之众。他们随时会被其他人征服，或者仅仅被一些新鲜的词语和肤浅的偶像所迷惑；没有共同英雄与准则的社会只是一个生物智商的角斗场，它不可能为人类带来真正的幸福；没有共同的语言与密码的学校和教室，以及家庭只是冷冰冰的房间，生活的丰富性在这里丧失殆尽；没有共同体背景的学习只是一个机械的训练过程，它不可能真正实现生命中的无穷可能性。

只有拥有共同语言、共同经典的民族才是一个民族共同体，而不是聚集在一起的人群；只有拥有共同基本立场与价值观的社会才是一个真正的社会共同体，而不是一盘散沙。

民族的凝聚力、民众的道德和精神高地只有依靠经典的共读来实现。一个国家的经济进一步发展，一个民族的精神崛起，都需要全民拥有文化自信。而阅读经典对形成深刻而持久的文化自信，具有至关重要的作用。一个班级、一所学校、一个家庭、一个社区、一个国家乃至于整个人类通过阅读继承共同的文化遗产，拥有共同的语言和密码，从而形成共同生活的社会共同体。

易中天在《我们为何要读经典》一文中说："我们为什么要读经典？就因为能从经典中读人，读智慧，读社会。"

南京师范大学汪凤炎教授曾对七部经典著作（《论语》《孟子》《大学》《中庸》《老子》《朱子治家格言》《增广贤文》）进行过统计，结果表明，从思想性标准看，其中约93%的言论都是合宜言论，会对读者的心灵产生良性影响。

为什么要读经典？熟读经典可直探人性本源，汲取人生智慧。比如国学所蕴含的"仁、义、礼、智、信"，能让人以健康的心态来适应社会变迁中的不确定因素；儒家文化中"修身、齐家、治国、平天下"的大气与豪迈对青年立志有巨大帮助；"天行健，君子以自强不息"的人格理想更是激励了不知多少仁人志士。

读经典可将古今中外思想融会贯通。比如，先秦诸子是经典中的经典，其所诞生的时代——春秋战国，不仅是中华民族的黄金时代，也是人类文明的重大突破期，当时世界各民族都出现了伟大的精神导师，比如古希腊的苏格拉底、柏拉图、亚里士多德，以色列的犹太教先知们，印度的释迦牟尼，中国的孔子、老子等，他们的思想有很多相通之处，比如都在思考人究竟要怎样才能幸福，社会怎样才能和谐。这些久远的思想对现代人也大有益处。这样一些伟大的思想家，为什么会集中出现在历史的同一时期（公元前6—3世纪）、地球的同一纬度（北纬30°上下），这是一个谜。它也许只能用马克思的说法来解释，即那是"历史上的人类童年时代"之"发展得最完美的地方"（《〈政治经济学批判〉导言》）。

读经典可以塑造人的价值观，提供方法论，给你成体系的知识，塑造你认知和逻辑能力，也给你心安理得的人生，只有得理，才能安心，而经典教你的理，是真理，是生活的真相。

价值标准混乱的年代，物质成为唯一的共同追求，我们很容易迷失在财富和耀眼的成功里面。经典作品塑造的价值观就像指南针，给予定力和根性，叫人思考反省，诚实面对自己的内心。

"曾经沧海难为水，除非经典不是书。"小学语文教师薛瑞萍如是说。

我们的孩子，无论是小学生或中学生，无论是大学生或已走上社会的青年人，他们共同的偶像不应该是由小报制造并传播绯闻的明星们，而应该是一个民族以及人类文明史上那些最激动人心的真实英雄与文学形象。他们象征着那种高于金钱的核心价值与目标，他们象征着人类的光明、和谐、稳定和崇高，他们应该深镌在年青一代的生命底色中，而这些，只能通过今天的共读经典来实现。

但现实的状况并不容乐观。

上海师范大学调查发现，超过七成的中学生未看全四大名著。很多人购书上呈现了功利化趋势。《中国青年报》一项调查显示，经常买文学名著的人只占33.8%，60.2%的人常买专业学习用书，47.7%的人购买生活类书籍。2013年，广西师范大学出版社发起的一项"说说你死活读不下去的一本书"的调查显示，前十位中包含了中国古典四大名著，还有《百年孤独》《追忆似水年华》等外国文学名著。许多人谈起电影、动漫来滔滔不绝，能像专家一样梳理好莱坞大片，却连《论语》《西游记》《增广贤文》等基本典籍都没有读过。

与之形成鲜明对比的是，英国一项调查发现，《傲慢与偏见》《简·爱》《呼啸山庄》等经典著作都是英国人最爱读的书。美国一项权威调查也显示，《圣经》是美国最受欢迎的书籍。

中国人为什么不爱读经典，因为经典难读，许多经典都是大部头的著作，大人借口"没时间"，中小学生都在为考上更好的学校而竭尽全力，大学生觉得读经典还不如考几个证对找工作有帮助，走上工作岗位的年轻人，为"房贷"、为置换更好的"学区房"而努力打拼无暇读"闲书"。灵魂枯萎、精神矮化、信仰虚无、文化粗鄙的一代，怎能在激烈的国际竞争中让我们的民族强大起来？

"总理您能给我们推荐几本书么？"李克强总理在厦门大学与同学们座谈时，现场的几位同学请这位爱读书的总理为他们推荐书籍。

"中国古典书籍、国外的经典书籍都很多。"李克强并没有列出具体书目，而是进而表示，书籍是人类文明传承的承载工具。大家需要读时新的书籍，但要获得最基本的常识，还要更多阅读古典、经典的著作。所以既要读时新的书，更要多读一点古典的、经典的书。

"这才能积淀更深厚，视野更开阔，真正站在前人的肩膀上。"李克强少年时的阅读经历验证了阅读经典对一个人成才的重要意义。

李克强少年时的先生李诚对他读书的品味要求很严格，李克强说自己曾经在院中借助微凉的晚风读《古文观止》，被李诚批评。

"在那个对古代文化进行'革命'的年代，能找到这样的书并非易事。但李先生发现后，却不以为然，他断然斥之为'村书'，认为不值得读。他后来开了一个书单给我，有《昭明文选》《古文辞类纂》《经史百家杂钞》等，这固然有明显的'桐城派'的色彩，但也并不受其拘泥，作为入门读物，起点是高的。他一再说，发乎其上，得乎其中；发乎其中，得乎其下。发乎其下，便什么也没有了。"

著名学者鲍鹏山举过有趣的例子，他说我父亲以前读的是私塾，他读书不多，时间也不长，就读了两年的书，但他读的全部是经典教育。他跟老私塾先生读的是《幼学琼林》，读的是《千家诗》，读的是《论语》，一本论语他是背完的。

因为我们家在乡下，他读书的时候，城市的人已经不再读经了，开始在做所谓的新式的教育。在乡下发展慢一点，新式教育还没有过渡过去。

后来我发现了一个很有意思的现象，跟我父亲年龄差不多的，在城市长大的人，他们认识的字跟我父亲差不多，他们也能看报纸，这一点跟我父亲都没有区别。区别在哪里？就是我父亲他有情怀，他有一整套的价值体系，仁义礼智信，他有他自己审美的东西。

晚上乘凉的时候他会给你背几首诗，"危楼高百尺，手可摘星辰，不敢高声语，恐惊天上人"，他有这样的审美。读了这些千家诗，这些传统经典以后，等于说它给你眼界上加了一个东西，你再看这个世界的时候就美了。

我从青海师大回老家过年，他让我给观音庙写一副对联（由父亲牵头在我们村里修的一个很小的小观音庙），我哪知道怎么写。父亲见我拿着笔在那里无所适从，他就说："你就这么写吧，庙小无僧风扫地，天高月小佛前灯。"这个对联很漂亮，庙小没有和尚，风来扫地，天高月很小，但是这个月就是佛前的那盏灯。真的很美，所以读经典长大的，你头脑里面首先就有一个审美的眼光。用了两年多读完的经典，让他一辈子有这样的眼光，一辈子有这样的一个心胸。

为什么要读经典？钱理群说："读文学经典唯一的目的是陶冶我们的性情，

开拓我们的精神空间——你坐在小屋里，打开书，就可以突破时空的限制，与千年之远、万里之外的人与生物，宇宙的一切生命进行朋友般的对话，达到心灵的契合，获得精神的真正自由。坚持读下去，你会发现，你变了，像巴金老人说的那样，'变得更好'了。"

读经典，就是因为每一个民族、每一个时代精神的精华都凝聚于其中，人类最美好的创造都汇集于其中。人类精神文明的成果，就是通过经典的阅读代代相传的。在这个意义上，受教育的基本途径就是"读经典"。

人在受教育时期，例如中学时期，读什么书，不是小问题。像鲁迅所说，胡乱追逐时髦，"随手拈来，大口吞下"的阅读，吃下的"不是滋养品，是新袋子里的酸酒，红纸包里的烂肉"。其结果不只是倒胃口而已，喝"酸酒"、吃"烂肉"长大，是可能成为畸人的。鲁迅因此大声呼吁，要给青年的阅读以正确的指引。提倡"读名作，读经典"即是一种导向：唯有用前辈人所创造的最美好的精神食粮来滋养下一代，才能保证他们成为巴老所期待的"更纯洁，更善良"的具有美好心灵的健全的"人"。

为什么要读经典？朱永新说，如果没有共同的神话和历史，没有共同的英雄和传说，没有共同的精灵与天使，没有共同的图画和音乐，没有共同的诗歌和小说，我们就永远不可能有共同的信仰，共同的道德标准，和对于未来的共同愿景，也就没有所谓的核心价值体系和思想基础，我们的社会就只是一群乌合之众。为了寻找我们的历史，寻找我们的自身，我们需要共读我们的神话和历史，通过共读盘古开天地、女娲补天、后羿射日、嫦娥奔月、精卫填海、夸父追日、炎帝和黄帝的战争与结盟，我们将真正成为中华民族祖先的文化后裔。然后再通过阅读希腊神话、希伯来神话，通过阅读美洲发现的历史，通过阅读美国南北战争解放黑人的历史，我们了解了其他民族的历史和传说，整个人类的文明才能在更大的生活圈里融为一体。这些都是通过阅读来完成的，没有其他的路径可走。中华民族的共同精神家园建设离不开阅读，更离不开阅读经典。

阅读经典既然如此重要，如此刻不容缓，那么，我们怎样来阅读经典呢？

朱永新一直倡导以孔子为老师，以孔子的诞辰日设立为国家阅读节。他已经为此呼吁了十六年，还会坚持不懈地继续奔走呼吁下去。他的"疯子"精神，令人敬佩也令人感慨不已。

朱永新认为，只有和老子、孔子、孟子这些最伟大的思想家对话，才能达到先秦时代文化思想的高峰；只有与文艺复兴时期的大师们交流，才能获得西方文明的一些最重要的平台。

朱永新说，孔子作为儒家文化的最重要的代表人物，他的思想影响着中国几千年的社会，也影响着整个中国文化的基本精神。过去讲半部《论语》治天下，虽然很多人民群众可能并不了解孔子的故事、儒家的文化，但是，《论语》里面的很多名言警句已经成为我们很多人的生活准则，比如"三人行必有我师"，"己所不欲勿施于人"等，很多东西已经成为我们这个民族最基本的东西。

孔子不仅是中华传统文化标志人物，也是世界文化名人，有着广泛的全球化认知基础，所以，朱永新一再呼吁，可将9月28日孔子诞辰日设立为国家阅读节。利用节日的仪式感，通过各类媒体广泛传播国家阅读节的价值意义，切实提高文化自信，重塑中国的节日文化，并以此为契机，加强对诸子百家等经典传统文化的研究、讨论、学习，在全社会普遍形成以全民阅读为抓手的爱己、爱家、爱国的良好氛围。

著名学者、中央党校教授、博士生导师钟国兴在《孔子是个好老师》这本书里，用幽默的语言把传统经典《论语》解读得通俗易懂，"我希望用高中生都能看懂的语言，让孔子复活。大家要看一看，孔老师有多么的可亲可爱，中国古代的教育多么的生动活泼。"

钟国兴风趣地说孔门是个江湖，因为孔子奉行有教无类的教育理念，让有志于学的天下英才来学习、来成长。从孔门的学生构成我们可以看出，孔门的教育是打破了贫富贵贱的界限、打破了地域的界限、打破了年龄的界限。这在当时，无疑是一个巨大的社会进步。

孔子被尊称为万世师表，绝不仅仅是因为他的教学理念和教学方式，他跟学生之间建立起融洽的师生情谊更是我们现代教师学习的楷模。作者让两千多年前的学习和今天的学习型组织之间实现了"穿越"，更让人们看到了孔门的关注问题、注重研讨、激发潜能和发展个性的教育多么值得借鉴！

钟国兴说我们应该怎么去认识真正的孔子呢？我们应该通过研读孔子自己著作或者被确认可信度高的著作来认识真正的孔子。《论语》《孔子家语》《史记·孔子世家》等都是理解孔子思想的好著作。我们更要读孔子亲手整理的著作来把握孔子的思想。《易经》《春秋》《尚书》《诗经》这些孔子亲手整理的著作可以很好地反映孔子的精神气质，通过读这些经典可以感受到孔子。

读《孔子是个好老师》让我们懂得：对待经典我们绝不仅仅只是背诵、考证、研究，而是需要在对经典的阅读中，与文本实现一种超越时空的共同存在，让思想凭借着我们的重新言说与书写而复活，让隐蔽的真理重新显现，获得新生，还本来面目！这才是阅读对文化传承与创新的真正意义。

对于读经典，李书磊以自己切身体会作了最生动有趣的阐释。

李书磊说，古代的经史也不是高头讲章，多是故事，很好读。《论语》是一部回忆录，有情节，有场面，生动得很，所以孔子的话就能不知不觉地说到人心里去。学生记孔子言行也不搞"三突出"，很家常，仿佛是无心记下的见闻，一时不是很高大的形象也都不省略。"子见南子，子路不悦"，估计是嘀咕了一些难听的话，孔子脸上就挂不住了，赌咒发誓说自己没别的心思，否则"天厌之"。

他说这一个细节就让我感到《论语》是可信的，对孔子那些听来调子很高的夸奖大概也是写实的。《论语》笔调，平和自然，优哉游哉，一读就读进去了，两千多年之后也好像是在从夫子游，变成了他的学生。

《论语》还有个好处是一条一条地不连贯，这样随手翻开就能读下去，没有非得正襟危坐的压力。

《孟子》可以说是一部游记，写孟子到了什么地方、见了什么人，当然主要是说了什么话、怎么说的。孟子说话很冲，滔滔不绝，是用食指点着人说话的样子，语调昂扬。他把一套道理说得很完整，算是有点理论性了，但因为语气充沛也不觉得枯燥。

孔子对学生说话也大都和颜悦色，孟子对国王说话却经常疾言厉色，显得很可爱。

《孟子》有青春气，少年时代读有同怀之感，现在读则有对少年的羡叹。本应是古人为老，我辈为少，但有时情景恰恰反转过来；从古人处汲取得少年精神，也是读古书的一种奇缘。

李书磊读经典古籍的经验让我们相信：文化不是在经典中存在，而是在阅读经典的过程中存在。

李书磊曾是中央党校的教授，他谈读《资治通鉴》的体会也别有趣味。他说，今天说起"案例教学"我总想起《资治通鉴》，每一页都是大大小小的案例，一个事情是怎样发生的，当事人是什么态度，是怎样应对的，结果如何，都很完整，做政治训练是不可多得的好教材。我有时想这书取名叫"鉴"，比作镜子，真是再贴切不过了；虽然"以史为鉴"是老生常谈，但真正细想起来还是感叹比喻得真是好。

他说读史绝不仅仅是学得经验，还增进对世界的理解，增进觉悟。说读史是修身一途，也不仅仅是指阅读中内心激浊扬清的是非判别，还指的是心智与境界的扩展。把世代沧桑、万千人物装在心里，会是怎样一种有容乃大的气象。

日常读史会感到心胸开阔，放眼一千年、两千年的历史，不禁豁然开朗，身边的些小恩怨还算得了什么。读史也加深我们对自己国家和文化的了解，祖国每一片土地上发生过的一切都关系我心。自将磨洗认前朝，牧童拾得旧刀枪，茂密庄稼、新起楼群下的土地曾经历无数故事，步行走过生出无限的珍惜之情。我们今天还在延续祖国的历史，我们就是古人预言和期待中的人物，在履践并修正着从前的因果，我们要在今天的四海风云中把祖国引向光明。

李书磊说：《徐霞客游记》我有两个版本，一是上海古籍社的增订本，一是商务印书馆影印的民国时期丁文江编本，都字大行疏，无事读来特别休闲，徐霞客笔下的山川古道、桃花杨柳，仿佛就在我眼前伸展。地方史志也可以看作地理文献，出差到陌生地方，夜晚在旅馆的灯下读当地的志书，挥笔圈点，也觉得乐莫大焉。

4

著名文学评论家李敬泽读唐诗宋词的体会也很有意思，他说有三个人构成了我们中国理想的人格：李白、杜甫、苏轼。这三个人在我们民族的理想人格的构成中不可或缺。

李白就是我们人生中理想和精神上永恒的少年，所以鲁迅说他稍微高了一点，他哪是高了一点，他都要高到天上去了，李白是谪仙人，他自己也是认为自己是仙人，话语奔放，他体现着我们民族，体现着我们精神结构中那个最为奔放，最为浪漫，最为不切实际，也最为跳脱的一种真。

苏轼一生也有过磨难，你会发现苏轼在我们心里为我们开辟的空间如同远方，他如同我们精神中的一个远方，他永远代表的是在任何一个时候都不会被人生困难所限制的境界，所以我们对他非常向往，我们对他也非常爱。

这样你会发现，杜甫是在生活的底部和深处，李白是飘浮的，是飞一般的，苏轼也永远是敞亮的，而杜甫是生活在脚下的土地，这样三个诗人，李敬泽说我觉得他们加起来就构成了我们中国人的理想人格，构成了我们中国人人生的不同向往。

鲁迅先生晚年评论几位大诗人，说陶渊明稍微有点远；李白稍微有点高；杜甫似乎不是古人，好像是今天还活在我们中的诗人。

我们这个民族一千多年来每逢磨难时，都会想起杜甫，都会想起他的诗，我们会从他的诗中获得力量，获得慰藉。

诗人把自己的生命、这一生的遭际写到诗里，我们从遭际中看到他所处的时代，所以他的诗史不仅仅是关于一个大历史的诗，首先是个人生命的历史。李敬泽感叹：我觉得杜甫确实不是古人，确实活在我们中间，他的感情和我们是相通的，他面临的问题、烦恼，他的喜怒哀乐都和我们是相通的。他们是在写他们那个时候的诗，但是他们写得太好了，太真切了，太有力的表达，太精妙了，所以在这么漫长的时间里，他们在各自的角度上，塑造着我们的故事，我们的人生相当程度上是这些伟大诗人所塑造的。

吉狄马加说杜甫:"他关心百姓疾苦,聆听人民呼声。可以说,他的诗歌遗产,就是一部现实主义伟大史诗。他的诗作既有个人的体验,也有对时代的记录和见证。他将个体生命体验中融入了时代和民众的声音。读他的诗,几乎像是读到了人民的生活和历史。"

李敬泽说,王安石也崇拜杜甫,谈起杜甫,他说天下好言语都被杜甫道尽,本来这个地方我要写诗,我这儿有感慨我要发言,结果发现杜甫都说完了,而且杜甫都说得那么好,我没办法再说了,所以都被杜甫道尽。

他说杜甫是那个时代中草芥一样的人,根本不被人看重,在他的时代根本没有人在意他,他又老又穷,还生着病,就这样写下了这首诗:

> 风急天高猿啸哀,渚清沙白鸟飞回。
> 无边落木萧萧下,不尽长江滚滚来。
> 万里悲秋常作客,百年多病独登台。
> 艰难苦恨繁霜鬓,潦倒新停浊酒杯。

我们看见的是他的眼界和胸襟是那么壮阔,这个老人站在那儿,他看到的是"风急天高猿啸哀,无边落木萧萧下,不尽长江滚滚来",看到的是无尽的时间与空间,看到的是茫茫宇宙,然后才写到自己,"艰难苦恨繁霜鬓,潦倒新停浊酒杯",他看自己卑微的命运时,他从来没有丧失对茫茫宇宙的感知,没有使他失去对苍生天下的爱,没有使他失去对于他人的关心和责任。

他的胸怀是站在山河之间的胸怀,在《登高》这首诗中表现得是如此淋漓尽致,他真的能够在精神上给我们一种支撑,伴随着我们对抗时间、命运、身体的种种不幸,让我们始终保持着对自己、对世界、对他人那样一份爱和一份承担。

胡适写给他儿子的信中,谈到李、杜对中国文化史甚至全人类文化史的意义。"思成来信问有用无用之别,这个问题很容易解答,试问开元天宝间李白、杜甫与姚崇、宋璟比较,其贡献于国家者孰多?为中国文化史及全人类文化史起见,姚、宋之有无,算不得什么事;若没有了李、杜,试问历史减色多少呢?

"我也并不是要人人都做李、杜,不做姚、宋,要之,要各人自审其性之所近何如，人人发挥其个性之特长，以靖献于社会，人才经济莫过于此。思成所当自策厉者，惧不能为我国美术界作李、杜耳。如其能之，则开元、天宝间时局之小小安危，算什么呢？你还是保持这两三年来的态度，埋头埋脑去做便对了。"

胡适希望他的儿子在人生的困惑迷茫之时，仍能沉下心来读经典，不管周围如何喧哗，自己"埋头埋脑"读"无用"的书，成为李、杜那样的人，作为人父的拳拳爱心读来让人感动且认同。

朱永新也说过，对我们这个民族而言，李白的逍遥，屈原的忠诚，杜甫的忧患，文天祥的舍生取义，岳飞的精忠报国，苏轼的豁达……曾经成为这个民族的所有子民的英雄，而成为每个后人叙事的榜样。在当代，雷锋、张海迪、孔繁森、袁隆平等英雄的身影，也激励了许多年轻的生命。

以怎样的人物为英雄，为自己的生命叙事选择怎样的榜样与蓝本，无论对一个民族还是一个个体而言，都是极为重要的。甚至可以说，在他们身上，才真正存活着民族的道德伦理准则、哲学思维方式。甘地或者鲁迅，孔子或者范蠡，勾践或者唐太宗……都将会把一个民族和一个生命的未来，带向不同的方向。

5

一门三院士，九子皆才俊。

中国近代著名思想家梁启超有九个子女，个个成才，其中还有三位科学院院士。他的教育之道就是小时候练记性，长大了开悟性。

"至于将来能否大成，大成到什么程度，当然还是以天才为之分限。我平生最服膺曾文正两句话：'莫问收获，但问耕耘。'将来成就如何，现在想它作甚？着急它作甚？"

孩子们年幼时，梁启超经常让他们围坐在小圆桌旁，他就像说书人一样，一边与孩子们声情并茂地聊天说话，一边绘声绘色地讲古论今，讲的都是古今中外历史上爱国英雄的故事。他通过与孩子们面对面的谈话，传递他对孩子们的情爱，也和他们热烈地讨论国家大事、人生哲学以及治学的态度和做学问的方法。

在教子生涯中，梁启超极为推崇趣味教育。他说："凡人必常常生活于趣味之中，生活才有乐趣，才有价值。若哭丧着脸度过几十年时光，那么生命便成为沙漠，这样的活法有什么用？"

为了尽快提高孩子们的国学、史学知识，梁启超聘请他在清华大学国学研究院的学生谢国桢做家庭教师，在家中手把手地对他们进行辅导。课程从《论语》《左传》开始，至《古文观止》，一些名家的名作和唐诗宋词，由老师选定重点诵读，并且还要背诵。孩子们每周写一篇短文，文章用小楷毛笔抄写工整。史学方面，从古代至清末，由老师重点讲解学习。经过一年多的刻苦学习，几个孩子的国学、史学水平有了很大的提高，理论研究日益精进。

他十分注重孩子们的个性，非常尊重他们的意愿，用心细致地掌握每一个孩子的特点，因材施教，做到一把钥匙开一把锁，并鼓励孩子："一旦对某一方面感兴趣，那么，你会觉得像换了个新生命，如朝霞飞虹，如新荷吐绿……"

长子梁思成早年入清华学校学习，1924年赴美留学，毕业于宾夕法尼亚大学建筑系，获得硕士学位。他是和妻子林徽因一起领导了新中国国徽和人民英雄纪念碑的设计工作，后当选为中国科学院院士。

次子梁思永，1923年赴美留学，毕业于哈佛大学，获硕士学位。归国后在中央研究院历史语言研究所考古组工作，近代田野考古学的奠基人之一，先后负责发掘黑龙江昂昂溪细石器文化遗址、河南安阳小屯殷墟、侯家庄西北冈殷王陵、高楼庄后冈小屯、龙山与仰韶三叠层、山东历城龙山镇城子崖龙山文化遗址等，考定了仰韶、龙山和商文化的相对年代关系。后当选为中国科学院院士。

五子梁思礼，是梁启超最小的孩子，是著名的火箭控制专家，十七岁时跟随姐姐梁思懿赴美留学，在普渡大学获得学士学位，接着在辛辛那提大学获得硕士和博士学位，为祖国从无到有的火箭控制系统事业贡献了自己的才智，是我国航天事业的开拓者之一。他还是国际宇航科学院院士和中国科学院院士。

梁思成的九个子女个个成才。长女梁思顺是诗词研究专家；三子梁思忠曾任国民党十九路军炮兵校官，在淞沪会战中表现突出；次女梁思庄是著名图书馆学家；四子梁思达长期从事经济学研究；三女梁思懿从事社会活动；四女梁思宁受三姐影响，也投身抗战。而梁思成、梁思永、梁思礼一门三院士，在中国是极为罕见的，对于梁家子女来说，父亲的"遗传和教训"，幼时背诵的古文经典和唐诗宋词，是他们一生最宝贵的财富，是他们事业的奠基石。

自小背诵经典的这种方法，全世界最聪明的民族都在使用，并为本民族造就了大量震古烁今的天才人物。

古希腊时代的雅典，总共只有大约二十万人口，雅典的孩子六七岁上学，必修的课程之一就是背诵《荷马史诗》（原文 24 卷，约 2.7 万行，差不多二三十万字）。结果造就了天才人物层出不穷。

文艺复兴以来，欧洲的知识精英也长期用背诵《荷马史诗》和背诵《圣经》来训练儿童。俄国的彼得大帝很小的时候就能全文背诵《圣经》，终生不忘。大数学家欧拉在七十多岁时，不仅能背诵小时候学过的长篇史诗，而且还能记住每一页第一句和最后一句话是什么。他一生中发表了八百多篇论文，其中一半是在双目失明以后写的，完全靠记忆和心算。还有比尔·盖茨，据说他能够背诵《圣经》中的三万多字。Facebook 创始人扎克伯格曾经以能背诵《荷马史诗》而名扬哈佛校园。

世界上最爱读书的犹太人，据说精英家庭要求他们的孩子在十三岁以前背诵犹太《圣经》和其他一些犹太经典，用这种办法练就了无数天才级的大脑。以占世界总人口 3‰的人口数，获得诺贝尔奖总数的 27% 还要多。以色列人认为每个孩子都是天使，教育的本质是：释放孩子的本性和潜力。前者是释放天真和天性，守住敬天爱人的信仰底线；潜力最重要的是培养想象力和好奇心。他们信服爱因斯坦的名言："想象力比知识更重要，因为知识是有限的，而想象力概括着世界上的一切，推动着进步，是知识进化的源泉。"而犹太经典，是一代又一代犹太孩子想象力迸发的源泉。

中国历史上近千名状元、十万名进士、数百万举人和不计其数的读书人，自唐朝以来所有的政治家、思想家、文学家、军事家，一直到民国时期的所有大师们，无论哪行哪业，无不都是这样从小练背功练出来的。他们小时候都要背诵"十三经"——《周易》《尚书》《诗经》《周礼》《仪礼》《礼记》《春秋左氏传》《春秋公羊传》《春秋穀梁传》《论语》《孝经》《尔雅》和《孟子》，共约六十万字，加上几千篇考试范文和其他文章，能背近百万字。每个字都要念至少百遍。换句话说，要刺激神经网络一亿次！这样从小训练出来的头脑和没有经过训练的头脑不可同日而语。这就是大师级的 CPU。没有这种档次的硬件，那是不可能有天才般的创造力的。

分子生物学家埃里克·坎德尔对短期记忆和长期记忆的机制进行了开创性的研究，并为此获得了 2000 年诺贝尔医学或生物学奖。他的研究揭示了短期记忆只是通过改变已经存在的蛋白质来改变现有大脑神经元连接的强度。而长期记忆涉及基因表达、新蛋白质合成和新突触连接的生长。简而言之，短期记忆没有增加神经元的连接，没有改变大脑的"硬件"，而长期记忆的形成过程改变了脑神经细胞的基因表达，增加了大脑的神经元之间的连接数量，从而使大脑"硬件"升级！这项研究结果提示大量信息的长期记忆会使大脑神经网络得以增长，从而使人变得更聪明。这项研究印证了古代传统教育强调记忆训练的科学性，也为我们指明了提高儿童智力的一个切实可行的方法。

既然要训练记忆力，要背诵大量的东西，那最好的选择当然是背诵经典作品。经典作品里面本身就包含了人类思想的精华，是智慧的结晶。通过背诵经典可以获得比背诵一般材料大得多的收获。在孩子开悟时，那满腹的经纶将会成为奇思妙想的无尽源泉，他们会站在巨人的肩膀上更快地向上攀登。

但中国的教育界后来几乎全盘否定了古人的学习方法，全盘否定了所谓的死记硬背，忽视了童年时代记忆力的培养。结果大脑硬件跟不上，就很难再看到大师级的人才了。

小学老师薛瑞萍每日让学生诵读经典，她认为读不懂没关系，兴趣最关键。贵在"种下美丽的种子"，正所谓"读书百遍，其义自见"。薛老师指出：作为语文老师就是指导、督促学生大量阅读课外书籍，把孩子从教材这一方小得可怜的"水池"引到广阔的大海里，让他们在那里见识知识天地的美丽开阔，滋生领略无限风光的强烈愿望，以达到举一反三、自求博取的目的。教师最能做的和最该做的就是提升孩子的阅读兴趣和品味，多读书，读好书，阅读能力、理解能力、写作水平也能随之提高。

薛瑞萍老师有一本书非常有名——《给我一个班，我就心满意足了》。网友称赞这是一个令人遐想的好书名，在这句话里有着相当的气度，只有既像一个古老的农民那样朴素地对待教育，又像一个现代的艺术家那样充满创造性地对待自己的职业，才能说出这样的话来。而只有与自己的学生一道晨诵美妙的诗歌，一道阅读经典——中国的经典和世界的经典，一道编织有意义的生活，一道经历生命中的悲喜，才能够真正地拥有一个班，就像拥有一片辽阔的土地，一段永恒的历史。

朱永新说，我们欣喜地看到了许多像薛瑞萍老师这样把自己生活的乐趣和孩子们的成长紧紧联系在一起的老师。我相信，他们才是我们民族真正的希望所在，是我们教育的希望所在——因为他们坚持着用朴素的岁月来进行共读共写共同生活，因为他们的共读，已经将书本与自己的生命，与孩子的生命，并进而将自己的生命与孩子的生命，将那么多家庭的命运紧紧地凝聚为一个共同体。

钱理群认为，阅读经典的正确方法，其一是要用"心"去读。那种"一主题二分段三写作特点"式的机械、冷漠的传统阅读方法，是永远也进入不了文学世界的。要用"心"去读，即主体投入地感性地阅读：以你之心与作者之心、作品人物之心相会、交流、撞击；设身处地去感受、体验他们的境遇、真实的欢乐与痛苦；用自己的想象去补充、发展作品提供的艺术空间，品味作品的意境，思考作品的意义。

另一个方法，应是对语言有感悟。文学作品，从根本上说，是一种语言的艺术。因此，经典阅读的另一个方法，应是对语言的感悟。真正的文学大师的语言，是具有生命的灵性的：它有声，有色，有味，有情感，有厚度、力度与质感。它是应该细心地去体味、沉吟、把玩，并从中感受到一种语言的趣味。对语言的敏感和驾驭能力，也是衡量人的精神素质的重要标尺，是提高人的精神境界，使人变得更美好的不可或缺的方面。

最重要的，经典的真正魅力要你自己去发现。经典的阅读，说到底，是对"人"的发现与开掘。因此，他人的示范性分析，无论怎样精彩，都只能启发，而不能代替你自己的阅读。经典的真正魅力要你去发现：通过你的感受、体验、想象而内化为你的精神。一切决定于你自己。

一千个读者就有一千个哈姆雷特。

鲁迅说过，一部《红楼梦》，"经学家看见《易》，道学家看见淫，才子看见缠绵，革命家看见排满，流言家看见宫闱秘事"。

你或许拥有无限的财富，一箱箱的珠宝与一柜柜的黄金。

但你永远不会比我富有——我有一位读书给我听的妈妈。

第二十四章

我有一位读书给我听的妈妈

1

2018 年春节期间，一个名为《牵妈妈的手》的微视频刷屏网络。视频中，习近平牵着妈妈齐心的手陪她散步的画面令人印象深刻。

"天下之本在国，国之本在家，家之本在身。""十八大"以来，习近平曾多次在不同场合强调家风。"齐家"而后"治国"，习近平用自己的实际行动做出表率。

在习近平看来，"广大家庭都要弘扬优良家风，以千千万万家庭的好家风支撑起全社会的好风气"。

习近平把好家风的传承看得很重。他曾握着焦裕禄的大儿子焦国庆的手说："你就是当年那个'看白戏'的孩子吧？你看了一场'白戏'，你父亲还专门召开了家庭会议，起草了《干部十不准》，规定任何干部在任何时候都不能搞特殊化。'看白戏'的故事始终深深地印在我的脑海里。"

焦裕禄刚到兰考不久，一天晚上发现大儿子焦国庆夜深未归，正要问，国庆从外面回来了，并愉快地告诉爸爸，刚刚看了一场戏。焦裕禄问他谁给买的票。国庆说，他说自己是焦书记的儿子，售票员就放他进了门。焦裕禄听后眉头一皱，心想：这么小的孩子，就以干部子弟的身份看"白戏"。于是严肃地问道："国庆，你看戏不买票，对吗？"国庆说："我是小孩，没人在意。"焦裕禄说："年龄小就知道占公家的小便宜，长大了就会贪大便宜，这是很危险的！演员唱戏，是一种很辛苦的劳动，看'白戏'是一种剥削行为！"国庆听爸爸口气严肃，知道了问题的严重性，表示自己再也不去看"白戏"了。焦裕禄从兜中掏出两角钱，交给国庆，语重心长地教导他说："从小就要养成公私分明、为人民服务的好品德，不要以为爸爸是县委书记，就要搞特殊。明天把钱送给检票的叔叔，向他承认错误！"

当初，由于儿子焦国庆看白戏，焦裕禄曾专门召开家庭会议，要求子女在任何时候都不能搞特殊化。如今，焦家第三代的十个孩子中，有一半人都在打工，没有一个人依托父亲的名望去找关系、走捷径。半个世纪过去了，他们仍保持着淡泊名利、自强不息的家风，继续传递着可敬的正能量。

习近平为何如此重视家风？他自己曾一语道破："家风好，就能家道兴盛、和顺美满；家风差，难免殃及子孙、贻害社会。"

美国社会学者理查德·戴尔关于两个家族后代的对比研究结果，说明家风对孩子的成长多么重要。

马克思·杜克斯（生于1700年），两百多年前住在纽约，他以冷酷无情著称，并和一个"作风开放的"女人结了婚。在他的1200多个后裔中，130个进过监狱（7个是因为谋杀，平均刑期为13年），310个是流浪汉，190个是妓女，60个是惯偷，还有680个是酗酒者。他们对社会没有做出任何值得一提的贡献，而仅仅为了监禁和挽救他们，纽约州政府所花的费用以百万计。

约翰逊·爱德华（生于1703年），一名清教传教士，也住在纽约。在他的929个后裔中，430人成为了传教士、牧师或神学家，100位律师，60位法官，60位医生，60位优秀作家，100位大学教授，14位大学校长，3位市长，3位州长，1位美国财政部长，7位入选美国国会，2位入选美国参议院，1位曾任美国副总统。至今，他的家族没有耗费国家一分钱，但他们为美国做出了不可估量的贡献。

新教育阅读研究所曾多次在学生中做过调查，绝大多数学生认为，影响道德和品格养成的最重要的因素是父母和家庭。

学习始于模仿，学习做人离不开榜样。在家庭生活中，父母的一切行为都会暴露在孩子的视野当中，没有丝毫隐藏。因此，父母要成为孩子的榜样，在孩子面前展现出一个真诚、真实、表里如一的人是最重要的家庭教育原则。

位列"晚清中兴四大名臣"之首的曾国藩，不仅一生重视家庭教育，更极富智慧地开展这一教育。钱穆对他的评价是"算得上是一个标准的教育家"，《曾国藩家训》也被誉为"千古家训之首"。

百多年来，曾氏后裔有成就的多达二百四十余人，大多成为学术、科技、文化领域的精英，构成了一个声名远播的华夏望族。

曾国藩之子曾纪泽以驻英、法大臣兼驻俄大臣的身份，于 1879 年赴俄谈判，据理力争，收回伊犁南境地区五万平方公里的领土，取得晚清外交史上唯一的一次胜利。

曾纪泽的儿子曾广铨，精通英语、法语、德语和满文，曾担任清政府驻韩国和德国大使，后担任京师大学堂译学馆总办，是著名的翻译家。

曾国藩次子曾纪鸿是当时著名的数学家，曾纪鸿的后裔曾广钧、曾昭权、曾昭桓、曾宪源、曾宪琪，以及曾国藩的玄孙曾宪澄（美国史蒂芬斯学院数学系硕士）、第六代孙曾卫（南京大学数学系学士、上海财经大学管理学硕士，现任南京大学金融学院教授）等都精通数学，他们或以数学为专业，或供职于与数学相关的公路、铁路、电机、采矿、计算技术等行业。

古人云："君子之泽，五世而斩。"俗语也有"富不过三代"的说法。然而，曾氏家族绵延十代，代代都人才辈出，至今没有出现过败家子，堪称中国家族史上的奇观。

那么，这其中的奥秘究竟在哪里呢?

答案就在曾国藩家风里，曾国藩除了是中国近代伟大的政治家、军事家、文学家。他还是一个优秀卓越的家长，是一位伟大的教育家，他一生最大的特点就是对家庭具有高度责任心，一生修家书近一千五百封，对曾氏后人产生重大影响。

在曾国藩的著作中，以教育子女为主要内容的《曾国藩家书》中，出现频率最高的两个字就是"勤"和"俭"。他要求孩子们一生铭记十六个字——家俭则兴，人勤则健，能勤能俭，永不贫贱! 曾国藩在京城时见到不少高干子弟奢侈腐化，挥霍无度，胸无点墨，且目中无人。因此，他不让自己的孩子住在北京、长沙等繁华的城市，要他们住在老家，并告诫他们：饭菜不能过分丰盛；衣服不能过分华丽；门外不准挂"相府""侯府"的匾；出门要轻车简从；考试前后不能拜访考官，不能给考官写信等。不仅对儿子们要求极严，对女儿、儿媳也同样如此。

同治三年（1864），曾国藩夫人、女儿、媳妇来到安庆督署，曾国藩"共办纺车七架，每日纺声甚热闹"。贵为总督家属，却要自纺棉纱；堂堂督署后院，终日响着纺车声，可见曾国藩治家之严与曾家家风之淳厚。

正是因为曾国藩的谆谆教诲，曾国藩的子女因为自己的父亲是曾国藩，反而更担心自己的言行不够检点、学识不够渊博而损害自己父亲的声誉。所以他们磨砺自己，迎难而上、奋发图强。在曾国藩的教育下，个个都取得了不俗的成绩。

曾国藩对子孙的期望，不在于"功名富贵"，而在于"读书明理"。他认为功名富贵只是人生的物质表象，读书明理才是人生的灵魂核心。他致力于培养孩子们读书的兴趣，注意观察他们的天赋、潜能，在此基础上再进行培养、雕塑。

曾国藩说："人之气质，由于天生，很难改变，唯读书则可以变其气质。"要想自己好，家庭好，读书是第一等重要的事情。读书能增长知识提升技能，更重要的是能提升人的精神境界，涵养心灵，这两个方面同时发展，人才是一个健全的人。

曾国藩很重视自己的一言一行对自己的孩子的影响，他要求家人所做的事情，他自己不仅能做到，而且做得更好。

正是这种厚重的人格魅力，让他赢得了孩子们的尊敬和爱戴。他的一言一行都深深地印刻在了他子孙后代的心里，正是这种力量，兴许比他的家书对后代的影响更大。

曾国藩教育子女的方法有几点值得我们重视，一是对子女期待什么，指望他成为什么样的人。上文提到一段他写给儿子的很有名的话：世界上的人都希望子孙做大官，我不希望，但愿做"读书明理之君子"。这句话的核心，首先是读书，读书的目的是明理，然后做君子。并不是要做很大的官，赚很多的钱。他说，凡办大事，半由人意，半由天意。有一半是天命主宰着，自己把握不了。唯有一点是自己能够把握的，自己努力就可以做到的，就是做君子。他把道德修养看得高于社会地位。曾家后人把这条视为根本，牢牢记住，就是做读书明理的君子。所以家族没出什么"败家子"。

梁启超在《曾文正公嘉言钞》里说："曾文正者，岂惟近代，盖有史以来不一二睹之大人也已。岂惟我国，抑全世界不一二睹之大人也已。"他认为曾国藩最值得我们学习的是他"自拔于流俗"，是通过自己的努力使精神境界超出于普通人之上。时至今日，曾国藩的治家和教子经验都值得今人借鉴。

盛宣怀是个标准的官三代，二十六岁就做了曾国藩的机要秘书。"一方面官印，一方面算盘，一方面官商，左右两地源。"这是曾国藩对他的评价。

盛宣怀创造了十一项"中国第一"：第一个民用股份制企业轮船招商局，第一个电报局中国电报总局，第一个内河小火轮公司，第一家银行中国通商银行，第一条铁路干线京汉铁路，第一个钢铁联合企业汉冶萍公司，第一所高等师范学堂南洋公学（上海交通大学），第一个勘矿公司，第一座公共图书馆，第一所近代大学北洋大学堂（天津大学），创办了中国红十字会。

事业不可谓不辉煌。

说盛氏家族是近代上海的第一豪门，恐怕没人会质疑。但这般鲜花似锦烈火烹油的鼎盛豪族，最终也跳不出"富不过三代"的怪圈。

"颐"字辈是盛宣怀的儿女一辈，钱多，女人多，好赌又不善赌，这是老上海对盛家"颐"字辈的印象。这样的"颐"字辈，自然成为盛氏家族由盛到衰的转折点——在此之前，盛家可与天子直接对话，在此之后，却没落到八个人挤在一间厨房睡觉的地步。

盛宣怀的四儿子盛恩颐的人生起点是相当高的——父亲是洋务实力派，老丈人是民国总理孙宝琦，自己又留学英美，母亲庄夫人又是盛府的掌门人。按说他本应该成就一番不俗的家业，但是从小被宠爱惯的盛恩颐，最终成为一个挥霍无度、奢侈成性的公子哥。

盛恩颐在赌场上创过的纪录，是一夜之间把北京路黄河路一带、有一百多幢房子的弄堂，整个儿输给了浙江总督卢永祥的儿子卢小嘉。这样的赌资，恐怕是一般赌徒无法想象的。

由于前面三个哥哥均不幸早逝，盛恩颐就成为盛府命根似的人物。盛宣怀也有心培养，把汉冶萍公司总经理的职位给了他。但是，金山银山堆里出来的盛恩颐，哪里知道创业容易守业难的道理。他整天黑白颠倒，昼寝夜出，不是为工作，而是为玩乐。

到了晚年，盛恩颐穷困潦倒，他与李鸿章的孙子李厚甫常在街头溜达，走到襄阳公园门口，两人都想进去坐坐，结果你看我，我看你，谁都拿不出买门票的钱来。

苏州留园门口的几间盛家祠堂的老房子，成为盛老四盛恩颐晚年的栖身之处，最终贫病交加凄惨死去。

2

"父母是怎样的一个人"远比"父母为孩子做了什么"更重要，做父母的再也不要向孩子抱怨"我为你辞职"，"我为你放弃爱好"……做好自己，让自己成为优秀的人，潜移默化中，便能为孩子带来正面的影响。

哈佛大学有一个儿童教育研究成果集，其中第五章"怎样才能成为完美的父母"，内容是关于子女教育的。这一章里，有个很有意思的分析研究。研究者开列出十六项关于家庭的因素，然后逐一统计分析这些因素和学生成绩之间的关系。这十六项家庭因素是：

1. 父母受过良好教育；

2. 家庭非常和睦；

3. 父母有着很高的社会经济地位；

4. 最近刚刚搬到一个比较好的社区；

5. 母亲是在三十岁（或者三十岁以后）生下第一个孩子的；

6. 母亲在孩子出生以后到上幼儿园的这段时间里没有工作；

7. 出生时的体重较轻（指不是过重婴儿）；

8. 参加了儿童发展进步计划；

9. 父母在家说英语（这一项可以替换为父母在家说主流社会语言，在中国就是汉语）；

10. 父母经常带孩子去博物馆；

11. 是领养的；

12. 经常被打屁股；

13. 父母参加家长教师协会（PTA，一种在美国很流行的家长参加的教育组织）；

14. 学生经常看电视；

15. 家里有很多藏书；

16. 父母几乎每天都给孩子读书。

研究指出，规律就是：

影响孩子成绩的因素，很多表明的是父母本身的特点，即"父母是一个怎样的人"，所谓的"以身作则"。

而不能影响孩子成绩的因素则是父母的行为，即"父母对孩子做了什么"。

换句话说，在教育孩子时，父母自己是什么样的人，远比他们对孩子做什么，采用某种教育方法，更重要，更能影响孩子。

这个结论的意义远比看上去深刻得多。

实际上，除了遗传因素，决定孩子学习成绩和人格发展的，一定是父母的行为，包括他们对孩子做了什么。那么，为什么说父母是什么样的人，比他们对孩子做了什么更重要呢？

那是因为，真正决定你在日常生活中做什么的，是你是个什么样的人，而不是你有意去做什么事。刻薄一点儿说就是：你装得了一时，装不了一世。

你是个爱读书的人，家里有很多藏书，就算你没有坚持每天给孩子读书，你天天兴致勃勃手不释卷的样子，也会被小孩子看在眼里记在心上。他们会认为读书是生活的一部分。当他们认字以后，就会自然而然地读书。

如果你的最大爱好是打麻将，家里日日都有牌局，天天出入的都是牌友，两口子讨论的都是牌技和牌运，就算你每天晚饭后坚持给孩子读上一小时的书，小孩子对书的兴趣也不会比对麻将更大。对他来说，麻将牌而不是书，才是生活中必不可少的内容。

政治家的孩子，从小就看到父母在家中举行政治集会，和同事商讨各种政治话题，很自然地就会掌握其中的言谈举止和交往技巧，虽然他很可能意识不到这是在学习。

商人的孩子，从小就见惯进货销售、盈利亏损。如果他长大以后决定经商，即使是新手，他对商业的理解和兴趣，也和那些父母一辈子拿工资从来不知道商业风险为何物的孩子大不相同。

当然，论及人，结论永远不会绝对。相反的案例一抓一大把。而且，上述规律，不应该成为个人逃避努力的借口。决定你生活和命运的，永远是你自己，而不是你的父母或其他人。

揭示这条规律的意义在于，它告诉我们：教育子女的方法多种多样，但说到底，你想要孩子成为什么样的人，最好的办法是自己先成为那样的人。或者说，你的性格和优缺点，很可能就是你子女未来的性格和优缺点。

诚实者的子女也可能成为骗子，但更多的骗子，是从小就从家里学到了撒谎和欺骗之术。勤奋者并不能确保孩子一定也同样勤奋，但如果你日上三竿还在高卧，就别为孩子的懒惰而怨天尤人了。你不爱读书，不求上进，只是浑浑噩噩地过日子，又怎么能指望你的下一代学业精进阶层上升呢？

3

北京四中原校长刘长铭认为，教育本质上是人性、品格和精神在下一代身上复制和遗传的过程。因此，没有优秀的家长，我们很难期望这个家庭能产生优秀的后代。孩子的成长受家长的影响，家长受上一代人的影响，祖祖辈辈代代相传。

归根到底，一个家族的所有成员，都是在一种家庭文化氛围的熏陶中成长的。

对于家庭来说，教育是天大的事情，因为它决定了孩子的一生，但是教育又源于小事，越是细节的地方越体现教育。

"非常幸运的是，我在童年的时候，母亲没有阻拦我阅读各种各样的书。那个年代没有适合我们的读物，于是大人的书、小孩的书，甚至很多奇怪的书我都去读，我还用母亲的两个阅览证到处借书看，于是养成了读书的习惯，这个习惯陪伴我至今。"著名央视节目主持人白岩松说。

他说现在大家都在看手机，手机是碎片化阅读，大部分信息是与你"同质化"的人群筛选出来的，它不会提高你。而书本是经过了岁月和很多人筛选出来的，它会高于你。中国人的信仰就在唐诗宋词当中，在爷爷姥姥讲给你的故事里，在《三国演义》里，在《红楼梦》里，在《西游记》里，在无数的经典书籍当中，在至今仍被文人使用的那种美丽的方块字间。

"当我翻开老子那五千多字《道德经》的时候，我发现，老祖宗几乎把今天的什么都写入了其中。当然最最重要的，有五个字让我对很多事情豁然开朗——无私为大私。当你真正做到无私的时候，你得到的是最多的，这是与人生有关的。"

白岩松说读书读久了，你总会信一些什么，信一些什么就有了敬，有了畏，因为我认为信仰最重要的是"敬畏"二字。有了敬，有了畏，知道什么是最好的我要去做，知道什么是不好的我不能逾越它。

"我的孩子最开始进行大部分阅读的时候看的都是武侠书，很多人对此有质疑，但我们没有干涉他。看完之后他开始对明、清这两个朝代的历史产生了兴趣，于是就去找相关的历史书来阅读。

"十多年后，就在他升入高三时，他决定要学历史。我想，这是因为他的兴趣没有被打扰，而且越来越浓，最后变成了他的选择和追求。因此，在孩子童年时候，兴趣的养成非常重要。培养孩子的学习兴趣，让孩子喜欢上学，同样非常重要。"白岩松对培养孩子有自己独到的感受，让孩子根据自己的兴趣选择专业，而不是像许多父母什么都给孩子包办代替。

他说，现在有很多人为了让孩子上一个好小学，每天早晨需要花很长时间把孩子送到学校。我的孩子上小学是在离小区只有三十米的学校，那也不是什么名校。我当时选择小学的理念有两点，第一是择校不如择师，因为好的教师会让孩子对学习有兴趣，让孩子爱上学习的过程；第二是学校一定要离家近些，这样孩子才能多睡一会儿，不会因为过早起床而讨厌上学。

这样的家长是理智的，这样的孩子是幸福快乐的，不会因择校弄得一地鸡毛，家长身心疲惫，孩子休息不好把读书当作世上最没趣最讨厌最痛苦的事情来做，即使考了高分，内心深处是排斥的甚至仇恨的，所以一旦高考结束就会撕书焚书发泄。到了大学再也提不起学习的兴趣，上网、游戏、恋爱，以此弥补不堪生命之重的少年时代。

父母是孩子最早最好的老师，你怎么去推广阅读，首先得自己看书。"儿子回到家看到我，经常是在喝着茶看着书，他也爱看，简直像是睡在书里一样，书上桌上都是书，而且他不看电子书，一定要看纸质书。"

家长是一个润物细无声的角色，所谓言传身教，你认为这个年龄的孩子，你天天摁在这儿，跟他讲大道理有用吗？白岩松是以自己的行动而不是说教，为孩子做了榜样。

家长爱书如命，哪有孩子不喜阅读的呢？

白岩松还举了个例子，说明"越是细节的地方越能体现教育"——"我家住在顶层，每到晚上坐电梯回家。上了顶层后，我都会摁下'1'，让电梯下去。因为晚上的大多数人都是回家，如此方便其他回家的人，缩短等待时间。"

后来他发现，以后每晚回家，孩子非常自然地也有了这个习惯，而他从未跟孩子说过"你该怎么怎么做"的话。

4

像白岩松这样的家长，像他儿子这样在父母的熏陶下按自己的兴趣自然成长的孩子，在现实的社会中不是太多。否则，"学区房"也不会成为家长心中的最爱和最痛。

正如朱永新所说："我们知道，中国的全民阅读还处于较低的水平，很多人缺少阅读，缺乏阅读意识、阅读兴趣、阅读能力和阅读体验。很多父母本身就不热爱阅读，也不懂得阅读对一个人的重要价值。甚至有些父母认为，只要能够让幼儿吃饱穿暖、身体健康，就算完成了养育责任。在这种家庭环境下，特别是在一些学前教育不发达的农村地区，很多父母对图书的认识都很模糊，许多孩子的童年从未有过阅读的经验。"

在城市里，很多父母对幼儿早期教育充满功利性的期望，为了让孩子认字识数以及各种所谓智力开发，都是以能够进入一所好小学为目的的教育，使得幼儿的阅读内容枯燥乏味。在教育竞争背景下，孩子们只能机械而被动地提前接受不适合其心智发展的内容，严重违背儿童的心理发展规律，使孩子的心灵受到压抑和伤害，过早地失去了快乐的童年。

幼儿园单纯地成了小学的预备班，成了语文、数学、英语等科目的提前演练场。"我们认为，幼儿早期教育的核心是游戏和阅读，科学的早期阅读，对幼儿的成长起着关键的作用。然而，在很多幼儿园里，真正符合不同年龄段幼儿的童书往往很单一，很多幼儿教师的阅读素养也有待加强，很多最美好的图画书、最美好的故事，未能通过幼儿教师这个阅读关键人的手传递给孩子。"朱永新一直强调对孩子来说，最吸引人的、最能打动他们的，无疑就是故事。儿童对于故事的兴趣，有时甚至超过对游戏乃至电视动画节目的吸引力。好的故事，儿童会不厌其烦地反复聆听。

故事所具有的想象空间和迷人的内容，对孩子理解世界和社会、培养好奇心、训练语言能力以及促进亲子感情等方面，都有着至关重要的作用。

所以，新教育认为：幼儿阅读的书目，在内容上应该主要以讲故事为主。那些充满趣味、智慧、情感和价值观的故事，几乎能够将阅读的所有重要意义和目的得以充分实现。"我们希望，孩子能够在那些蕴藏着爱、责任、友情、自我等人类文化的伟大母题的图书中，在这些精神母乳的哺育下，渐渐长大。"朱永新如是说。

无论是在家庭还是在幼儿园，无论是在白天还是在睡前，父母、教师都可以给孩子讲童书上那些美妙的故事，让孩子和大人一起得到成长。故事的各种巧妙结构，会增进人的心智成长。而杜威也认为，人的心智生活的轮廓形式，在人生最初的四五年中就已经形成了。因此，我们可以毫不夸张地说，人的心理健康成长就是浸染在故事中开始的。

故事能够产生和保持幼儿对阅读的好奇心，所以，选择怎样的故事就显得非常重要。而在幼儿阅读的故事选择上，既要注重故事趣味性，也要注意在童书类型与阅读主题上的引导。我们也要记住杜威的提醒："如果不引导好奇心进入理智的水平，那么好奇心便会退化或消散。"

全国著名儿童阅读推广人周其星曾这样描述过童年在香樟树下、昏暗的灯火下听故事的场景：

在我老家的门前，有两棵高大的香樟树，几百年的时光过去，香樟树一直枝叶繁茂，年幼的我们，经常在树底下嬉戏玩乐。每到农闲时光，全村人都会捧着饭碗出来，坐在裸露于地面的树根上，谈天说地。听着大人们讲故事侃大山，总是忘了回家添饭的那个人，往往是我。

故事，成为我贫穷而饥饿的童年里最丰实的精神抚慰。无论是在山上放牛时听叔伯们讲民间故事，还是在昏暗的灯火下听爷爷讲鬼故事，抑或于夏夜，仰卧竹床上，望着星空，奶奶一边摇着蒲扇驱蚊，一边给我讲那牛郎织女的传说……时光尽可以流逝，但那时的美好却常驻心间，每每回想起来，总是涌起对那些年那些人的无尽感恩与怀念。这也是时至今日，我一直坚持给孩子们讲故事的本心所在。

故事是伟大的，故事中的人物命运与情节跌宕，讲故事时的声音细节与神情画面，一直荡漾在我的童年记忆里，滋养了我整个童年时代的精神发育，以至于当我入学以后，对那一行行的文字充满了好奇与敬畏。

如荒漠甘泉，我的人生因为故事因为文学，自此有了彩色的光辉。

作为"三叶草故事家族"的开创者，周其星在全国建立了57个社区站，举办了4000多场阅读活动，受益人次达到30多万。这位草根教师，以一间榜样教室为出发点，利用网络和四处的奔走，推动自下而上的阅读变革，改变了诸多学校、家庭、社区的阅读生态，让更多的城市溢满书香。童年在香樟树下听故事的场景，被他在网络信息时代在全国各地升级播种。不管时代如何变化，科技如何进步，儿童喜欢听故事的天性永远不会改变。

儿童喜欢听故事，特别是看着图画听故事。近些年来，作为专门为儿童创造的"绘本"，传统上称为图画书，也被世界上公认为是最适合儿童阅读的图书。绘本几乎是幼儿阶段的最主要的图书形式。当然，有些绘本也适合小学低段的学生阅读，甚至有的绘本成人也可以阅读。"因为绘本是需要父母讲述的，讲述的过程，就是建立关系的过程，孩子依偎在父母的怀里，静静地聆听那些美丽的故事，是儿童一生最美丽的时刻。记得松居直讲过，儿童为什么不喜欢听电视里的人讲故事？因为电视里的人不会像妈妈一样把孩子搂在怀里。所以，好父母一定是懂得与孩子在一起的父母，一定是善于与孩子一起成长的父母。"朱永新在《我为什么喜欢图画书》里描绘了这一幅温馨无比的图画。

他说我们的"新教育实验"团队早在六七年前，就开始进行了儿童阶梯阅读的读写绘一体项目的研究和实践，有一大批小学低段学生通过读写绘获得了非常好的发展。

"上周去北京新教育实验学校，参加了红月亮班的生命叙事与颁奖活动，听到一位妈妈讲述她与孩子一起读图画书的故事，很是感动。我一直认为，最好的教育，一定是父母与孩子、教师与孩子、教师与父母、孩子与孩子组成生命共同体，一起成长的教育。"朱永新在博客上转载了这位妈妈的发言记录稿：

说来惭愧，儿子上小学之前，我没有给他讲过一个故事，而我自己曾经也是个连绘本是什么都不知道的妈妈。记得刚上小学时，蓝玫老师家长会上给我们提出的一个要求就是，爸爸妈妈无论多忙，每天一定要抽出时间来给孩子读绘本故事。而我作为一个曾经的大学毕业生，却不知道绘本是什么。记得一次去学校，我终于鼓起勇气问了蓝玫老师：绘本到底是什么故事？只见蓝玫老师听了这个问题后，深深地叹了口气，有些无奈地说："绘本就是以图画为主文字简短的故事书，就像我们原来的连环画，适合低年级孩子阅读。"于是，在蓝玫老师的指导和帮助下，我从班上的图书架上挑选了几本绘本，开始了和孩子共读的历程。

刚开始的阅读，我和鹏阳都有些"完成任务"的心态。儿子怕妈妈生气，勉强在听；妈妈怕老师生气，勉强在读。这种状态持续了很久，当我跟蓝玫老师说起的时候，蓝玫老师告诉我四个字：坚持阅读。蓝玫老师说，坚持阅读一定可以找到打开鹏阳心门的那一把钥匙。听到这里，大家肯定都觉得，七岁才打开心门会不会太晚了点？是的，对于鹏阳大家都比较了解。就以叙事来说吧，记得我们总共参加了三次叙事。第一学期的叙事，鹏阳没有自己领到奖状，因为他中途退场了；第二学期的叙事，鹏阳是蹦跳着从花儿老师手里抢他的奖状；这学期的叙事，鹏阳却是很阳光自信地跑上讲台，非常愉快地领取到他的奖状。看到这一幕，我的眼眶红了。而打开孩子心门的这一把钥匙，就是我们阅读中的《一切因为有你》的绘本故事。

《一切因为有你》是一个非常温馨的母爱的故事。鹏阳第一次非常平静地听完了这个故事，故事结束，他学着故事中的小熊一样，抱着我说：妈妈，我爱你！从此以后，鹏阳就爱上了听故事，我也爱上了讲故事。我们在故事中共同成长。上学期我有幸跟随红月亮班去野生动物园郊游，对于动物园的动物，鹏阳有喜欢的，有不喜欢的。要是以前，鹏阳遇到不喜欢的，一定会哼哼啊啊个不停。但这次，他开始用故事里的语言来鼓励自己。当遇到不喜欢的动物时，他会告诉我说，"继续前进，看看还能发现什么"！这句话是《夜晚可怕的怪动静》中的一句话，鹏阳记住了这句话并用它来鼓励自己继续前进。

随着共读越来越多，鹏阳的进步也越来越大。记得跟蓝玫老师交流的时候，蓝玫老师告诉我，什么时候孩子在听故事的时候问"为什么"，你就看到希望了。而在一天晚上，我和鹏阳共读《夜晚可怕的怪动静》的时候，鹏阳问出了他的第一句"为什么？"这句等了很久的"为什么"让我激动得不得了，我晚上十二点多钟发邮件给蓝玫老师和花儿老师，跟她们分享这份快乐。她们也非常高兴。因为鹏阳怕突然的大声音，《夜晚可怕的怪动静》是我专门给他买的一本书，故事中的猫头鹰齐齐帮助小猴子露露寻找夜晚可怕声音的来源，并帮助露露克服了恐惧。我希望这本书也能帮助鹏阳克服害怕突然的大声音的心理。

后来的鹏阳进步越来越快，快得让我经常都来不及记录他的成长。于是，我不再限于和老师邮件记录了，开始了短信沟通、QQ沟通甚至和花儿老师的飞信沟通。而鹏阳也开始用故事来解决问题了。记得我们一家第二次去爬金山岭长城的时候，遇到一段很陡的台阶。爸爸要求他自己下来，不能扶。而我看到台阶很陡，就告诉爸爸，这台阶有些难，你帮帮他！谁知，听了我的话，鹏阳一边爬台阶一边说："只要肯学，什么都不难！"听了这话，我激动得不得了，连忙问他："这是花儿老师教你的吗"？谁知鹏阳说："不是的，故事里说的。""什么故事？""《汤姆去农场》!"是啊,我这才想起来,这本故事里确实有这么一句话。

前段时间,我给鹏阳买了一套"我可以做得更好"系列绘本,讲的是一个叫罗杰的男孩子的成长故事。鹏阳很喜欢这套书,并且开始用书里的话来"对付"我了。记得这套书里有个故事叫《我讨厌被拒绝》,鹏阳很喜欢。某一天,我拒绝了他的要求的时候,他突然很严肃地告诉我说:"我讨厌听到'不'这个字!我讨厌被拒绝!"刚开始听到这句话,我竟然无以言对。后来我也学"精"了,开始用故事中的妈妈的方法回答他,说:"鹏阳,不就是不,你要学着接受否定的回答:不!"

就这样,我和鹏阳的共读时光越来越多,我也不是那个连绘本都不知道是什么的妈妈了。现在,每天晚上的故事时间是我一天最美好的时光,鹏阳也从开始被动地听故事变为主动地要求讲故事。每天睡觉前,他都会要求我说:妈妈,讲故事!而我也爱上了亲子阅读,并从故事中学会了很多智慧,享受了很多亲子的快乐。

看着孩子的进步,我非常庆幸自己选择了咱们这所新教育学校。所以每当有朋友问我:孩子的学校怎么样、老师怎么样时,我都会告诉他们这些经历的点点滴滴。看着朋友们羡慕的样子,我还是有些"小得意"的。我记得最清楚的是有两个朋友问我:"你们学校有学区房吗?"还有一个问我:"新教育在海淀有学校吗?"

所以,亲爱的大月亮们,我们非常幸运,因为孩子进入了这所新教育学校,加入了红月亮大家族!我相信,只要大家在这个大家庭里坚持学习和努力,就一定会开出最美丽的花!

儿童阅读的过程就是用生命吻醒童书的过程,也是把美好事物嵌入儿童生命的过程。对于老师和家长来说,经典童书的阅读,让我们学会倾听孩子的话,读懂孩子的心,这些或许与分数无关,但却深刻影响着一个孩子的未来。很多孩子就是在阅读中寻找着自己的影子,在别人的故事里完成对自我的超越。因为成人是生活在故事之外的,儿童是生活在故事之中的,他会在书中自觉不自觉地寻找自我生命成长的镜像。

苏联著名心理学家维果茨基说过，家庭教育的经验告诉我们，置身于书本包围中的儿童不加任何训练常常便能掌握阅读。朱永新说，当然，我们的观点则更在其上，幼儿阅读通过共读方式，我们要找到的东西更多，共读能让我们找到家庭教育的密码，找到学前教育的密码，从而实现孩子的精神和心灵的真正成长。

据调查，能够经常和孩子一起读书的家庭，即使在北京这样文化教育发达的城市，其比例也不足20%。没有父母与孩子们的亲子共读，孩子们就处于一种人生的盲目之中，他们敏感的心灵，就非常容易被其他不良的声音所捕获。

我们要真诚地建议父母们——和孩子们一起读这些书吧，在共同的阅读讨论中，家庭也会发生奇迹，变得更和谐更温暖。在现代社会，其实更需要夜晚灯下亲子共读的时光，需要通过童书沟通亲子之爱。有了无数个共读的夜晚，拥有幸福的将不仅仅是孩子。童书曾经改变过许多错过了阅读关键期的成年人，借助童书，我们童年被唤醒，并与孩子的童年发生共鸣。

而比这个更重要的是，通过亲子共读，通过父母亲口向孩子们传递那些最重要的语言密码，父母与孩子们就真正成为一家人，而不仅仅是生活在同一个房间里的陌生人。

5

你或许拥有无限的财富，

一箱箱的珠宝与一柜柜的黄金。

但你永远不会比我富有，

——我有一位读书给我听的妈妈。

这是一首很受美国人喜爱的诗歌。

"现在，当我们新教育人明确提出'共读共写共同生活'的方法的时候，我们更加深刻地理解了美国人喜爱这首诗歌的原因。越来越多的事实证明，亲子共读是一个孩子未来的智力和人格获得充分发展的必要保证。"朱永新说，"从国外的许多研究也可以看出，有早期亲子共读经验的家庭，儿童的发展与终身的成就，远远超过没有早期阅读经验的家庭。亲子共读，从科学上来说，就是用最温暖的方法，用最不着痕迹的方式，让孩子掌握'阅读'这种人生最重要的学习武器。而且，因为学会了阅读，他会爱上阅读；因为爱上了阅读，他会在今后的学习上持久地领先，在一生的学习、工作中取得成功。"

为什么我们说"三岁看大，七岁看老"？为什么精神分析学家总是追溯到童年去寻找心灵的密码？这一切都说明，我们还没有真正走进儿童的世界。

今天的孩子，将来会成为一个什么样的人，起决定作用的是他的童年如何度过，童年时期有谁携手带路，周围的世界哪些东西进入了他的头脑和心灵。人的性格、思维、语言都在学龄前和学龄初期形成，这是苏霍姆林斯基在《育人三部曲》中说的。

习近平很小的时候，母亲带他去买书。他像许多顽皮的孩子一样，偷懒不想走路，其实就是想要母亲背，享受被母亲宠爱的感觉。母亲就背着他，到中央党校的那家书店去买岳飞的小人书（就是现在的"绘本"）。当时有两个版本，一个是《岳飞传》，一套有很多本，里面有一本是《岳母刺字》；还有一个版本是专门讲精忠报国这个故事的，母亲都给他买了。买回来之后，母亲就给他讲精忠报国、岳母刺字的故事。他说，把字刺上去，多疼啊！母亲对他说，是疼，但心里铭记住了。"精忠报国"四个字，他从那个时候一直记到现在，总书记的家国情怀，中国梦的宏伟蓝图，也许就根植于母亲背他去买的《岳飞传》里了。

托尔斯泰曾经说，孩子自出生到五岁的这段年龄期内，在他的智慧、情感、意志和性格诸方面从周围世界中所摄取的，要比他从五岁到一生终了所摄取的多许多倍。这个话很有意思，说明家庭教育的重要性，说明孩子在五岁前家庭教育的意义。

一门三院士，九子皆才俊，就是因为梁启超十分注重孩子们的个性，非常尊重他们的意愿，用心细致地掌握每一个孩子的特点，因材施教，做到一把钥匙开一把锁，并且经常讲故事鼓励孩子。孩子们年幼时，梁启超经常让他们围坐在小圆桌旁，他就像说书人一样，一边与孩子们声情并茂地聊天说话，一边绘声绘色地讲古论今，讲的都是古今中外历史上爱国英雄的故事。五子梁思礼，是梁启超最小的孩子，他五岁时，梁启超就去世了，但由于幼时受到父亲良好的教育，跟着热爱读书的哥哥姐姐们也喜欢读书，所以十七岁就跟三姐去美国留学了，一直读到博士毕业，成为著名的火箭控制专家。

范仲淹二十八世孙范章老人说，他小的时候，族长有两项重要的任务，一是祭祀，二是教育本族子弟。而教育的方法大都是讲故事，每到祭祀的时候，族长就会讲一些范仲淹刻苦学习、做人为官的故事，然后告诫大家：范老爷的子孙只能做好事，不能做坏事，如果做了坏事，就不能再做范仲淹的子孙，明年祭祀的时候你就被"除名"了，不能再站在这祠堂里，分祭品也没你的份！对于那时候的孩子来说，不能去祭祀、分祭品，是一件天大的事儿。祭品中有猪肉、羊肉，还有红枣、麻叶等，都是平日里难得吃到的食物。范章说，可能外姓人无法理解，但在当时，族长的这些话对我们姓范的确实有很强的约束力。那种道德产生的力量今天很难解释了。范章还说，他一个堂哥，只比他大几岁，因自小没爹没娘，靠去村里的其他人家讨饭为生。谁家里有人，都会给他两个馍吃。如果哪家家中没人，就算馍在桌上放着，他也会扭头就走。"饿死事小，坏规矩事大。"如今，范氏的子孙每年清明前后还都会聚在一起，去范园里祭拜。负责祭祀的族长照例会训话，还是讲范仲淹的小故事。就是这些小故事，所起的教育意义也不可小觑。说起来，八十多岁的范章很是骄傲："你看看，我们姓范的后人有多少干坏事儿的？"这就是家训，这就是家风，这就是以讲故事的方式对后代进行正能量教育的结果。

朱永新的父亲，更是他自幼耳濡目染的、一生的榜样，今天他发起的新教育实验，就是父亲当年播下的"星星之火"，终成燎原之势。他的身体里，与父亲一样，流淌的是挚爱教育的一腔热血。

你或许拥有无限的财富，一箱箱的珠宝与一柜柜的黄金。

但你永远不会比我富有——我有一位读书给我听的妈妈。

阅读虽然看起来是个体行为，但每个个体的行为最终形成了民族的力量。因为一个国家的竞争力在相当程度上体现在它精神的力量，而精神的力量在相当程度上，取决于它阅读的力量。

有一位读书给孩子听的妈妈，我们的民族将会变得越来越美好，越来越强大。